学校品牌文库

主编：李季

自为班级与班主任的志业人生

ZIWEI BANJI
YU BANZHUREN DE ZHIYE RENSHENG

王剑平◎著

业人生
自为班级
班主任
志业人生

暨南大学出版社
JINAN UNIVERSITY PRESS
中国·广州

图书在版编目（CIP）数据

自为班级与班主任的志业人生/王剑平著．—广州：暨南大学出版社，2013.10
（学校品牌文库）
ISBN 978－7－5668－0686－4

Ⅰ．①自… Ⅱ．①王… Ⅲ．①中小学—班主任工作—研究 Ⅳ．①G635.16

中国版本图书馆 CIP 数据核字（2013）第 178723 号

出版发行：暨南大学出版社

地 址：中国广州暨南大学
电 话：总编室（8620）85221601
营销部（8620）85225284 85228291 85228292（邮购）
传 真：（8620）85221583（办公室） 85223774（营销部）
邮 编：510630
网 址：http：//www.jnupress.com http：//press.jnu.edu.cn

排 版：广州市天河星辰文化发展部照排中心
印 刷：湛江日报社印刷厂

开 本：787mm×960mm 1/16
印 张：14.25
字 数：275 千
版 次：2013 年 10 月第 1 版
印 次：2013 年 10 月第 1 次
印 数：1—3000 册

定 价：36.00 元

思想成就志业（代序）

李　季

对一个班来说，班主任责任重大，有什么样的班主任往往就会带出什么样的学生，而班主任的专业能力与专业素养，个人学识与人格魅力都极大地影响着学生的成长。由于多种原因，目前班主任队伍的整体状况不容乐观，班主任队伍建设任重而道远。可喜的是，广东省班主任培训工作自2006年启动以来，不少班主任从中受益匪浅，快速成长起来，成为了班主任队伍中的佼佼者，不仅有自己独到的带班方法，而且能够在工作中不断探究、思考，打造出了属于自己的特色品牌。我们惊喜地看到，有不少优秀班主任脱颖而出，《自为班级与班主任的志业人生》一书的作者王剑平老师就是其中之一。

班主任的工作付出往往大于收获，因此，不是每一位老师都情愿当班主任的。然而，王老师却是一个高远精神境界的追求者，他热爱自己的工作，把教书育人作为志业，希望用自己的人格魅力去感化学生，引领学生建立自己高质量的精神王国，盼望每一个学生都能够一生幸福。为了搜集教育资源，寻找适合学生的教育方法，王老师全身心地投入到了自己所喜爱的工作之中，把自己的生活与教育结合了起来，是一个名副其实的生活的有心人。

从书中，我们看到王老师爱学生如爱自己的孩子，倾注了自己的全部心智去耕耘学生的心灵。他知道，平等、理解、尊重和信任才是师爱的真谛。“打动了他的心，你就爱在了点子上。”他懂得如何走进学生的内心世界，如何去点燃学生的理想之火。在王老师的眼中，每一个孩子都是那么可爱，哪怕孩子身上本身存在这样那样的问题，他也从来不抛弃不放弃。在他自己的班级试验田里，他感受到了快乐。他以最新的教育理念为指导，始终把学生的思想引领工作放在第一位，把学生的全面发展、终身发展放在第一位，让每一个学生树立有为的人生目标，最终成为有为之人。一个能够真正发现学生生命的燃点并且点燃其生命之火的人，便能够成为协助学生储备人生前行动力的人。我坚信王剑平老师一定能够成为“学生健康成长的引领者”和“学生的人生导师”。

教育工作者不是一般的工匠，教育是“用灵魂塑造灵魂的事业”，没有思想就没有创新，就没有教育的成功。在班主任的成长道路上，王老师在不断反思着。为了不让学生去适应自己，而是让自己适应学生，他明白只有遵循教育原则，按教育规律办事，只有对班上学生的生理与心理进行深入的探讨与研究，主动去把握时代的脉搏，因势利导，因材施教，才能够“直抵学生的心灵”。他一头扎入班主任工作中，对教育理念与教育手段进行了有益的探究。他设法营造优良的学习环境，善于抓住教育契机，捕捉学生身上的闪光点，促使学生在反思中肯定自我、批判自我和教育自我，从而使学生不断成长；他还善于借鉴、调动身边所有的教育资源——将学生、家长、学校和社会的力量为我所用，四两拨千斤，借力打力；在教育方式上，既有春风化雨、润物无声的引领，又有当头棒喝、琵琶反弹的训导，在他的工作中折射出智慧的光芒。

当今社会，知识的更新很快，企图凭借自己上学时所学的知识去教一辈子书是绝对行不通的。要给学生一杯水，老师就要做一眼泉。在王老师的作品里，我们看到他是一个勤奋学习的收获者，几十年如一日不断地学习以充实自己，阅读了大量的德育与管理专著。在书中，他读出了自己，读出了新的感悟，读出了境界，把一本书的外延大大地扩展了。“读他人的书，想自己的育人事业。”他结合自己的教育实际进行反思，灵活运用，举一反三，领悟实质，真正懂得了读书的妙处。只有那些把自己的身子放得如大海那样低的人，只有向所有的人学习的人，才能从他人身上获得广博的智慧，从而积聚深厚的教育功底，才能把教育工作做得有声有色，得心应手。

在这里，我们清晰地看到一个在学生心灵深处辛勤耕耘的教师，一个与学生一起成长的班主任。教书 30 年的他，做了 20 多年的班主任，现在还对班主任工作保持着极大的热情，不抱怨不厌倦，对教育充满激情，坚持用理想信念去点亮学生。如果每一个班主任都能够发自内心地热爱自己的工作，并且不断反思总结，把经验化为理念，用思想引领成长，爱的事业一定能成为他（她）幸福的志业，一定能够带给他（她）和他（她）的学生们美丽而丰富的人生。

目 录

第一编 仰望星空

第二编 脚踏大地

第三编　导而弗牵

第四编　借舟行船

第五编　且行复且求

第六编 学而后则思

绪 论

一、做学生的人生导师

人才观——世界上没有一棵草是真正的杂草，人们眼中所谓的杂草其实都是花，它们会在自己生活的角落里开出小花来，哪怕是一朵羞涩的花儿，它只要能装点春天、装点这个世界，也是美的；世上也没有真正的废物，只是没有把它用到该用的地方，如果要说有废物，那是因为把宝贝放错了地方；当然世界上也没有多余的人，没有真正的无用之人，之所以有那么一些人被人们斥为“废人”，那或者是因为他们生活在了不该生活的地方，缺少了应有的教育，或者是由于其早期的教育有所缺失，或者是引导教育不得法所致。

学生在学校里学习，首先是要学会做一个好人，一个品德良好的人，一个有修养的人；其次才是培养能力，增长知识，领悟智慧。理想的人才应该是德才兼备，以德为先。

育人理念——其实每个人都是一块可以燃烧的煤块，之所以没有焕发出光和热，那是因为还没有寻找到生命的燃点，甚至一生都没有找到自己的燃点，或者是他们的生活中就缺那么一把火，缺那么一把点燃他们生命激情的火；如果有人能够给他们找到那个燃点并且点上一把火，哪怕是一粒火星，它也会燃起冲天大火，发出最灿烂的人生光芒。我们做老师的，责任就在于去点亮学生，唤醒学生，在于协助学生把人生机车的发动机安装好，让他们能够自动牵引，不需要老师或家长的外力推拉就能够自动前行，就能够奔向人生的理想目标。

因此，在教育中，需要引领学生思考：我们希望生活在什么样的环境中，应该建立什么样的理想班集体，我们的人生应该走向哪里，我们到底想成为什么样的人，怎样才能成为那样的人。“你就是你想成为的那个人。”

在班级建设中，需要通过改造我们的班级，来雕琢我们的人生。而理想的班级应该是这样的：从外部看，家长与学生都愿意去读书，那是一个奋进的，积极向上的集体；从内部看，同学们团结进取，其乐融融。个个一身浩然正气，人人具有正念正思维，他们明白自己的人生目标，正直善良，坚韧宽容，和谐乐观。

老师乐教，学生乐学。

在班级建设中，还需要在国家与学校课程的基础上开发班级德育课程，促进学生个性发展。只有量身定做出有班级特色的建设课程，着力打造学生修身、广识、发展个性和提升智力的平台，才能达到我们的教育目的。

师生观——新时代的师生关系不是整天嘻嘻哈哈拍肩膀的哥们儿，教师不是高高在上的学究，学生也不是任老师呼来喝去的跟班；教师要把学生当成独立的具有个性特征的人去看待，师生之间应该是亦师亦友的关系，以互相尊重为前提，将心比心才能和谐共进；课堂上，教师传道授业解惑启智；课堂下，师生平等交流其乐融融，师生共同进步。

语文观——语文课堂应该成为最有趣的课堂之一，它不应该只是教师滔滔不绝地讲，学生默默无闻地听；不应该只是老师板着脸或者拉长脸地说，学生苦着脸皱着眉地熬，或者昏昏沉沉地睡；语文课不只是教会学生课本上的字词句，更应该是人生的语文，社会的语文，生活的语文；课堂上教师可以眉飞色舞，可以手之舞之足之蹈之，学生或面带微笑两眼放光沉浸其中，不知时之已过，或全身心投入如沐春风，虽室外有鸿鹄翩飞而不觉，最好的状态是学生的眼光如有无形的线在牵引，犹如追光灯一般随着教师的走动而聚集或移动。

育人语录：

人生格局要大，视野要开，胸怀要广；

没有进行规划的人就没有美好的人生；

有良好品德修养的人可以走遍天下；

每克制一分诱惑就坚强了一分；

有准备的人就是准备成功的人；

提前五分钟等于准时。

人生需要光亮，社会需要光明，人类需要光芒。

生命有时是混沌的甚至充满迷茫的，特别是在年轻的时候。而最难能可贵的是，你却有能力让那些生命，让自己学生的生命发出光亮。而当无数的光亮汇聚在一起时，人类就将走向永久的灿烂。

有了光亮，就能够看清道路，就有了方向；有了发动机，就具备前进的动力，就有了自主，就能够自为。

为此，我努力着，希望能够真正成为发现学生生命的燃点并且点燃其生命之火的人，能够成为协助学生“安装发动机”的人，成为他们的人生导师，这或许就是我人生的使命和生存的意义所在。

二、“自为班级”建设绪论

有人说，教育是为了让学生具有良好的道德情操、强健的体魄、健全的人格和生活的本领；也有人说，教育是为了培养学生正确的世界观、人生观和价值观；还有人说，教育就是爱、就是激励。而我则认为教育是点亮人的事业，老师是学生成长的精神导师，是点燃学生生命之火的人。怎样寻找到学生生命的燃点以及怎样一步一步点燃它，并且使之呈现燎原之势，是我们教育者应该着力思考并且认真研究的事情。通过他律走向自律，从自律走向自主，再从自主走向有为，最后走向自为，这是学生品德形成规律与德育的自身规律。只有培养出能够自为的学生的教育才是真正成功的教育。我们的班级建设就是围绕如何打造“自为班级”、培养“自为学生”来展开的。

（一）他律是社会走向和谐的保证

在埃里克森的发展理论里，根据人生道德的形成规律，人在儿童时期一般都处于他律的阶段。这一时期，他律是需要的，也是不可或缺的。因为人在这一时期的可塑性很强，这时候非常需要一个智慧的长者为其成长指引方向。而在人们的成长过程中，只有不断地经历他律，自律才能成为必然结果，人们才会逐渐地学会自己管住自己。当然，他律，不仅仅是指他人的约束，更多的是现实世界的种种规则——大自然存在的种种法则，以及人类社会的行为规范。

尽管“人之初，性本善”，但是逐利性和惰性亦是人的天性，在重大利益面前，人们难免不受诱惑；在没有人监督的情况下人们往往会放纵自己，甚至会干出不可思议的事情来；在周边环境的影响下，人们也常常会因“羊群效应”而身不由己失去理性。所以，他律是必要的，乃至在人生的整个历程中都离不开他律。只有当所有人都在他律的环境中生存时，这个社会才和谐。

每当新学年来临，受以前教育的影响，我们的学生或多或少地会带来一些不符合新环境的东西。当学生在面对一个几乎完全陌生的环境不知道怎样去适应时，这正是进行他律教育的良好时机。当然，他律的形成，必须是以学生所处的环境、年龄特征及其身心发展规律去制定的。因为“取法乎上，仅得其中。取法乎中，仅得其下”。因此，在制定他律时，调子不妨稍微高一点，措施也不妨稍微严格一些，不然，若总是降格以求放纵自己，一味“取法乎中”，甚至“取法乎下”，恐怕就只能“仅得其下”或“无所谓有，也无所谓无”了。

（二）自律是个人成长的基石

在皮亚杰看来，所谓道德自律，就是指人们自觉地依照道德规范，自我对照、自我践行、自我反省和自我提高的过程。自律就是遵循法度，自我约束。

自律当然不是让一大堆规章制度来层层束缚自己，而是用自律的行动创造一种井然的秩序来为我们的学习生活争取更大的自由。

自律是具有强大力量的。古往今来，凡是杰出的人物，无论他有多么过人的天赋，若不运用自律，就绝不可能把自己的潜能发挥到极致。毛泽东能够在学生时代就那样刻苦用功，能够在大庭广众之下旁若无人地朗读，那样严于律己，其自律人格是成就其伟业的前提和关键。他曾在笔记本上写下："人情多耽安逸而惮劳苦，懒惰为万恶之渊薮。"如果不是他终身依此自警自励，是绝对不可能成就他那亘古未有的事业的。

如果说"他律"是法治的话，那么"自律"就是德治。他律是除人内心以外的其他一切约束手段，而自律则是依靠个人的自我控制、自我管理来约束自我行为的约束手段。

当然，自律能力也是可以培养的。自律当从最简单的做起，开始可以让自己做一些不愿做的小事，自律能力就会慢慢提高。尤其是在青少年阶段，他们更多的时候是在学校学习、生活、成长的，我们做教师的，特别是班主任，就应该责无旁贷地承担起培养学生自律能力的重担。

那么如何让学生从他律走向自律呢?

第一，老师应该以身作则，率先垂范，以自己的人格魅力去影响和熏陶学生，此所谓"学高为师，德高为范"。当我们要求学生有大格局大胸怀、立高远志向时，老师就不能仅仅是做一名教书匠；当我们希望学生刻苦学习时，我们老师也要手不离书，博采众长，不能一本书教一辈子；当我们要求学生成为一个有教养的人和一个脱离了低级趣味的人、一个品德高尚的人时，老师首先就要有高的修养，成为学生的道德楷模，正所谓"言传不如身教"。

第二，加强学生的思想道德修养，提高其道德水平。从某种意义上讲，人的自制力一定程度上取决于他们的思想素质和道德水平。一般来说，具有崇高理想抱负的人不会为区区小事而感情冲动产生不良行为，具有良好道德情操的人不会不顾及他人的感受而干出伤天害理的事情。因此，自制能力极为重要，而提高学生自制力最根本的方法是教师协助他们树立正确的人生观、世界观和价值观，帮助他们保持乐观向上的健康情绪。在班级建设中，班主任应该尽可能利用好身边一切可以利用的资源去教育、引导学生，使每一个学生都能不断提升自己的精神境界。

第三，不断强化学生的意志力量。班主任应当指导学生把培养自己坚强的意志力当成一生最重要的事情去做，对自己奋斗的目标要有高度的自觉。尤其是当我们面对生活中大大小小的诱惑时，一定要能够很好地控制自己，要明白一旦开间放松自己一次就一定会有第二次、第三次，自己以前的努力都将白费。“每克制自己一分，就坚强了一分。”如果能够经常反思，每隔一段时间进行一次小结，写下可能半途而废的理由，逐一把它们念出来，并且宣布这些理由不能成为你的借口，再找出解决的办法，那么，一切外在的不良事物都不能困扰你，自制力自然而然就会得到提高。

第四，把自律当成习惯。自律不能只是偶尔为之，它必须成为你的生活方式。人们常说“习惯成自然”，“习惯决定命运”，“优秀是一种习惯”。是的，只有把某种思想或行为在反复强化的过程中使其变得自然，自律才能真正成为自己前进的动力，成为成功的助推器。如果你想成就自己的梦想，就必须向你的借口提出挑战，无论有多少个令你无法自律的理由，你都要认清，它们只不过是一堆借口罢了。幽默作家杰克森·布朗比喻得很好：“缺少了自律的才华，就好像穿上溜冰鞋的八爪鱼。眼看动作不断可是却搞不清楚到底是往前、往后，或是原地打转。”自律是成长的基石，作为中学生，往往容易三分钟热情，这时候就需要他们人生中的“重要他人”——班主任的协助。

（三）自主是人们通向成功的不竭动力

毛泽东在《矛盾论》中指出：“唯物辩证法认为外因是变化的条件，内因是变化的根据，外因通过内因而起作用。鸡蛋因得适当的温度而变化为鸡仔，但温度不能使石头变为鸡仔。”学生的成长亦然，老师也好，家长也好，社会也好，一切都只是外因，如果内因不能发生根本的变化，就没有可能得到人们所需要的结果。而要充分调动学生的主观能动性，首先就要尊重学生，充分相信学生，激发其自觉行为和主人翁精神，让其不断探寻自主成长模式。

在引导学生做自己的主人时，班主任老师需要给“鸡蛋们”提供适当的“温度”，一定的时候“鸡蛋们”自然而然地就会变化为“鸡仔”的。

1.“我的青春我做主”——给学生独立解决问题的时间

在某种意义上讲，学生的智力并不低于老师，只是他们受阅历的限制和缺乏生活的磨砺，急切之间难以做出正确而有效的抉择，只要给他们适当的时间，他们就一定能够找到解决问题的方法。当他们通过自身的努力，或冥思苦想，或思维碰撞产生的火花而取得成效时，不仅有成就感，而且可以极大地提升其自主能力。该放手时就放手，不管是学习还是思想修养，给他们时间去积累去反思，通过自己领悟得来的东西，他们是一辈子也忘记不了的。

2.“妹妹大胆地往前走”——给学生以自由发挥的空间

在班级教育和班级管理过程中，我们许多班主任局限于自己的认识和见解，或觉得有不少问题难以解决，或感到太过麻烦而抱怨。其实我们完全可以放手让学生自己去做，这样既解放了我们自己，又激发了学生的主动性，何乐而不为呢？比如，要建立班干部队伍，把班务工作落到实处，让学生有尽可能多的空间去想象去发挥。毛遂自荐也好，竞争上岗也好，学生自治委员会也好，“事事有人做，人人有事做”就不会是难事。

3. “珍惜每次出丑的机会”——给学生创造恰当的机遇

人们常说：“成功的门是虚掩着的，关键看你是否有足够的勇气去抓住机会。”人的一生会遇到不少机遇，但如果不善于把握，机遇就会和你擦肩而过。班主任的责任不仅仅是告诉学生需要自己主动去把握机遇，更应该为其提供各种机遇，进而培养学生善于抓住机遇、参与公平竞争的能力。无论是在学习上还是集体活动中，班主任都应该尽可能给学生创造机会，特别是那些平时少言寡语的学生，更要激励他们像凤凰卫视的主持人窦文涛一样“珍惜每次出丑的机会”，才能把自己锻炼得更优秀。

4. “狭路相逢勇者胜”——给学生以竞争对手

现实社会是残酷的，大学一毕业就失业已经屡见不鲜了，为了让学生提高适应社会的能力，必须让他们既学会合作，又学会竞争。我们最常用的办法，就是经常让他们给自己树立一个友好的学习竞争对手，分阶段制定措施，一步一步往前赶，尤其是成绩差的学生，需要鼓励其不要灰心，要敢于和别人竞争，要有不服输的精神，哪怕成绩在班上倒数第一也不要紧。让他相信，自己并不比别人笨，或许是以前底子没有打牢，或许是曾经有些疏忽，只要自己比别人稍微多用一些时间，多下功夫，没有赶不上的人。引导学生制订计划时可以循序渐进，先超过倒数第二名，再往前冲。这样，在学生取得初步胜利之后，又不断启发他寻找新的竞争对手，开始新一轮的较量。如此循环往复，假以时日，学生就有了战胜困难的勇气。

5. “宝剑锋从磨砺出”——给学生挫折以增强其心理承受能力

日本经营之神松下幸之助说：“自古以来的伟人，大多是抱着不屈不挠的精神，从逆境中挣扎奋斗过来的。”如果让学生们长期生活在顺境中，他们就容易产生优越感，有时候他们需要受点挫折，因为在人生的道路上，谁都会遇到困难和挫折，就看你能不能战胜它。战胜了，你就是英雄，就是生活的强者。因此，要锻炼学生受挫的心理能力。试题有时不妨出难一点的，挫一挫学生们的锐气，给他们吃一点苦头没有坏处。因为世界上没有任何一个人是一帆风顺的，且正路并不一定就是一条平平坦坦的直路，难免有些曲折和崎岖，要绕一些弯，甚至会误入歧途。如果能够让同学们在跌跤中学会走路，在学生时代适当遭遇一些挫折，未尝不是一件好事。《孟子·告天下》曰：“故天将降大任于斯人也，必先苦其心智，劳其筋骨，饿其体肤，空乏其身，行拂乱其所为，所以动心忍性，增益其所不能。”只有经过艰苦的磨炼，才能锤炼意志，强固心志，实现人生目标。

6. “我思故我在”——给学生以独立思考的适当条件

学习对中学生来说固然重要，但是学会独立思考和独立判断却比获得知识更重要。学校应该把发展学生独立思考和独立判断的能力始终放在首位。纵观古往今来世界上那些有杰出贡献的人，他们都有一个共同点，就是善于思考。世界上像牛顿一样被苹果砸了的人不知有几何，却只有牛顿发现了“万有引力定律”，不思考能做到吗？世界上每天又有多少人在洗澡，发现浮力原理的为什么就是阿基米德呢？就是思考在起作用。思考可以找到事物的规律，可以培养人的创新能力，相比于那些不会创新思考的人，善于思考就获得了竞争的优势。在班级建设中，我们班主任可以创造条件让学生去独立思考，独立解决问题，为学生的终身发展打下坚实的基础。爱因斯坦说，思考力、想象力比知识更重要，因为知识是有限的，而想象力概括着世界的一切，推动着世界的进步，并且是知识进化的源泉。严格地说，想象力是科学研究中非常重要的因素。

（四）“立有为志，做自为人”是人生追求的目标

当学生从他律走向自律到最后走向自主后，就需要引导他们有更加高远的追求，要立有为之志，并且为着自己的人生目标做自为之人，无需扬鞭自奋蹄。

做自为之人需立有为之志。理想是人生的航标，而当一个人具有了崇高的理想追求、坚定的信念和高尚的道德修养后，就有了奋斗的方向，不会出现精神空虚。班主任应当最大限度地调动学生的积极性，引导学生树立正确的理想信念，提高道德修养，使学生有志气、有能力教育自己、提升自己。古往今来，圣贤们十分重视立志。孔子曰：“志于道，据于德，依于仁，游于艺。”荀子在《劝学》中也指出：“无冥冥之志者，无昭昭之明；无惛惛之事者，无赫赫之功。”江泽民同志也指出：“学生树立什么样的理想，学到什么样的知识，具有什么样的能力，对祖国和民族的未来影响重大。”因而，我们应当引导学生要有大理想、大视野及大胸怀，要以民族大义为重，胸怀祖国，放眼世界，关注人类发展。

做自为之人需要恒久的毅力。苏轼告诉我们：“古之立大事者，不惟有超世之才，亦必有坚忍不拔之志。”作为年轻人，往往一受到激励就热血沸腾，最容易三分钟热情，虎头蛇尾。而真正想成大事就必须有很强的自制力。如俄国陀思妥耶夫斯基所说：“如若你想征服全世界，你就得征服自己。”班主任应当做学生成长途中的引导者与督促者。

做自为之人还需要珍惜时间、善于学习。对于中学生来说，有了远大理想，强化了内在品行的修养，还需要珍惜时间，努力学习科学文化知识。时间对于世界上的每一个人都是平等的，人们的智力绝大多数也是差不多的。那么，为什么

人们的成就相差那么远呢？主要区别就在于有的人不善于利用时间，不明白时间是世界上最宝贵的资源，而有的人却绝不浪费哪怕分毫的时间。正如富兰克林所说："你热爱生命吗？那么别浪费时间，时间就是生命，珍惜时间也就等于珍惜自己的生命。"鲁迅先生说："哪里有天才，我是把别人喝咖啡的工夫都用在了工作上。"只要充分利用好了时间和精力，任何人都可以成才，可以成就一番事业，可以享受甜美的生活。

当然，同学们知道了时间的宝贵，可能还会有一些问题，比如时间的安排未必科学以及学习方法未必恰当。这时候，教师就有责任和义务引导学生寻找那属于自己的方法，亦可为其介绍他人的经验，"它山之石，可以攻玉"，善于借鉴，站在巨人的肩上可以看得更远。

如果说他律是让学生知道什么不可为，自律是使学生自己约束自己，不为不能为之事，那么自主就是学生自己要奋斗、要进取，是一种发自内心的前冲力，而自为就是学生们通过自主学习修炼，最终达到当今社会所认可的成功（有为）。陶行知先生曾经说："我们要极力地锻炼学生，使他们得到种种能力和态度，去探求真理的源泉。"教育是一项系统工程，只要我们能够用心去摸索，努力探寻其中的规律，因势利导，顺势而为，就一定能把工作做得出色。

第一编

仰望星空

“自为班级”之特色班级文化建设

在中国这辽阔大地上，不同时期不同地域的学生生活背景差别是很大的。这就决定了我们的教育模式与内容都是有差异性的，不是某一名班主任或教育专家的方式方法就能放之四海而皆准。我们可以借鉴名家的思维方式或一些做法，但绝对不能照抄照搬，否则就不可能有真正成功的教育。因此，作为班主任，应该在研究自己班学生实际情况的基础上，创建自己的特色班集体。而特色班集体的建立，不是机械地管理，不是事务性地解决一些问题，而是要以班级文化的建设为核心，根据学生与班主任自己的修养层次与对教育的理解创建独具个性的特色班级文化。

在人类社会的发展过程中，文化的传承需要一代又一代人的努力。而“文化”是由人所创造、为人所特有的，是人类群体创造并共同享有的物质实体、价值观念、意义体系和行为方式，是人类群体的整个生活状态，是人类社会特有的现象。有了人类社会才有了文化，文化是人们社会实践的产物。“班级文化”则是班级成员通过多种活动而形成的集体心理氛围、班级组织和交往行为，以及通过班级所体现出来的群体价值取向、意志品质、思维方式和思维能力等。班级文化是指班级生活中的一切文化要素，是一个班级的灵魂，是班级生活中影响班级成员发展的重要因素。它具有自我调节、自我约束的功能。班级文化涉及与班级有关的各类人群，既包括学生间的关系、师生之间的关系，也包括教师之间以及教师与家长之间的关系。

而“特色班级文化”就是班主任所带班级具有的鲜明个性特征，是此时此地此班所特有的，与其他的班级文化有所区别。它是由班级全体成员共同创造出来的，为班级全体成员所承认，符合本班学生实际，能够促使本班同学健康快乐地发展。它也是班级所有成员共有的信念、价值观和人生态度的复合体。班级成员的言行倾向、班级人际环境、班级风气等为其主体标识，班级的墙报、黑板报、活动角及教室内外的环境布置等则为其物化反映。

我们九江中学是为纪念康有为的老师朱九江先生而创办的，秉承了九江先生“礼山学堂”的办学风格和佛山“有为南海”的理念。因为学生的成长总是由他律到自律再到自主自为的，再结合我个人的修为追求，我把所带的班定位为“自为班级”。我们的班级文化首先是一种个性文化，代表着班级的形象，是我们班级的生命，具有此班的班级特质；其次，它是根据班级现状，由本班全体师生共同创造的，是本班全体师生共同劳动的结晶；再次，我们的班级文化是一个动态的、发展的系统工程，它的主体是学生，体现的是班主任的自为和学生的自为。

我们的自为教育建设理念与终极追求是“内圣外王”。我们以“了解自我，悦纳自我，挑战自我，超越自我”为前提，以人格熏陶、氛围营造以及数字技术辅助等为路径，通过自知—自立—自主—自治—自为几个阶段，使我们的学生在经过三年的中学教育后，能为将来走上社会所公认的“成功”、“有为”之路打下坚实的基础。

班级文化建设得好，能够增强班级凝聚力，使班主任工作事半功倍，对培养学生正确的理想信念、价值取向、伦理道德、思维模式、情感态度、审美情操、行为方式和学习方法有着十分重要的作用。

班级建设需要顶层设计

2010年10月27日晚，《中共中央关于制定国民经济和社会发展第十二个五年规划的建议》（以下简称《建议》）全文一经公布，立即成为舆论焦点。在谈到推进各方面的改革时，《建议》用了“重视改革顶层设计和总体规划”这个表述。其中“顶层设计”概念再次引起了人们的广泛关注。

顶层设计本来是建筑学概念，为系统工程的专有名词。它是系统科学中的哲学思想，就是用系统论的方法，以全局视角，对系统建设的各方面、各层次和各种要素进行统筹考虑，和谐各种关系，制定正确的战略方针，并适时调整，规避可能导致失败的风险，提高效益，降低成本。

做一名科研型的教师已是时代的共识，当今的班主任在进行班级建设时也需要“顶层设计”。自古就有“不能谋全局者不能谋一域，不足谋万世者不足谋一时”的说法，班级建设也只有进行“顶层设计”才能“纲举目张”，才能化繁为简，才能把班主任从烦琐的事务中解脱出来。现实生活中，很多班主任没有去进行这方面的思考，而只是在按部就班地进行日常的管理，甚至连主题班会也开得很随意，对班级应该走向哪里、怎样走没有明确的目标与计划，当然也就谈不上具体措施。

所谓“班级建设的顶层设计”，就是班主任站在一个相当的高度上对所带班级进行总体规划。

首先，培养新时代所必需的人才需要“顶层设计”。

“十六大”修订通过的中共《党章》规定：“教育为社会主义现代化建设服务，为人民服务，与生产劳动和社会实践相结合，培养德智体美全面发展的社会主义建设者和接班人。”这就是顶层设计，是党和国家为人才培养而进行的“顶层设计”。

因此，“顶层设计”不是拍脑袋的事情，不是班主任想怎么样就怎么样的事情，也不应该是班主任的“摸着石头过河”，而应该是“会当凌绝顶，一览众山小”，是自“上”而“下”的“系统谋划”。它需要我们对当今国家教育的方针政策及国家培养人才的需求有全面深入的了解。因为我们培养的人才是为时代所需要的，是服务于国家的发展的。班主任不仅要考虑到当前社会的需要，还应该预见到培养可持续发展人才的需要。那么，我们的顶层设计就需要站得高看得远，需要从更高远的视角去设计，加强对学生胸怀眼界的培养。

其次，学生的幸福成长需要“顶层设计”。

学生是我们教育的主体，我们的教育当然是为了培养人才，为了国家的发展。但是，我们的教育内涵还应该包括为学生的终身发展搭建良好的平台，为学生的终身幸福奠定基础。特别是中学生，他们正处于身心发展的不平衡时期，他们会在成长的过程中产生一系列矛盾和纠结，容易失去自我。因此，我们的顶层设计就应该包含：教育学生有正确的人生观、世界观和价值观，能够明白做人的基本理念，懂得处理社会生活事件的方法，要知道向往光明，学会做人，掌握知识，领悟智慧，具备正念正思维，提高生活技能，把握解决矛盾的方法，构建美好的精神世界。当然也包括掌握生存本领、安全防范和起码的礼仪等知识。顶层设计还应该处理好学生身心健康成长与学业进步的关系，解决好学生成长动力的问题。总之，重视顶层设计，必须以学生为核心协调发展。

再次，把班主任从繁杂琐碎的事务中解脱出来需要“顶层设计”。

班主任既要承接上级的所有任务，又要负责学生的生活琐事、言谈举止、修养情操和学业成绩，还要处理一些突发事件，甚至家长的培训。而随着经济社会越来越向前发展，影响学生成长的因素也越来越复杂，在学生身上出现的问题也越来越多。班主任的工作林林总总，忙碌而烦琐。这也是那么多的教师不愿意做班主任，而班主任总是喊又苦又累的原因了。特别是一些年轻的班主任，往往是按下葫芦浮起瓢，这里的问题还没有解决那里又出现问题，他们在教育管理的过程中会遇到各种各样的问题，会面临方方面面的压力，需要做的事情很多很杂，因此，这样的班主任常常被人们看做是“保姆、消防队员、警察”。那么如何避免“头痛医头，脚痛医脚”？这就要从源头上化解积弊，而要在重点领域取得突破，就必须要有“顶层设计”。实践表明，对班级的顶层设计不足，就会使班主任疲于奔命，劳苦不堪。

在进行班级建设的顶层设计时，我们需要做好前期的调查研究，需要我们班主任用专门的时间去思考斟酌。既要对国家大政方针进行研究，又要对学生的成长规律进行探索，还要对自己学生的生活环境、学习环境进行了解，在充分做好功课之后才能够做出切合实际的顶层设计来。

在进行班级建设的顶层设计时，需要处理好几种关系：品德修养与文化知识的关系，班主任的言传身教与学生的自我提升的关系，智力开发与身心健康的关系，传统美德的继承与现代人才素质需求的关系。

在进行班级建设的顶层设计时，需要重视对学生思想的引领与道德的培育。子曰“德不孤，必有邻”。人无德不立，国无德不强。只有加强自身的修养，才能“修身、齐家、治国、平天下”。俗话说：“小胜靠智、中胜靠谋、大胜靠德。”古今中外凡成大事者无不具有良好的修养。道不远人，要想学生在今后的人生旅途中走得更远更顺，就必须培养其良好的道德修养和自身的人格魅力。尤其需要考虑加强学生的自我教育。古希腊的赫拉克利特在强调道德上的自我教育时认为“教养是有教养人的第一个太阳”。因此，班主任在进行顶层设计的时候，就需要把德行修养放在第一位，让学生先成人后成才。

在班级建设中，人们对班主任的角色定位有不同的理解，2009 年 8 月 24 日教育部印发《中小学班主任工作规定》的第二条里明确提出：“班主任是中小学日常思想道德教育和学生管理工作的主要实施者，是中小学生健康成长的引领者，班主任要努力成为中小学生的人生导师。”班主任既然是人生导师，就应该是学生成长的指路人，“顶层设计”意味着班主任要为学生的人生之舟当好“舵手”、做好“总设计师”。因为学生自己是未成年人，他们的人生观、世界观和价值观都还处于初步形成阶段，对世事、对人和对自身都没有一个明确的认识，对自己尤其缺乏正确客观的了解，对自己将来要成为什么样的人没有清晰的认识。他们身上透露出身心发展的不平衡，言行的不一致，甚至矛盾。所以这非常需要班主任引导学生正确地认识自我和悦纳自我、规划自我和超越自我，让学生在人生路上少走弯路，最终既为建立优秀班集体奠基，更为学生的终身发展奠定基础。

有了顶层设计，我们的工作会更主动，更有针对性，更有效率。

班级管理中的“道”与“术”

——从《道德经》中看教育

夜读《道德经》，见圣人言“万般神通皆小术，唯有空空乃大道”。一时听起来很玄，不知所云，旋即心有所悟，欣然而笑。“道”为何物？老子在《道德经》里说“道生一，一生二，二生三，三生万物”。这“道”，原来就是对万事万物系统性、整体性的概括，而且是对万事万物发展过程高度抽象的概括。

具体地讲，“道”是指物质运动的规律。老子指出，“道者万物之奥”，就是说，“道”是万事万物运动的规律。“大道泛兮”，“道”存在于一切事物之中，贯穿于一切事物发展过程的始终，万物从道起源，又回归于道。“各复归其根，归根曰静，复命曰常”，返回本性是事物发展的永恒规律。“道”的规律是不可抗拒的，不能违反的。只有遵循“道”的规律，才能把事情办好；否则，“物壮则老，是谓不道，不道早已”，违背了规律就要受到规律的惩罚，下场是极其可悲的。

“道”还是法则。老子把“道”视为必须遵循的法则，他说，“故从事于道者，道者同于道”，他要求人们要坚持、遵循道的法则。又说，“执古之道，以御今之有。能知古始，是谓道纪”。意思是要人们遵循古代的法则，驾驭现实的需要，以认识历史的规律，这就是遵循道的法则的具体表现。

由此看来，所谓“道”，就是自然规律，是理论，是法则，是具有普遍性的。按照“道”去做事就能够成功，否则就会失败。

而“术”呢？“术者，道之用也。”道家认为，未得大道须先通小术。“术”指专业的技术、技能和技巧。通过反复练习可以使“术”有量的提高，但提高范围有局限性。而通过对“道”的理解、领悟和创造，“术”的提升就可以无止境了。

在管理工作中，领导者既要讲“术”，更要重‘道”。所谓“术”，即管理技巧、艺术；所谓“道”，即管理理念、境界、按规律办事。

作为班级管理者的班主任如果一味追求“术”，追求管理的一招一式，那只是舍本逐末，本末倒置。“道”才是我们一切班级工作的最高指导原则，这“道”就是育人理念，就是班级的管理理念、指导思想，就是根据学生的身心发展规律去确定的具体班级制度和班级措施。

为什么魏书生老师在全国讲了近20年的学，不下百万班主任听他的讲座，可是几十年过去了，中国还是只有一个魏书生，并没有出现“魏书生第二”，原因何在？大概人们更多的是在急功近利思想的影响下，对“术”的追求大于对“道”的追求了，如时常有人问魏书生老师对班级具体事务的处理办法，这也就是对魏老师的“民主”与“科学”的“道”理解不透所致吧。

老子认为，人们对“道”的法则态度是有区别的。“上士闻道，勤而习之；中士闻道，若存若亡；下士闻道，大笑之，不笑不足以为道。”这也就是那么多班主任说魏书生那一套学不来，甚至认为无用的原因了。因为是下士，理解不到那个层次。

《心经》曰：“色不异空，空不异色；色即是空，空即是色。”能够坚持道的原则，而且身体力行。“孰能有余以奉天下，唯有道者”，坚持道的原则的人，才能把自己的“有余”奉献给社会。是否按道的原则办事，结果是不一样的。“天下有道，却走马亦粪；天下无道，戎马生于郊”，坚持“道”的原则，天下和平安定；放弃“道”的原则，则会陷于兵荒马乱之中。按“道”的法则去做，“道”会成全你，“同于道者，道亦乐得之”。我想，班主任中若能够真正吃透教育的本质，领悟教育中“道”的含义，对中国大地涌现出的教育家和名师的思想精髓铭记在心者，一定会在班主任工作中取得巨大成绩。

当然，我们借助于“术”，是可以在某些事情上达到比较好的效果，但如果过分倚重它，长此以往，就可能因为一味追求小术而忽视教育规律，偏离教育本质。

管理的至高境界在于对“道”的认同，多“道”少“术”。掌握了学生身心发展的规律，遵循了教育的规律，就会“会当凌绝顶，一览众山小”。

要想成为教育名家，不学习魏书生、李镇西没有关系，但是一定要深入领会教育之“道”。我想这或许是五千年中华文明精华之一的《道德经》留给我们的启发吧。

班级管理需要先“理”后“管”

对班主任角色的认定，不少人有一种误区，认为班主任只要管好班上的学生就可以了。然而，我们认为，班主任首先是一个教育者，其次才是一个管理者。管理是建立在教育基础上的，教育是为管理打基础的，没有教育就没有管理。那种只强调教育而不实施管理、认为教育是万能的、能够解决一切问题的想法是片面的、不切实际的，就可能会造成班级的元序或者无法展开教学工作；而如果一个班主任只是强调管理，疏于引导、忽视教育，认为管理可以解决一切问题，就更是对班主任工作性质的曲解。离开了教育的管理是不可以想象的，没有了对学生思想的引领、人格的塑造，没有了对学生潜移默化、春风化雨的影响，没有了学生对良好道德情操、行为规范的内化吸收，管理就只能是急功近利、流于形式，一旦这“管”放开，学生心中压抑、潜伏了很久的人性弱点或者劣根性就可能集中释放，那时他们极有可能做出出格之事来，甚至危害他人，危害社会。所以，应当深入细致地研究如何处理好教育与管理的关系。

然而，单就班级管理而言，却应当先“理”而后“管”。

“管”一词在造字的本意是官字头上戴斗笠，意思是约束，在《现代汉语词典》上是指监督、控制。“管”，即先引导再控制、监督。“理”本意就是指人们在修玉时需要找到的纹理，引申为梳理、指导或服务。可见“管理”不是说要如何管住学生，重点应该是顺其规律加以引导与控制。而且是一定要先“理”，即理清楚学生一张张稚嫩面孔背后的东西，才能去“管”。

那么，我们需要去“理”清楚什么呢?

首先，最主要的还是得先“理”清楚学生生活的大背景。今天的学生生活在国力强盛、人民富裕且资讯发达的这样一个大的社会背景下，他们的思想与其父辈有着很大的不同，他们见多识广，甚至在许多方面比老师懂得还多。他们的个性意识也在不断增强，班主任说的内容可能他们更早知道、甚至知道得更透彻。他们的家庭背景已然不是多年前的模样。现在的学生，大多数是独生子女，他们之中不少孩子因为受到父母或者爷爷奶奶的过度呵护而娇气任性、个性张扬，甚至唯我独尊、自私自利，同时还伴随忌妒心理，有的甚至具有强烈的依赖、逆反心理。如果班主任没有关注学生的这些生活背景，没有对他们的思想、心理动态等进行全面了解，想当然地制定一些条条框框，制定自以为是为学生好的所谓规章制度，可能非但不能够很好地约束学生，甚至会因此让学生反感，根本无法达到我们的管理目的，这大概就是一些班主任没有办法管理好一个班的原因之一吧。当我们在制定班规的时候，如果能够在比较全面地了解学生的基础上，因材施教、对症下药，就不至于以偏概全、一叶障目了。

其次，我们还应该“理”清楚学生的生理与心理特点。中学生处在青春发育期，其生理也从原来的不成熟趋向成熟，自我意识能力逐渐提高，渴望拥有鲜明的个性。其独立思考的能力也迅速发展，开始有自己的见解，能够用怀疑和批判的眼光来看待周围的一切事物，喜欢怀疑、争论和猎奇，也喜欢探索、辩驳和提出一些新奇的想法，其好奇心和求知欲也特别强，大多敢想、敢说且敢做，较少受传统习惯的束缚，创新意识强烈，敢于标新立异，勇于解决新问题。但是他们的心理却跟不上生理的发展速度，看问题时容易产生一定的片面性和表面性，容易毫无根据地争论，看问题孤立偏激，易走极端等。理清楚了这些，我们就能够充分理解学生的一些看来不合常规的言行，从而尽快找到解决问题的办法。

再次，需要班主任“理”清楚学生的个性差异。其实班主任都知道，每一个学生的生活环境与家庭情况是各不相同的。在一个班里，常常会见到有的学生始终不合群，孤僻少言，郁郁寡欢；有的彷徨迷茫，心胸狭隘，情不知所系；有的在学习上缺乏积极进取精神，没有自信心；有的个性偏激，脾气暴躁。这些现象，班主任也常常因为忙于教学工作和班务杂事而忽略了。由于对个体的学生缺乏具体的了解，进而可能粗犷地或粗暴地进行教育或批评，其结果很有可能导致学生终身厌学、无所作为。通过仔细的了解，我们会发现，有些学生由于父母离异（或一方死亡）而过早承受人生的剧痛，在一种畸形的“自我保护”意识驱使下，他们把自己封闭了起来。这部分孩子一下子失去了父母一方的关怀呵护，失去靠山，犹如末日降临，精神趋于崩溃。从原来家中的“小皇帝”变成了孤儿或弃儿。还有的学生家庭在商品经济的大环境中，因为种种原因变得贫穷进而产生自卑心理，他们会误认为自己家庭经济条件不好而觉得丢人，觉得无颜面对同学，不敢直视现实。当然也有父母本身存在问题而影响孩子个性的情况。诸如此类的问题，都需要我们班主任先理清楚才能有针对性地对他们进行教育，从而取得教育效果。

对学生的这些实际情况到底怎样做才能比较完整地予以了解呢？首先当然是要班主任常常关心国际国内大事，关注民生，对当前的整个大背景有比较全面的了解，这样才能对学生的生活环境进行客观的分析，进而对其思想的基础才有一个基本的判断；其次是调查问卷的使用，这对学生的心理状态、思维倾向是一个很好的了解渠道，因为是不记名的，所以学生比较愿意敞开心胸，愿意把自己的真实想法表达出来；再次是平时的观察与面谈。一个人的情绪不是平稳不变的，尤其是处于人生快速成长时期的学生，他们可能会因为一时的考试成绩的波动而情绪低落，或者因为某位同学的不经意的某句话而不开心，或者因为老师无意中的话语而懊恼，这时候班主任的及时面谈显得格外重要。而更重要的对学生作全面了解的渠道就是家访。通过家访，与家长进行沟通，班主任就可以比较深入地了解与掌握学生的家庭教育背景和成长环境，可以对学生的性格和在家的表现有一个大致的掌握。同时还能够加强与家长的沟通，增强家长的责任心和自信心，帮助他们科学地教育孩子。一旦我们对学生了解多了，心中有数了，就能够很好地促进班级教育和管理。如果是接手其他老师的班，最直接最有效的了解方法就是与曾经教过他们的老师交流，特别是向班主任老师多咨询了解，这对整个班级学生的学习、思想、生活等情况的全面掌握具有重要的意义。

当我们把这些都理清楚了，就能够顺应规律、顺其自然、投其所好，后面的“管”就好办了。

那么班级管理需要我们管什么呢？我认为，管一件事情就可以了，那就是行为规范。世界上人与人之间的差别是很小的，特别是智力方面，一个班里，真正绝顶聪明与笨得到家的人都几乎没有，大多数人智商都差不多。而造成后来人与人巨大差距的是人的习惯。美国约·凯恩斯认为：“习惯形成性格，性格决定命运。”中央电视台教育频道记者现场采访几位诺贝尔奖获得者时，曾问他们是怎样忍受那富于挑战性的夜以继日的工作的，科学家们却认为那仅仅是他们习以为常的工作状态，一种习惯。原来，成为伟人就是因为有一个好习惯而已。尽管有人说，若想改变一个人的坏习惯，要比治愈他的肺结核困难 10 倍。但是，环境影响可以养成习惯，也可以改变习惯。良好的行为习惯并不是天生的，完全可以通过后天来培养。而我们的班级管理最重要的工作就在于让学生养成良好的学习、生活和思维习惯。

怎样管？当然还是顺其自然、顺势而为，所谓“无为无不为”。事物发展有其自身的规律，凡事应该顺其自然，顺势而为。顺其自然不是放手不管听之任之。就学生的教育管理而言，就是根据他们的身心发展规律，因势利导，因材施教。而一些管理规则的制定，管理措施的出台也应该符合学生的实际。通过引导使其明白规则、习惯的重要性；通过民主决策，让每一个学生都理解，都参与，都行动起来。只要真正把学生调动起来了，成就理想的班级就不是梦想。

当然，管理的最高境界是自主管理。著名教育家苏霍姆林斯基说：“在我们教育集体的创造劳动中有一条信念起着巨大的作用，这就是：没有自我教育就没有真正的教育。”同样的，我认为，没有自我管理也不是真正的管理。如果班主任与学生每天“猫捉老鼠”一般你来我往，“你来我静，你走我吵”，那么，再好的管理制度都没有用。我们班主任需要做的是，建立良好的班级文化、共同认可的价值观和行为方式，创设共同的美好愿景，想方设法去激发学生主体意识，调动学生的积极性，培养学生良好的操守。变“老师要我怎么样”为“我想怎么样”，使他们从内心发出“我要学”、“我一定要学好”的愿望，并以此指导自己的行为。同时建立学生自治委员会，充分发挥学生的主观能动性，发挥他们的聪明才智，让每一位学生都成为班级管理的主人。

然而，自主管理并非不要制度管理，更不是“自由管理”。自我管理能够使人的创造性得到发挥，自我价值得到不断实现，也将带给人极大的愉悦和满足，激励着学生进一步发挥自己更大的潜力。自主管理顺应了现代人受尊重，自我实现这种高层次的心理需求，它充分地尊重学生，引导、帮助学生将班级总体目标转化为实现自我价值的追求渴望。一旦学生被尊重和自我实现的需求变得更为明显和强烈时，班级氛围将变得和谐而温馨。按照魏书生老师的说法：“凡是副校长能干的事校长不干，凡是主任能干的事副校长不干，凡是老师能干的事主任不干，凡是学生能干的事班主任不干。”那么，凡是学生能够管理的事班主任就不必要去管。

我们说，自我管理与自我教育是自我成长中的孪生兄弟，一切成功都离不开它们。教育者如果引导学生自我约束，自我控制，自我发现问题、分析问题和自我解决问题，以变被动管理为主动管理，进而使学生能够自我提高，自我超越，就能够达到我们的教育目的。让每一个学生都有自己的理想，并且能够为实现自己的理想而奋斗。

在许多人眼里，班主任的工作既烦琐又辛苦，成天跟学生斗智斗勇，好像猫捉老鼠，警察抓小偷。我认为这首先是班主任没有把自己的位置摆正，且没有弄清楚班主任工作的真正目的。班主任首先是学生的人生导师，是其成长的引领者，其次才是其良好行为规范形成的协助者。班主任在先理清楚了班级学生情况之后，与学生一道制定出切实有效的措施，然后把班级管理交给学生自己，这样不仅有利于解放班主任自己，有利于学生在没有老师的监督管理下自我约束，更有利于学生的终身发展。

彼得·德鲁克说：“归根到底，管理的本质不在于‘知’而在于‘行’，其验证不在于逻辑，而在于成果；其唯一权威就是成就。”那么班级管理的成就就是班级日常事务有条不紊，秩序井然，学生在一种良好的环境里高效率地完成既定的修身与学习目标。我们做班主任的，在真正理了解了学生成长的需要，理清楚了影响学生发展的诸多因素之后，再去引领他们制订和实施人性化的、民主的管理方案，那么，一个优秀班级就诞生了。

行进中的明灯

——信念与愿景

唐僧师徒四人西天取经历经了九九八十一难仍然义无反顾，是什么让他们披荆斩棘、不屈不挠、百折不回？是对信念的执着，对佛祖的虔诚；苏武被匈奴流放到人迹罕至、冰天雪地的贝加尔湖边，他吃冰雪、嚼身上穿的羊皮袄、掘野鼠洞里的草根充饥，在那里受了 19 年的折磨，胡须、头发全白了，最后手里只拿着那根代表朝廷的光杆子旌节回到了祖国。是什么支撑着他受近 20 年的折磨而不倒？是对信念的执着，对祖国的忠贞。

四川汶川大地震中 31 岁男子马元江被埋在废墟下 179 个小时；60 岁老太太王友琼被埋在废墟下 196 个小时；32 岁的崔昌会被埋在废墟下 216 个小时，他们最终被活着救出来，创造了一个又一个的生命奇迹，他们顽强地活了下来靠的是什么？是对信念的执着，对生命的渴求，对亲人的不舍。

他们无一例外地靠坚定的信念创造奇迹。据统计，世界上伟大企业的缔造者大概有三分之一出身于军队，三分之一是虔诚的信徒。其中包括沃尔顿、克罗克、迪斯尼、希尔顿、西门子、福特、洛克菲勒、松下幸之助、韦尔奇等。甚至连让社会和政府头痛不已、始终无法根除的传销也都是信念在起作用。《亮剑》里的李云龙在军校毕业演讲时就说，一个团队最重要的是打造军魂，这样才能带出呱呱叫的部队，才能常常打胜仗。而这军魂就是信念。

信念就是我们的追求与梦想，是班级整体精神、奋斗目标的体现。我们班主任一定要想明白，我到底要把所带的班建设成为什么样，我想要把他们带往何方。我们不仅是为了需要达到学校的某种目标、实现某种愿望，也不仅仅是为了拿到什么文明班、得到什么荣誉，我们更多的是要考虑学生今后的人生目标在哪里，现在需要我们做什么。

一、信念在班级建设中的作用

信念是指自己确信的观点，并由此产生自信的行为，是人持续行动的动力。人生没有信念，就没有生活的动力，感到一切乏味。伟大的组织都以信念为依归、动力和律令，优秀的班级也应当以信念作为凝聚的核心。人是有意识的高等动物，精神力量对人来说有着不可估量的作用。有信念，可以支撑一个人勇敢前行。没有信念的人，随时会垮塌。信念就是支撑高楼的骨架，是人的精神主干。

苏霍姆林斯说："人类的精神与动物的本能区别在于，我们在繁衍后代的同时，在下一代身上留下自己的美、理想和对于崇高而美好事物的信念。"在班级管理中，信念的建立非常重要。因为它告诉学生，我们为什么活着，为什么读书，为什么要存在要发展。信念可以使班级建设的成本降到最低。我们在许许多多成功的班主任身上看到，他们无一不是以建立班级信念取胜的。

信念还是一种深层激励。当一个人在黑暗中摸索的时候，信念犹如突然出现在苍穹中的一颗明星，它会让你突然有了方向，陡然之间增加信心，有了热情，有了神圣的使命感，让你愿意为了自己人生目标去奋斗，也愿意为集体的荣誉去奉献。"望梅止渴"的故事人人皆知，这是一个靠信念战胜困难的典型事例，那树上的梅子，就是人们心中的信念。

信念更是一种行为规范。人的行动是由思维主导的，什么样的思维决定了有什么样的行动。因为有了信念，班主任会为此想方设法引导同学们提高自己的认知，带领大家一起走向成功。班主任不会仅仅教一点良心书，仅仅为了评职称而苦挨时日；同学们也就不会得过且过、一意孤行，甚至干出违反校纪班规的事情，不会因为要"帮"爸爸妈妈读书而混时间。

二、怎样建立班级信念

因为信念是有方向性的、具体的，是人们的一种心理行为，也是一种"进行时态"的行动，虽然未必有具体动作，但是心中的信念始终在跳跃、成长。而客观环境总是在变化着，环境信息不断在影响人们的思维意识，人们也始终在调整、健全和完善着自己的主观意识。因此信念的建立，不是一朝一夕能够办到的。

首先，对于学生来讲，信念的建立更需要反复不断地加深印象，需要日复一日地不断践行。因为中学生的思想本来就处于一个可塑的阶段，可变性很大，当外面的诱惑大于学校的教导时，就会常常出现"2 >5"的现象（5 天的学校教育不如 2 天的社会熏染）。一种好的品德与修养、好的习惯的形成是那样的艰难，这也正是所有老师苦恼的地方。明明昨天才讲过的事情，甚至几小时前才讲过的道理，学生很快又忘记了。其实这正如花盆的花，你把它当宝贝，成天给它浇水、施肥、拔草、松土，可它就是不买账，一二十天甚至几天它就死掉了；而那些杂草，却活得神采奕奕，倍儿精神，气死你，又奈何？而明白了这个道理之后，还得依照宝贝花草的习性，细心呵护，摸索出其自然规律，对症下药，因“花”施肥。

一个人，一旦自己的信念被他人的信念冲击时，肯定会产生不舒服，产生被干扰的反感心理，除非自己的信念崩溃，精神处于困惑状态，或急需寻求新的信念时，才会选择或接受他人送来的信念。所以，信念的建立是一个需要反复、需要不断强化的过程。一位哲人说，一种思想，即使是假的，也可以影响我们——只要我们相信它是真的。而我们要做的，就是让学生相信它就是我们一直在追寻的东西，它就是真的。

其次，任何一种信念都是由三部分组成：理想、路径及其对立面。要想建立良好的班级信念，就必须把握住这三要素。所谓理想就是人生要走向哪里。中国革命的理想就是实现共产主义，路径就是农村包围城市，对立面就是三座大山。班级建设的理想就是要建成什么样子的班级，培养出什么样的适合现代化需要的高素质人才；路径就是应该怎样去建构，就是班主任全面而充满智慧的工作；对立面是学生所面临的种种诱惑，是在前进的路上的假想敌，是在班级建设过程中遇到的种种问题和困扰。如果能够把这三者清晰而明确地找出来，并且制定出相应的措施，班级信念的建立就迎刃而解了。

信念产生自信，自信产生精神，精神产生动力。没有精神思想，难以产生自信，没有自信就没有信念，没有信念就什么事也做不成。所以，必须找出学生的个性优势，作为自信的条件，使之成为信念成长的基础，然后培育壮大，这样学生才会有持续的自信能力，才会有信念的产生。

三、建立什么样的班级信念

《易经》上说：“取法乎上，仅得其中；取法乎中，仅得其下。”意思是说，一个人制定了高目标，最后仍然有可能只达到中等水平；而如果制定了一个中等的目标，最后有可能只能达到低等水平。这句话告诉我们，无论是治学还是做事，无论是自我修身还是教育学生，一定要志存高远，并为之努力奋斗，才有可能成就一番事业，甚至登峰造极。柴可夫曾经说过：“名人成就在于信念大小。”因此，我们建立班级信念时，一定要着眼于树立学生崇高的理想、培养其高尚的人格，力争把学生打造成品学兼优、德才皆备的世纪新人。

我们的班级到底需要建立什么样的班级信念呢？这要根据班主任自己对班级整体情况的了解、分析和判断，在寻求班级信念时还应该站在一个相当的高度，总揽时局，仔细分析当今形势，研究国家政策，尽力与时代接轨、与社会接轨，看看社会普遍存在的问题，看看人们在自我发展的过程中最缺的是什么，想想班上学生在人生观、世界观、社会观等方面需要建立的东西。班主任不仅需要研究国家规定的学生守则，甚至还要研究外国学生守则，然后再根据本班学生的实际，提出一些更具体、针对性和可操作性更强的要求。我们还可以在中华五千年的灿烂文明中去探求适合当代发展形势的优良传统，寻找根植于炎黄子孙记忆深处的美好思想，在诸子百家里挖掘智慧。比如《论语》中的“己所不欲，勿施于人”，《道德经》中的“知人者智，自知者明”，《孟子》中的“故天将降大任于斯人也，必先苦其心志，劳其筋骨，饿其体肤，空乏其身，行拂乱其所为，所以动心忍性，增益其所不能”等，在《三字经》、《弟子规》等经典中去筛选合理的内容。比如其“尔小生，宜立志。上致君，下泽民”；“己有能，勿自私。人所能，勿轻訾”；“人知之，愈思勉。凡取与，贵分晓。与宜多，取宜少”；“见人善，即思齐。纵去远，以渐跻。见人恶，即内省。有则改，无加警”；“唯德学，唯才艺。不如人，当自砺”等。

有人说，改变自己是一种痛苦，改变他人也是一种痛苦。我们做老师的，被人们称为“人类灵魂的工程师”，我们的使命就在于塑造学生的灵魂。即使有痛苦，但是只要我们能够找到其中的规律，并且善加运用和引导，就一定能够成就学生的人生，可以笑着去完成一番或许充满痛苦却一定伟大的事业。

人是为什么而活？又是什么在支撑着人们努力奋发？其实，不过就是两个字——信念。反之，一个人若是没有了信念，即使他活着又怎样，还不是与死人无异。因为有了信念，人的潜能就能够得到充分的挖掘与展示。我们相信，只要给学生植入一个正确而使之刻骨铭心的信念，他们的人生一定精彩异常。

内圣外王，惜时善学

一个没有灵魂的团队只能算是团伙。一个没有核心文化的班级只能算是一群临时聚集在一起的学习者，不能说是优秀的班集体。那么我们的班级靠什么凝聚在一起呢？我们的班级文化核心是什么呢？

在当今经济大潮中，人们常叹世风日下，世态炎凉。不少人常常怀念过去人与人之间那简单而淳朴的关系。教师也常感叹学生们修养差，不懂感恩。从某种意义上说，社会是有责任的，因为它的人才观太过急功近利；我们老师也有责任，因为我们也常常跟着高考的指挥棒转（当然这也许有些无奈）。困惑中，我们把目光寄托到中华传统文明上。在儒道两家的经典里，我们看到了道德的凝聚力，看到了中华大地上那束耀眼的光芒——“内圣外王”。

“内圣外王”，本是古代修身为政的最高理想，指自身具有圣人的才德，对外施行王道而非霸道。“内圣外王”之道，后世学者无一例外将其归于儒家的主要思想，却并非儒家之首创。“内圣外王”一词最早出自《庄子·天下篇》。但这并不妨碍用“内圣外王”来阐释儒学。自宋以来，随着儒释道三教合流，理学出现，随之开始用“内圣外王”来阐释儒学。儒学思想内涵深远，内容丰富，既体现在道德、人格方面，也体现在其政治思想方面。

在孔子的思想中，“内圣”和“外王”是相互统一的，“内圣”是基础，“外王”是目的，只有不断加强内心的修养，才能成为“仁人”、“君子”，才能达到“内圣”，也只有在“内圣”的基础之上，才能够安邦治国，达到“外王”的目的。同样，“内圣”只有达到“外王”的目的才有意义，“外王”实现了，“内圣”才最终完成。立己、达己是基础，立人、达人是归宿。“修己”自然能“治人”，“治人”必先“修己”。“修己”的功夫做到极处，就是“内圣”。“治人”的功夫做到极处，就能够“外王”。因此，所谓“内圣外王”实际上是指通过加强内心修养成为圣人，再将其内修的“浩然之气”转化成为兼济天下的事功——所谓由“正心诚意”到“修身齐家”最后“治国平天下”。“内圣”是修身，是内敛，是根本；“外王”是齐家治国平天下，是外显，是建功立业。“外王”因为“内圣”，不至于为了权力无所不为；“内圣”也同样因为“外王”而不至于陷于于事无补的空谈。“内圣外王”的统一是儒家追求的最高境界。

古往今来，凡是能够成就自己的人生者，凡是能够成为一代伟人者，无不追求“内圣外王”之道。伟大领袖毛泽东终其一生都在践行此理念并由此建功立业，功成名就。毛泽东的整个思想与实践历程都体现了“内圣外王”。尽管在不同的人生阶段，所表达的思想内涵可能有很大的差异，但背后所隐含着的思维方式和价值观念却有着惊人的相似之处。这透露出来的文化信息是毛泽东的文化心态和实践历程同儒家“内圣外王”思想之间存在着深刻的内在联系。

正因为如此，我们班级建设主旨就确定为“内圣外王”，希望同学们能够通过自身德行的修炼和文化的学习，提升生命的质量，使今后的人生路能够走得更顺，能够成就一番事业。而本班所用之意，绝不是简单的照抄古人的东西，而是结合了当今的时代特征，我们把下面八个词作为其核心内涵：正直、善良、坚韧、进取、乐观、宽容、和谐、成功。对内修身养德，一个人才能成为“仁人”、“君子”；对外与人和睦相处，对成功执着追求，才能自我实现，建功立业。

一个好的人格，应该有理想主义的天空，让你可以有飞翔的翅膀，不妥协于世界上的显规则与潜规则；另外要有脚踏实地的能力，要能够在这个大地上去进行理想的拓展。只有理想而没有土地的人那是梦想主义者，不是理想主义者；如果只有土地而没有天空的人那是务实主义者，而不是现实主义者。理想主义与现实主义就是我们的“天”和“地”，就是我们的整个人生。有了“天”与“地”，我们才能成就顶天立地的人生。所以，我们仅有“内圣外王”这美好的人生理想还是不够的，还得有现实作为基础。而学生的主要任务是学习，只有不断地增加学识，增长智慧，夯实起飞的基础，“惜时善学”，才能实现人生理想。因此“内圣外王，惜时善学”就成为了我们的治班理念。“内圣外王”是理想主义的东西，“惜时善学”属于现实主义范畴；“内圣外王”解决的是动力和方向问题，“惜时善学”解决的是途经问题。

子曰：“民无信不立。”孔子认为，信仰的力量足以把一个国家凝聚起来。而现在评价一个国家的人民生活过得好不好，不仅是看 GDP，而更多的是看 GNH（国民幸福指数），看人民内心的安宁与幸福感。那么我认为，一个班级成功与否，不仅看该班高考人数的多少，更多的要看学生对班级是否有认同感，学生的内心是否有安宁与幸福感，学生是否有教养，在以后的人生路上是否走得更顺，生活质量是否更高。“内圣外王，惜时善学”就是我们的信仰，我们整个班级就是靠它来增强凝聚力的。

或许，这“内圣外王，惜时善学”就是点亮我们班学生生命之火的火柴。尽管它未必那么完美，或许也未必那么科学，然而只要我的学生能够在这个精神的统领之下，朝着这个方向努力，不断地反思修正并获得提升，为自己的人生幸福打下基础，那么让他们有限的生命焕发出无限的光彩就绝对不是梦想。

我向来认为，“磨刀不误砍柴工”。只要学生的道德修养提高了，思想觉悟上去了，就不用去头痛纪律，也不用强迫学生学习，更何况强迫是没有用的，外因一定要通过内因才能起作用。而这道德修养与思想觉悟就统领于我们的班级信念之中。一旦被点亮了，发动机也解决了，而且这发动机是“前驱”的，是“四缸八缸”的，动力足就跑得快，就不用人去推了，多省事。

班主任工作很琐碎，而且事情千头万绪，有时甚至有点无从下手，责任也重大，尽管要把学生培养成为一代良才需要花费大量的时间和精力，但是我想只要我们能够用心去做事情，抓住事物的根本，抓住主要矛盾，以班级信念为助手，将自己的聪明才智与一腔热血专注于所从事的事业，相信皇天定会不负有心人。

班级理念外化之

——心中的太极

在中华民族的传统文化中，道家常常以衣服的后背画上太极图而倍感自豪，一般的人却很难理解，其原因到底是什么？原来，太极图是道家对宇宙探索研究而浓缩的精华，代表了道家的最高智慧，包含了宇宙的五大规律，却用了一个简简单单的阴阳鱼图就表达了出来，线条简洁而内涵丰富，这就是道家的徽章。

徽章原本是佩戴在身上用来表示身份、职业的标志。它有着悠久的历史，最早可以追溯到原始社会氏族部落的图腾标志。国徽就是徽章的一种，世界上每一个国家都有自己的国徽。国徽，就是代表国家的徽章，是民族的象征。它崇高、庄重，当人们看到它时，会深深地感到自豪与幸福。国徽能够体现集体智慧，体现人民的意志，体现工艺美术方面的深厚造诣。中华人民共和国国徽，就充分体现了人民民主专政的实质。

班徽其实也是徽章的一种，它要能够体现班级理念，表达大家的理想，是班级精神的外在体现，让学生一看就明白我们要追求的是什么。班徽与其他徽章一样，除了具有象征意义外，还需要将其适当抽象外化，来彰显先进的人生理念与昂扬的时代激情，以一个特色鲜明而表意丰富的图案去表现主题。

我们之所以需要一个班徽，不只是为了花哨好看，而是为了让学生在设计班徽的过程中受到教育。因为班徽凝结着班级全体师生的心血，也饱含着大家对班集体的爱，对美好人生的向往，对团队的深情。每一个参加班徽设计的人，在构思图案，斟酌色彩时，往往会考虑要怎样使我们的班徽更简明、更统一、更积极向上且更具有个性，并赋予其理性和时代精神。在设计与定型班徽的过程中，参与者们有时会思虑百结，有时会激烈争论，而这些都将给学生的学习生活留下美好的记忆，甚至终生难忘。

附：2010 届 8 班班徽

该班徽整个图形似一朵盛开的花儿，也好似一簇熊熊燃烧的火焰。内方而外圆，方形的花心，表明我们内心为人要方正，选择八角形，那是因为我们以“内圣外王”里的“正直”、“善良”、“进取”、“坚韧”、“乐观”、“宽容”、“和谐”和“成功”八个方面为修养的中心内容，蓝色的心代表了内在的沉静。外在的圆弧形，是希望我们处世时要讲求技巧，与人和谐相处，红色花瓣代表对人的热情，而且开放型的花瓣也暗示我们要以一种博大的胸怀去接纳世界、包容一切。花儿下面的绿叶是班主任“王剑平”三个字的艺术签字，显示老师为了同学们的灿烂明天，甘做绿叶。

附：2012 届 4 班班徽

该班徽整体看似一团熊熊燃烧的火焰，又似一朵盛开的鲜花，还似一只飞舞的凤凰。上半部分那弧形的圆润部分，表达了 4 班人在与人相处时的圆通、豁达、不生硬，红色代表了热情奔放、积极、阳光；下面的方块与蓝色表示内心的

方正与沉静，同时也是《易经》里八卦之一“水卦”的造型，表示柔软，与外在红色的刚强相呼应，刚柔相济，阴阳和谐。红色的凤凰展翅飞翔于九天根植于传统文化，寓意我们将传承文化，走向世界。

班级理念外化之

——奋进的号角

歌曲是综合的艺术体裁，具有极高的审美价值，能够带给人们全方位的艺术享受。歌曲来自生活，却高于生活。其优美的旋律能够使人产生高尚的想法，丰富人类的感情，鼓励人们乐观向上，追求纯洁美好的信念，消除杂念，促进人们理解人类情感的深邃内涵，达到心灵的和谐与真善美的理想境界，甚至可以起到修复人类心灵的作用。

班歌应来自于班级生活，能够起到鼓舞士气、增强凝聚力的作用。在特色班级文化的建设过程中，我们需要调动全班同学的积极性，大家共同参与。自己不能够谱曲，也请不起专家谱曲，那没有关系，我们可以“按曲填词”，选取优美、活泼、积极向上和催人奋进的曲子，填进蕴含我们自己梦想的歌词。

班歌与班徽一样，不是为了好看好玩，而是一面旗子，一块镜子，一种追求。学生们构建这些文化内涵的同时就会从精神上趋同，从行动上靠拢，从而在潜移默化中达到我们的教育目的。

附 1：2012 届 8 班班歌

咱们不一样

——我们 8 班的班歌

1= C $\frac{4}{4}$ 臧云飞　刘斌 曲

进行曲速度

8 班全体师生 词

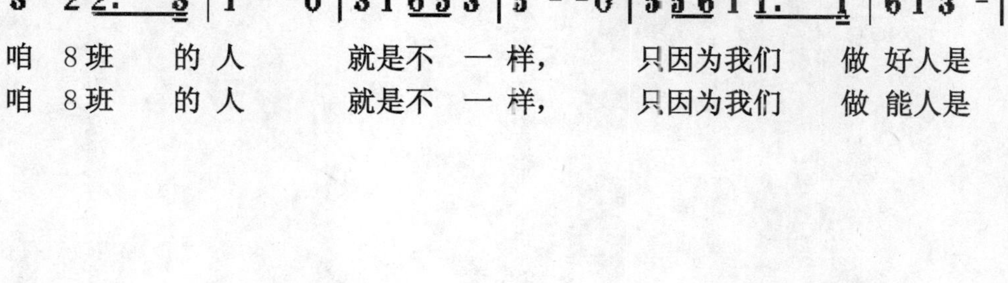

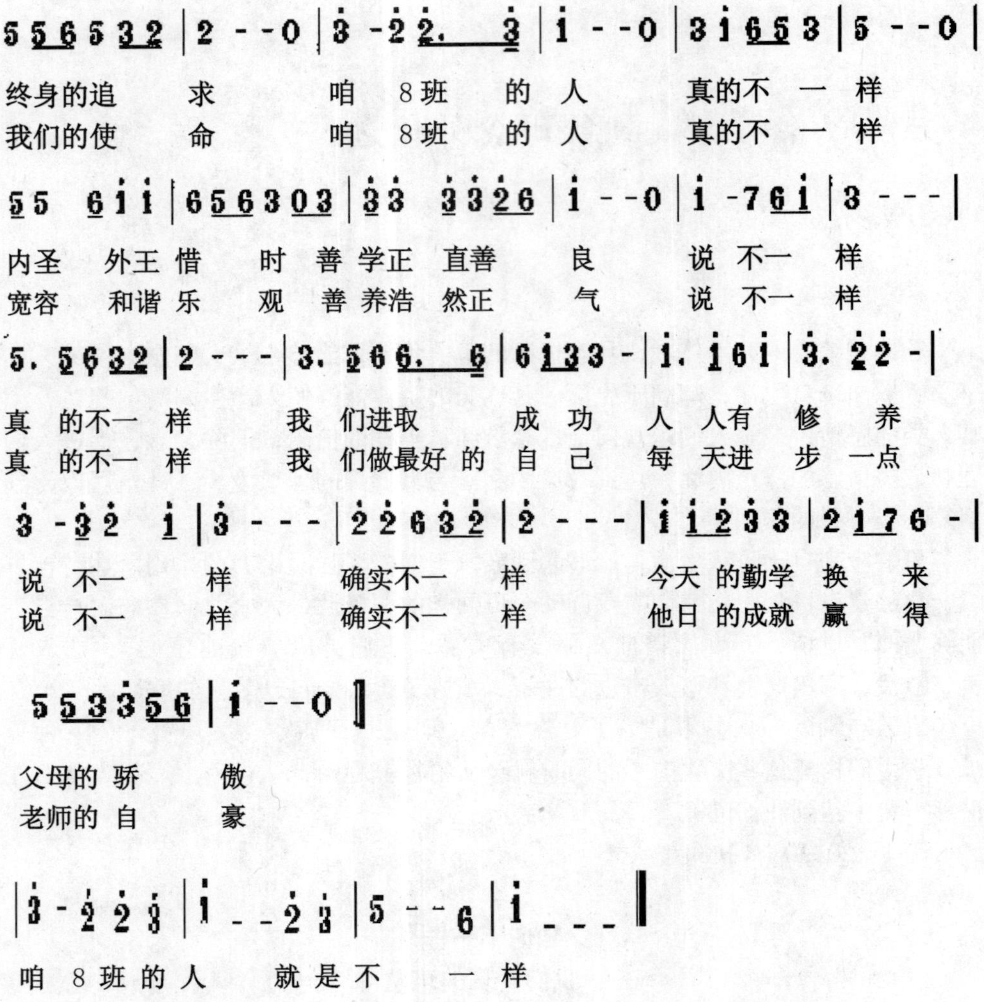
终身的追 求 咱 8班 的 人 真的不 一 样
我们的使 命 咱 8班 的 人 真的不 一 样
内圣 外王 惜 时 善 学正 直善 良 说 不一 样
宽容 和谐 乐 观 善 养浩 然正 气 说 不一 样
真 的不一 样 我 们进取 成 功 人 人有 修 养
真 的不一 样 我 们做最好 的 自 己 每 天进 步 一点
说 不一 样 确实不一 样 今天 的勤学 换 来
说 不一 样 确实不一 样 他日 的成就 赢 得
父母的 骄 傲
老师的 自 豪
咱 8 班 的 人 就 是 不 一 样

附 2：二〇一二届四班班歌

第二编

脚踏大地

心有多大，舞台就有多大

——主题班会设计

叶圣陶先生在《多收了三五斗》一文中描述到："散乱的谈话当然没有什么议决案。酒喝干了，饭吃过了，大家开船回自己的乡村。船埠头便冷清清地荡漾着暗绿色的脏水。第二天又有一批敞口船来到这里停泊。镇上便表演着同样的故事。这种故事也正在各处市镇上表演着，真是平常而又平常的。"

在中国各地的校园里，也常常表演着这样的故事：快上班会课了，班主任之间还在问，你今天讲什么内容啊？有的就说，好像没有什么讲的，上自习吧；有的说，某某学生太可气了，今天我要去骂人；有的说读读报纸吧；还有的说去布置学校的工作吧。之后学生可能会出现这样或那样的问题，于是班主任像消防员一样到处灭火，总感叹学生难教，做班主任辛苦。而下一周的班会课前却仍继续表演着同样的故事，"真是平常而又平常的"。

于是班会课就成了橡皮擦，哪里有污点就擦哪里，结果把整张纸都弄脏了。一个乱糟糟的班级就逐渐形成了。这既是老师的不幸，更是学生的不幸。

有人说，人生三大最幸运的事情是：上学时遇到一位好老师，工作时遇到一位好师傅，成家时遇到一个好伴侣。是的，从某种意义上说，一名教师可以影响学生的一生，甚至改变学生的人生轨迹，尤其是班主任。班主任对学生的影响，除了平时潜移默化的作用外，更多的是在班会课上。班会课是进行大面积思想引领的主阵地，如果这一块做好了，班主任就可以省许多事。可是在日常班级事务中，很多班主任常常只是重点强调管理，却轻视了德育，尤其是把班会课当成可有可无、可上可不上的课。

其实，班主任工作是有捷径的，那就是上好每一节班会课。因为"磨刀不误砍柴工"，学生的思想上去了，其他的就都不在话下了，正如牵着了牛鼻子，一切问题就能够迎刃而解。当然，因为目前全国尚无班会课的教材，我们的班主任还不知道究竟应怎样去操作，为此我们需要对此进行深入研究。

一、班会课的意义和作用

德国著名化学家施密特教授，伙同纳粹德国著名生物学家施泰尼茨，在1939

年研制出了毒性极强的军用沙林。在二战中，德国纳粹分子用毒气杀害了成千上万的犹太人，他们明明知道毒气的危害，却仍然助纣为虐。虽然施密特在知识上可以说已经达到了时代的顶峰，可是因为其人格是扭曲的，内心没有是非观念，没有基本的道德准则，这样的人，掌握的知识越多，对社会、对人类的危害就越大。所以我们老师肩上的担子是很重的，倘若做得不好，一不小心，出了个张密特、李密特的，那就成千古罪人了。因此我们不仅要教好书，更重要的还在于教会学生做人，况且只要学生的人格高尚了，心志健全了，他们明白了人生的目标，能够宽容，知道感恩，有了爱心，知其人生不易，成功须由自己奋斗而来，我们还用担心他们学习不好，还用得着成天为处理学生的突发事件而奔波么?

具体来讲，班会课的意义有以下四个方面：

(1) 协助学生树立高远的人生目标，培养健全的人格、高尚的道德情操和良好的行为修养，形成正确的人生观、世界观和价值观；

(2) 辅助学生开发非智力潜质，培养学生的意志力、克服困难的勇气和能力及自信、自立、自强的良好心理素质等，使其保持良好的心态，给学生的学习、人生增添动力；

(3) 培养学生良好的学习、思维和生活等习惯，为其终身学习和发展打下坚实的基础；

(4) 发展学生的个性特长，丰富和活跃学生的集体生活内容，培养学生自我管理自我教育的能力。

只要学生的思想觉悟提高了，我们的工作就能够达到事半功倍的效果，就不用像保姆一样事无巨细，就用不着那么辛苦地去管他们的纪律，更不用为他们的学习而发愁。他们会在漫漫人生路上自己点着灯，开足马力往前奔。

二、班会课的主要形式

(一) 不科学的几种班会课

1. 骂人课

因为种种原因，有的学生违反了纪律，或骂了人，或打了架，或扣了操行分，或因多次不交作业科任老师常常告状等，诸如此类的让人郁闷让人生气的事情层出不穷。于是我们的班主任就整一节课都在发脾气，骂学生。这样做班主任倒是解气了，可是问题却仍没有解决，这或许能让违纪的学生安分几天，但是几天之后有的学生又“旧病复发”，于是班主任只好通过再骂去维系，以至于形成了恶性循环。这样的班主任做起来当然就苦不堪言了。如此头痛医头，脚痛医脚，终日疲于奔命，当然就有老师埋怨班主任的工作异常辛苦，于是如祥林嫂一般逢人便说，“要是某年我不当班主任了该是多么幸福呀”！

其实，对学生中发生的这些不愉快的事情，我们完全可以先冷处理，多正面引导，多潜移默化地熏陶。“人之初性本善”，向善之心人皆有之，你在班会课上与学生将心比心，以情换情，学生没有理由成心跟你作对。许多年轻班主任都说，我们批评完学生之后，自己还是一肚子的气，一两天都消不了。我们实在没有必要拿学生的错误来惩罚自己。从健康的角度来看，据科学家的研究，人类疾病的80%是由情绪引起的，如果生病了，我们那点治疗费是远远不够的。思来想去，真的不划算，身体是自己的，还要留着干革命，尤其是年轻人的人生道路还很长，革命尚未成功，怎能就此轻易地气坏了身体呢？

2. 事务课

因为上级或学校临时布置的一些任务，或要处理科任教师反映的某些问题，或宿舍的事情需要厘清，或要选班干部、选先进，于是把班会课变成了一节处理杂事的事务课。而这些事情是经常会有的，如果长期陷于这样的事务之中，班主任就没有了与学生交流的机会，失去了一个引领学生成长的舞台。学生在人生目标、品德修养和意志习惯方面可能就缺少了感悟提升的时间与空间。这些杂事完全可以利用一些零散时间来处理。

3. 自习课

因为近段时间学生比较乖，没有发生违纪的事，也就是无学生可骂，于是一些班主任就不知该如何是好了，因此干脆就把班会课变成自习课；有的因为是毕业班，学习任务重，时间紧，又没有其他时间可以抢占，只好牺牲班会课了。教师的出发点或许不错，然而事实上却未必如我们所愿，学生的成绩也未必就能够上去，说不定还会有不少的麻烦。因为在学校里，总有些学生素质比较差，甚至是来混日子的，如果在毕业班忽视了对其思想的教育，一样会产生许多麻烦（比如谈恋爱、饮酒、打架、玩游戏等令人头痛的问题），所谓无事就要生非。

4. 虚幻课

我们的班主任尽管有时会把班会课上成自习课，但是有时候为了应付学校的检查，所以又不能常常把班会课上成自习课，没有办法，只有到班上去讲。因为没有目的，犹如脚踩西瓜皮，滑到哪里算哪里。或者一节课东拉西扯，没有重点、漫无目的、信口开河、不着边际；或者随手拿起一张报纸，看到什么就读什么。一节课下来学生没有任何的触动与收获。于是学生们还是没有任何改变，该违纪还违纪。

5. 低效课

这也是最常见的一种班会课，班主任辛辛苦苦准备了一节课，主题很好，内容不错，班主任也很卖力，滔滔不绝地给学生讲，乃至于口干舌燥，喉咙冒烟，这样的班会课成了标准的“一言堂”。可是只要你留心就会发现，并不是所有的学生都在认真听，有的在做作业，有的在看书，有的在看报，有的在睡觉，甚至有的还玩起了手机。我们辛辛苦苦备好了课，却做了无用功，实在可惜。当然，出现这种情况最主要的原因应该还是我们班主任的课没有准备好，或者准备不充分，没有根据学生的需要去设计。同时班主任没有把课堂调控好（诚然，要做到每节班会课都十分精彩，都能够调动所有学生的积极性的确非常不容易）。而一旦出现上述情况，没有其他办法，临时补救之方只能是要求所有的学生必须放下手中的任何事，把全部精力放到班主任这里，这一节课就由班主任做主了，每一个学生都必须听班主任的。倘若班主任的课都不能认真听，那学生还能够听得进去哪位老师的课呢？

（二）科学的班会课

什么是好的班会课？什么是一节成功的班会课？我认为只要能够达到教育学生的目的，只要能够震撼人、直抵人心深处就是好的班会课。再说具体一点，如果你那节班会课能够让学生都眼含泪水；或者让每一个学生都面带微笑、双目放光且神情专注地望着你；或者让每一个学生都有所感有所悟；或者让所有学生都快乐地、全身心地参与进去，每个人都有所得，这些就是非常成功的班会课。就其形式而言，是可以多种多样的，既可以老师主讲，也可以师生互动，还可以全由学生主持；既可以是课室内的，也可以是课室外的，甚至是校外的；既可以是全体学生参与的，又可以同时邀请学校老师、领导、校友、家长或者社会知名人士参加。在工作中常见的几种班会形式如下：

1. 讲座性

这是一种比较严肃的主题班会形式，主要特点是正面引领学生，提高其思想意识，或介绍某方面的知识。围绕一个主题，可以有计划地安排几次专题系列讲座。讲座的选题要针对学生的思想实际。主讲人可以由班主任自己担任，也可以请学校有关领导、科任老师担任，还可以请校外人士担任，或者选学生担任，甚至请家长来讲。这种形式常适合在某个主题教育开始时使用。

2. 知识性

为了促使学生对某方面知识的学习，可以举办各种知识竞赛，如：为了使学生了解祖国，可以举办“爱我中华”的知识竞赛；为了帮助学生了解党的光荣历史，可以举办“党在我心中”的知识竞赛；为了帮助学生立志成才，可以举办“探索科学家的足迹”的知识竞赛；为了创建文明城市、文明学校，可以召开“创建文明城市”的知识竞赛主题班会。

3. 辩论性或者讨论性

这是发挥学生集体力量，对学生进行教育的极好形式。然而提出的问题要集中，一定要是学生中典型的思想问题，特别是多数学生认识模糊或者认识不统一的问题。其目的在于统一认识。比如学生带手机、无节制上网等，这些已经成了各学校不大不小的让人头疼的问题了，怎么办？到底是利大于弊还是弊大于利，大家辩论，以期最后能够统一思想。

4. 表演性或者活动性

可以围绕一个主题组织文艺演出，节目要求形式多样（诗、歌、舞、曲艺均可），最好能自编自演。如配合理想教育，可以组织不同志愿的学生唱自己的"理想之歌"；配合爱国主义教育，可以举办《黄河大合唱》赏析会；配合传统教育，可以组织"革命历史歌曲大联唱"；个性才艺展示"我的人生呈七彩"等。

班会课当然最好是综合性的，而最终需要以内容来决定形式。

三、班会课的确定与实施

（一）主题班会的设计要形成一个系列

培养人是一项系统工程，欲毕其功于一役的想法是行不通的。因此，在班会课设计时，需要进行全盘筹划。因为"凡事预则立，不预则废"，班会课必须有蓝图、早规划。所规划的内容至少要考虑一到三年的发展，一定要形成一个主题班会的系列，每个学年一条主线，每个学月突出一个重点，围绕一个主题。而不是头痛医头，脚痛医脚，想到什么上什么，抓住什么讲什么。应该针对该年级与本班学生的实际，有计划地培养学生良好的人格，有步骤地把学生造就为一个合格乃至优秀的公民。

（高中主题班会课系列化设计见后《小视频大教育系列》）

（二）主题班会设计的主要原则

1. 生源性

主题生成不应该信手拈来，不应该是"脑袋一拍'计'上心来"，而应该是来源于学生的生活。以学生为中心，以学生的健康快乐成长为准则。为此，班主任必须弄清楚几件事，那就是"你是谁"，"为了谁"，"想达到什么样的目的"，"打算采取什么样的策略和措施"。既然是为了学生，既然是想提高他们的思想水平、道德修养、心理素质及学业成绩，那么，我们就应该全方位地关注学生的生活与发展，既能够从他们身上发现问题与问题的苗头，又需要有意识地培养他们的品格。

2. 全员性

即以学生为主体，学生全员参与。学生只有全部参与了，只有把全部的热情都投入到了班会课之中才能有所思有所悟，才能真正有所收获。一节课不一定每一个学生都发言、都展示、都表演，只要学生的身与心都参与进来了，就能够达到我们的目的。而班主任重在指导、组织学生。若只有少数人参与，或者仅仅是班主任唱独角戏，却没有学生的参与，当然就只能落得“无人谁会凭栏意”了。

学生的全员参与还在于提前让学生多思考多议论、出主意、提建议；学生的全员参与更体现在课后写反思，制定措施，以及参与后期的跟踪、检查和评定。

3. 实效性

倘若我们以应付的态度，随意地从网上找一些有关方面的课件来上班会课是没有什么效果的。比如某班《学会感恩》的主题班会，诸多节目同学们都似曾相识，甚至班会课的流程都差不多，难怪有的学生会说：“从小学到初中到高中，同样的班会我都参加过好几次了。”这样内容重复的班会对学生的教育效果是可想而知的。我们应该根据近期学生思想、生活与学习中出现的一些问题，及时地召开主题班会。不管班会的形式简单还是繁复，要注重效果，才能实现我们的目标，有效的才是最好的。

4. 针对性

一节班会课针对性要强，就解决一个问题，达到一个目标，不要奢望一节课能够解决许多问题，那样反而冲淡了主题。对于一节班会课要解决什么问题，应该与学生新近的思想动态有密切关系。只有选到他们最关心的话题，最迫切希望得到解决的问题，才能使他们每个人都有话可说，有情可抒，不吐不快。这样的教育效果才最佳。

（三）系列班会主题的确定依据

1. 国家文件对青少年的思想道德建设要求

2004 年 3 月 22 日，中共中央国务院通过了《关于进一步加强和改进未成年人思想道德建设的若干意见》（以下简称《若干意见》），这是我们党加强青少年思想道德建设的一个重大举措，也是我们国家重视和关心未成年人健康成长的表现。加强和改进未成年人的思想道德建设是一项全民性的伟大工程，需要全社会的参与和努力，特别需要我们教育工作者去积极参与。

在《若干意见》里，明确要求我们要从增强爱国情感做起，弘扬和培育以爱国主义为核心的伟大民族精神；从确立远大志向做起，树立和培育正确的理想信念；从规范行为习惯做起，培养良好的道德品质和文明行为；从提高基本素质做起，促进未成年人的全面发展。因此学校作为青少年道德素质培养的主要阵地，教师尤其是班主任老师就更义不容辞地肩负起这个建设重任。

2. 现代公民素质建设的需要

2006年国务院发布的《全民科学素质行动计划纲要》对未成年人工作的主要任务是：开展多种形式的未成年人科普活动，各级教育部门要重视和加强科技教师的队伍建设，进一步提高未成年人科普工作的水平。培养良好的科学态度、情感与价值观，发展初步的科学探究能力，增强创新意识和实践能力。提高生活质量和自我发展的能力。普及保护生态环境、节约资源能源、心理生理健康、安全避险等知识。加强"珍爱生命、远离毒品"和崇尚科学文明、反对愚昧迷信的宣传教育。作为现代合格的普通公民，需要有与一个国家的法律制度、政治制度相适应的品德、知识、机能和情感，开展公民素质教育要以爱国主义教育、集体主义教育、社会主义教育、责任教育、法制教育、公德教育和人格教育为主要内容。

3. 学生个人成长的需要、人生规划的需要和人生观价值观建构的需要

亚里士多德曾经说过："人是一种寻找目标的动物，他生活的意义仅仅在于是否正在寻找和追求自己的目标。"由此，我们需要引领学生追求崇高的人生目标，更需要为学生的成长打基础。我们的主题班会应该根据学生的年龄特征，本校本班学生的个性特点，即根据学生最需要培养的品德是什么，最需要解决的问题是什么，家长最期盼最担心的是什么，社会的负面影响最大的有哪些等来确定；根据学生成长的规律去选择合适的主题；根据学生生活中存在的问题（包括偶发事件激发的教育问题、学习上的焦虑、学习方法的指导、同学之间的摩擦、中学生的早恋问题、不良习惯的改变等）去确定。

4. 依势而定，与时消息，与时俱进

从社会生活实际中生成主题，使主题班会充满时代气息，可以针对社会上的热点问题、焦点问题和重大问题进行展开。如杨丽娟事件折射出的精神支柱问题，范跑跑事件所呈现出来的责任问题，三鹿奶粉、双汇火腿及染色馒头所引发的诚信问题，美国次贷危机产生的民生问题，日本核辐射引发的科学双刃剑问题，还有因为网络的发展，上网看不良信息和打电子游戏以及手机给学生带来的身心危害等问题。从而在引导学生关注时事、关注生活的同时，也培养了学生相应的品德与分析问题、解决问题的能力。

5. 从学校整体部署中选择主题

比如教师节的庆祝，国庆节的活动设计，艺术节的设计，中段考试、期末考试的动员及总结，学习方法的指导等。

在制订班会课系列计划时，要综合考虑。班会课系列既要考虑对学生人格的

塑造，又要考虑对学生学习方法、学习技巧的指导，既要有对学生心理方面的疏导，又要有自我管理能力的培养，还要对学生健身方面进行指导。

四、班主任开好班会课的基本功

（一）人格魅力

高尚的人格是一种精神楷模和精神动力，对班集体的健康发展起着巨大的推动作用。“严师出高徒”，班主任的道德水平高，学生的整体道德水平也会高。教师的人格魅力来源于其渊博的学识和教书育人的能力，来源于其善良和慈爱。优秀的教师们会在平等的基础上善待每一个学生，善待每一个生命，对弱者充满同情，对强权毫无畏惧；教师的人格魅力也来源于对学生的信任和宽容，来源于对事业的忠诚和从不满足的执着精神，他们始终用“胜不骄、败不馁”的形象去感召学生、激励学生追求卓越。教师的人格魅力更来源于教师胸怀天下，时刻关注社会、国家和人类的发展。不会因为学生学习成绩的好坏与家庭背景的不同而高看或歧视学生。很难想象一个缺乏亲和力的老师能够与学生关系融洽，也难想象一个冷漠虚伪、做事得过且过的教师能够带好一个班，更难想象一个自私自利、斤斤计较的教师能够教出一批以天下为己任的学生。实践告诉我们，要想做一名成功的教师，必须先做一个充满人格魅力的人。

这也是一些普通班主任学了全国知名班主任的工作技巧，却达不到相应效果的原因。因为他只学了皮毛，没有学到其精髓、人品和修养，没有那些名师的人格魅力。

（二）语言驾驭的能力

班主任在对学生进行思想教育引导工作时，是需要一定的语言驾驭能力的。从某种意义上讲，其语言驾驭能力越强，其工作就会越顺利。特别是在班会课上，我们需要调动学生的情绪，需要激发学生的斗志，需要触动学生的内心深处。如果没有比较强的语言表述能力，其效果往往会大打折扣。如果班主任的语言能力很强，学生自然也会喜欢和他交流、交心。

（三）情绪控制能力

我们都知道，人类的情感具有相互影响和感染的功能。人们在交往、相聚的过程中往往会受到他人情绪的影响，从而出现情感的共鸣。因此教师情绪的好坏也会直接影响学生的情绪。倘若教师情绪饱满、乐观向上、积极进取，对学生的感染作用就会明显增强，学生就会学得更有兴趣、更有成效，更容易接受老师的观点；而教师情绪低落、态度冷漠，则会导致学生冷淡、不专心，听不进去老师的话，甚至排斥、厌恶老师。要想调控好学生的情绪，激发学生学习的积极性和主动性，使他们健康茁壮地成长，班主任首先就得管理好自己的情绪，学会化解来自各方面的压力和情绪困扰，不把不良情绪带进课堂。

在班会课上，如果在适当的时候能合理运用自己的情绪，那么教师和学生之间必然会进行认知和情感信息的良性交流，就容易实现我们的教育目标。班主任能够比较好地控制自己的情绪，就容易管理好学生的情绪，让学生的精神面貌焕然一新、朝气蓬勃，我们的教育事业一定会大有希望！这也是《亮剑》里的李云龙能够带出呱呱叫的士兵的原因了。因为李云龙本身就是一个呱呱叫的人，他充分运用了自己的情绪去带动每一位士兵。苏联教育家赞可夫说："教学一旦触及学生的情感和意志领域，触及学生的精神需要，便能发挥其高度有效的作用。"

（四）政治敏感力

在当今社会，我们面对的不仅仅是国际的动荡、他国的颠覆，也面临着国内一些不确定因素。如果我们班主任在大是大非面前不能够认清形势，没有敏锐的政治洞察力，就可能对形势形成误判，对学生进行误导，从而给国家造成麻烦甚至危害。

记得有一段时间，日本在不同的方面挑衅中国，引起国人强烈的反日情绪，网络上出现了大量的反日言论，呼吁抵制日货，甚至埋怨中国政府软弱，质问"为什么我们不能够与小日本干上一仗"，还说想当年中国是那样的贫穷，面对强大的美帝国主义尚且能够举国一战，战之能胜等，不少地方出现了抗日示威游行。我们班主任也接到了上级的指示，为了国家大局，为了安定团结，不准学生上街游行。可是，作为班主任不仅仅需要忠实地传达指示，还应该与学生一道弄清楚为什么，这样才能使学生有大局观念。为此，我们就可以召开这样的主题班会——"把小日本干掉"（美国总统杜鲁门曾经说过）。事先让每一个学生去查资料（上网也好，去图书馆也好），全面比较中日之间的优势和劣势，看看为什么日本就敢那么肆无忌惮，我们目前能不能和他们再干上一仗。一周之后，主题班会召开了，通过认真的比较，学生们就知道目前我们还不能打仗，虽然我们的GDP总量不错，但是我们与日本相比较，经济上还不是一个档次（尤其是人均GDP），而日本还有美国撑腰，中国还有台湾没有收回，中国还需要更多的时间来发展经济。然后老师再引导：之所以我们还得忍，那是因为我们还不是非常地强大，倘若我们也像美国那样强大的话，日本还敢猖狂？所以我们目前唯一要做的就是好好学习科学文化知识，长大成为国之栋梁，让我们的国家早点富强起来。如此一来我们就达到了一箭四雕的目的：既很好地完成了上级任务，又激发了学生的爱国热情，还培养了学生遇事不冲动的习惯，更调动了学生学习的积极性。

（五）资料收集整理能力

（1）分类整理名人名言、熟语和格言（现在书店已经有这方面的书卖）。

（2）积累小故事（品德修养、为人处世、人生态度、哲理、立志、奋斗、习惯、细节、性格、心理、学习等方面的）、小图片。

（3）收集影视音像中可用的素材（包括视频与音频）。

当然，班主任还应有其他的能力，包括课件的制作、视频的剪辑组合等。

五、实施班会课的注意事项

（1）班会课之前周密策划，认真准备，及时发现漏洞并且加以弥补。

（2）活动中要注意调控情绪、把握节奏、活跃气氛。

（3）课后一定要及时评估，总结经验教训，并且有后续跟踪，落实评比。

苏霍姆林斯基说："教师的教育劳动的独特之处，是为未来而工作。"主题班会亦然，是为了学生在以后的人生中能够不断完善自己、超越自己。班会课的目的不是为了上课而上课，也不是为了花哨好看，关键还得使学生有所触动有所沉淀；否则，就可能出现"热血沸腾三分钟"的现象，最终问题还是没有解决，原因在于后续措施不到位。如果我们每一堂课都能及时评估，总结经验教训，并且制定后续跟踪表，对课堂里所设计的主题进行落实，一段时间之后甚至可以再上一次相关的主题班会，那么我们所期盼的效果就容易出现。

人们常说，思路决定出路，态度决定高度，眼界决定境界。人的理想志向往往和他的能力成正比，更与他的目标成正比。所谓"心态，最终决定人生的高度"。中央电视台也有句广告词——"心有多大，舞台就有多大！"教师的职责就在于塑造学生的灵魂，给他们的心灵播撒阳光，使他们的心中少些阴影、多些光明。在主题班会这个大舞台上，如果方法得当，我们就能最大限度地去拓宽学生的眼界，挖掘他们的潜能，为其终身发展打下基础。那样，学生的人生舞台就可能变得无限广阔而美好！

前行的制动——班规

俗话说，国有国法，家有家规。黑格尔说：“只有服从法律的意志才是自由的”。

在班级建设中，我们当然要“以德治班”，需要对学生进行引导与熏陶。然而任何教育都不是万能的，“以法治班”也非常必要。那是因为目前的社会在飞速进步，各种诱惑太多，而学生正处于身心发展的激荡岁月，正处于“三观”形成的阶段。人是有惰性的，尤其是青少年，而班主任的精力是有限的，所以才需要规范，需要自律，需要在没有老师“看护”的时候也能够自觉的“提醒器”。我们任何人都不是孤立的，每一个人都是社会中的一员，是一个集体中共同进步的一份子。人们生活在一起需要共同维护一个良好的环境，也需要对大家的行为进行评价，对一些不符合集体共同成长的言行予以批评、教育乃至适当的处罚。让每一个人都能够在社会生活中克制自己的非常规行为，尊重他人的合法生活与学习的权利。班规对于良好行为的倡导，在班集体的效果则表现为：让大家明白规章制度的价值取向，积极创造和谐的环境，营造良好的班级风气。

班规犹如汽车的制动，当我们的人生列车不按常规行驶时就需要及时刹车，否则可能车毁人亡。没有约束的言行，只会危害自己，危害他人，甚至危害社会。

班规的制定需要注意两点：

首先，需要全体学生共同探讨。而在学生参与讨论之前，班主任必须对学生进行教育与引领。因为我们常常发现，有的年轻班主任直接就把要不要班规这个问题抛给学生，结果全班绝大多数学生都说不要班规，弄得班主任差点下不了台。其实学生还是懂道理的，你只要给他们讲清楚班规对他们成长的重要性，他们还是能够理解而且积极参与的。之所以需要每一个同学的参与，是因为若班规是他们自己制定出来的，在日后的学习生活中他们会更自觉遵守，因为“那是我需要这样做，不是老师逼我这样的”，从而避免学生产生逆反心理。

其次，班主任老师需要给学生提供一些参考意见，其中当然包括上级有关部门的要求。如果处理不好，学生会很不情愿。这里有一个小小的技巧，即班主任的意见与上级部门的规定不要太直接给学生们提出来，可以在提出之前与几个班干部商量，让他们去讲。因为我们的班规是不能够脱离大的规则的，而学生制定的未必周全，所以班主任的看法若让学生自己提出来，效果会截然不同。

我们的班规

第一部分　各种常规

一、一日常规

（1）清晨入校，向校门口的值周老师问好，并虚心接受值周师生的检查指导。骑单车的要下车推行。全天穿校服，不穿拖鞋回学校。有清洁任务的同学早上必须6点40分到达公区和课室，下午5点前打扫结束。

（2）早操时间都到指定的操场站队做早操，做到快、静、齐。而且必须按学校规定着装，有事必须向体育委员递交100字左右的请假条。凡是迟到者必须写500字的说明，并且在大家做完之后从头做一遍；第二次迟到写1 000字的说明，依此类推。凡是被体育登记员记录不认真做操而扣分者一样必须写500字的说明，等待大家做完之后从头做一遍；第二次被记录的写1 000字说明，依此类推。

（3）早上7点前回到课室。每节课（包括自习课）前三分钟要坐好。

（4）下午2点15分上课预备铃声结束前必须已到教室，由文艺委员负责播放班歌，全班同学跟唱，之后再播放全班另外选定的20首健康歌曲之一，大家跟唱。

（5）每堂课全身心投入、坐直，目视黑板中缝的蹲点，面带微笑，意念跟着老师的思路走，不懂就摇头或者说不懂，懂了就点头或者说懂了。

（6）每节课的课间按照学校规定，不在走廊和课室高声喧哗、追逐打闹，在操场活动不违纪。

（7）第二节课后，做眼保健操，要求放松、安静，全身心沉浸在保健操的音乐里，取穴位准确，节奏明快，做到动作到位，不得把头伏到桌上或者做练习。

（8）中午放学路上，不准冲向饭堂。可以错开人多的吃饭时间，自觉留下学习一会儿。

（9）午睡时必须保证时间，按时就寝，不说闲话，不随意到教室，更不准请假出校门。

（10）晚自习时间不得随意出课室、上厕所或者打开水，凡是进出课室必须请假并且登记；不得说笑或者商讨问题，不得随意窜座位，不得睡觉。

（11）晚自习第一节课后到大操场跑步两圈，夏天改为散步两圈。

（12）每天按时完成各科作业，各科时间大体安排为：语文 30 分钟，英语 30 分钟，数学 50 分钟，物理 40 分钟，化学 30 分钟，生物 20 分钟。在规定时间内不能完成的作业，可以下课问同学或老师，不要擅自延长某科时间，以使其他科目无时间可用。

（13）上课或自习课期间均不得扭头看窗外，不得把所有的窗帘都拉上。

（14）每天挤出 15 分钟练钢笔书法，可以安排在每天下午 6 点 10 分到 6 点 25 分。

（15）每天早晨要用 5 分钟规划一下当天共有多少项任务，并且按轻重缓急确定做事的顺序；每节自习课前先确定学习目标及具体任务量。

（16）晚间统计一下一天“三闲”的数量，即大致说了多少时间的闲话，做了多少件闲事，用了多少小时闲思。订出第二天减少“三闲”的具体措施。

二、一周常规

（1）每周写一篇周记，题目自定。主要是反思自己一周以来学习和生活的得与失、班级生活之我见、读书偶得、看视频感受或对社会重大事件的评述。

（2）每周日下午 6 点前召开班委和团委会议，总结一周的学习和生活，7 点前由班长在班上进行总结，并且由班长和团支部书记组织，分小组构思、策划主题班会的活动形式（活动主题由班主任全盘考虑制定），落实到小组。

（3）每周日下午 6 点至 6 点 40 分，视频欣赏。可以由班主任找具有教育意义的素材，也可以由同学们提供。

（4）周五下午第三节为文学欣赏课，教师寻找学生喜欢的作品给学生朗读，可由学生推荐，也可让学生自读喜欢的课外小说、诗歌、剧本、散文等。

（5）周六放学前，全班同学选举本周说闲话最多的同学，或比上星期有进步的同学，或有较明显违纪的同学，或促进大家学习的同学。

二、每月常规

（1）每月 1 号制订本月的自我教育计划，包括德、智、体、美、劳诸方面要做的实事，计划的可操作性要强。

（2）每月至少进行一次互测。测验题由每位同学出，出试题要按照班级规定的出题大纲，确定试题范围、试题数量、试题难度、试题覆盖面和试题分数比例。每份试卷的若干纸张必须装订在一起。每份试卷的卷首格式，必须统一：写清出题人姓名，估计分数，每道小题及总分实得分数；留出答题人姓名空格，供答题人填写。

（3）每次互测，90% 的同学要达到 80 分（总分 100 分），不足 80 分者参加补考，另 10% 的同学补考分数线由自己确定。

（4）每月的最后一天，对照月初的计划，总结任务的完成情况。

三、学期常规

（1）将开学典礼大会上学校布置的任务同自己的实际结合起来，确定本学期的自我教育计划。

（2）根据自己的实际情况来决定座右铭是否需要更换。座右铭有四项内容必须明确：最崇敬的人是谁，本班要追赶的目标是哪位同学，打算以后考哪一所大学，针对自己的不足写一句鞭策自己的格言。

（3）研究讨论批改作文的方法，提高作文互批的能力，逐步学会从 8 个方面批改一篇作文。

（4）召开两次学习方法交流会，选择适合于自己的科学的学习方法，增强学习兴趣，提高学习效率。

（5）“三八”节前后开展“给母亲带来欢乐”系列活动。要求在活动期间或者每天帮助母亲做一件较大的事，或者写歌颂母亲的系列作文，同时召开“为了我的母亲”的主题班会或者诗歌朗诵会。

（6）认真落实学校在五四青年节、国庆节、“九江中学语言艺术节”等安排的各项活动安排。

（7）10 月上旬体育委员认真做好参加该月下旬校田径运动会的准备工作，落实每个人需参加的比赛项目或服务项目，组织运动员刻苦训练。

（8）每学期第 8 周、第 16 周周二为量化作业检查日。届时，每位同学把开学以来的各种作业全部准备好，先进行自检，写出自检报告，然后进行互检、抽检。

（9）期末放假前一天，将本学期各科量化作业全部分类，编号，进行一次大检查，数量不足者须补交。合格者，愿集中统一保管的，可交班级统一保管。

（10）做好本学期的自我总结和自我鉴定，填好《家校联系手册》和邮寄的信件地址。

第二部分　岗位责任制

一、常务班长林颖秋职责

（1）全面负责班级同学德、智、体、美、劳各项活动的开展，在为同学服务中提高自己的管理水平。

（2）及时传达学校及班主任对班级活动的要求，并组织同学将要求落到实处。

（3）班主任老师在校时，及时听取班主任对班级管理的意见；班主任不在校时，代行班主任老师的责权。

（4）负责领导、指挥班委会成员开展工作；有权根据工作的需要任免班委会成员；负责指挥值日干部积极主动地开展工作。

二、团支部职责

（1）团支部设支部书记、支部副书记（兼组织委员）、宣传委员（兼班级文娱委员）各一人。

（2）支部书记王映雪负责组织全班共青团员按时完成校团委布置的各项任务。

（3）支部副书记兼支部组织委员陆佩玉，协助书记工作，具体负责发展新团员的工作，负责对团外积极分子的帮助、引导，使之尽快达到团员标准。负责向支部建议召开支部会议或团员大会，讨论研究发展新团员，一经批准，则具体负责组织，主持会议。与支部书记每天检查团徽佩戴、仪表等情况。

（4）支部宣传委员（兼班级文娱委员）陈宝仪，具体负责本班团员各项活动及好人好事的宣传工作。一方面向本班全体同学宣传，使同学们学有榜样；另一方面向校团委及上级部门、有关新闻单位宣传，使上级及时发现先进典型。对不良倾向，凡带有普遍性的，也有在班级内宣传教育的义务，以便引起有关单位与个人的警觉，及时加以控制。

三、班委会委员职责

（1）班委会设学习、生活（2人）、劳动（2人）、体育、纪律及文娱委员，加上正、副班长与监察委员3人，共由11人组成。学校要求卫生委员职责由体育委员承担。副班长林嘉铭兼管电教和纪律，并且负责协助班长维护班级纪律。

（2）学习委员郭展鹏负责全班同学课内期末统考科目学习活动的组织、指导工作；负责指导各学科科代表开展工作；负责指导各学科兴趣活动小组的工作；负责考试前每位同学的考场安排；负责考试后统计各学科成绩，统计每个人的总成绩，统计全班各学科的平均分和总平均分；负责计算同学估算成绩与实际成绩的差距，对差距超出要求者，予以适当的惩罚；负责同学互助组的指导。

（3）劳动委员职责由张嘉玲和李静雯承担，负责班级卫生清扫的指导工作，组织好全班大扫除；负责监督地面清洁等工作。

（4）膳食委员陈文意、曾锦萍，负责收取学杂费、书费、班费、膳食费等班级各项费用，及时将需上交的费用于当日放学前上交学校；负责保管班费及记录班费往来账目，并于必要时向同学们汇报。

（5）体育委员陈浩炽负责全班各项体育活动。具体领导同学们跑步、课间操、眼保健操、体育活动课、仰卧起坐、俯卧撑、队列体操比赛、运动会等各项活动的开展，可指定各项活动的临时或长期负责人，协助体育老师上好体育课，负责全班同学的身体检查工作，协助医务室建立本班同学的健康档案，负责组织同学控制或降低疾病的发病率。

（6）文娱委员陈宝仪负责班级文娱活动的组织领导工作；负责班歌、班徽的设计，国庆文艺汇演、新年联欢会的编排导演工作；负责督促黑板报的编写、美化工作，并且有权调动班上任何一个同学为班级办黑板报。

（7）纪律委员张绮华对同学中的违纪和扣分情况进行登记、公布，通知到个人并且限其马上改正，按班规宣布处罚措施；凡带有普遍性的，在班上宣讲，以便引起有关单位与个人的警觉，及时加以控制。

（8）全体团干部、班干部均应该不断加强自身修养，把培养自己的浩然正气作为终身目标，有责任和义务维护班级纪律，当有同学出现违纪现象时，应该第一时间站出来制止、劝解并教育，并且第一时间告诉班长或班主任。

四、科代表职责

（1）负责留意并记录各学科的学习情况，及时辅助任课教师的工作。上下课帮老师拿书、录音机或者电脑，有需要时帮助老师批改作业，每天收作业，统计好没有完成作业的学生名单并及时报告给任课教师。

（2）带头学好本学科知识，要用最快的速度弄明白当天的知识，自己作业尽量不做错。

（3）热情为同学服务，帮助学习有困难的同学学习该科目。

（4）管理好自己手上的学习小组长。定期了解同学的学习状况，及时汇报给老师（职责与小组长相同）。对小组长汇报的作业收交情况，以及背诵、预习作业情况要及时登记并反馈给老师。

（5）小测验后要及时登记不达标的学生名单，并及时通知学习小组长安排帮扶措施，第二天，及时检查小测验的订正情况。

（6）语文和英语科代表还要带领大家早晚读，科代表要保持早晚读的有序、整齐。同学不认真朗读的，科代表有权让该同学起立，直到表现好后，再允许其坐下；早读有同学做其他作业被发现的，科代表有权没收其作业，并汇报给老师。

（7）语文每周一次的课外摘抄，每周两次的练字检查，每周末的周记检查要落到实处。对语文“名师面对面”上的作业要及时检查完成情况，看是否有应付的现象。

（8）对老师给予同学的处罚，要及时督促完成。如：罚抄书、练字等；对不服从管理的同学，科代表有权进行处罚，处罚方法报老师备案。

（9）每天到教师办公室查看是否有资料。

（10）科代表要以身作则，如出现偏私从重处罚。科代表有直接获得加分的机会，评先评优有优先权。

五、舍长职责

（1）负责整个宿舍的安全、卫生、纪律、思想和生活。

（2）督促宿舍成员按时睡觉、按时起床，若有人影响他人休息或违反学校的规定（比如该生睡觉时听 MP3、看 MP4 或者玩手机），有权对其批评、教育，及时登记并且把情况告诉班主任。如果有人未按时回宿舍，要及时了解并且上报班主任。

（3）安排并且检查宿舍的清洁卫生。可以指定一名同学协助。

（4）制定安全措施，提醒同学保管好自己的财物。每天按时锁门、关窗。

六、组长职责

（1）辅助科代表工作，负责收发、检查练习。

（2）辅助膳食委员收取班级与学校的各项费用。

（3）协助班干部做好临时性的工作。

七、学习小组长职责

（1）了解本学习小组 4 个成员的学习现状。组织小组开展形式多样的学习活动。

（2）制订本学习小组的学习计划，并制定出相关措施，并且使措施切实可行。

（3）督促本小组成员按时完成作业，确立帮扶对象和具体办法。

（4）．统计每次测试的成绩，总结分析其中的得失，提出解决办法。

我的座位谁做主

近段时间，我感到班上的学生有些浮躁，如有的同学在周记里讲“大概因为我们班一直以来很优秀吧，也深受各位老师的信任”，因此就有了娇气与骄傲，甚至也有同学说“班主任口中的民主，也只是他自己与几个班干部的民主而已，实际上是很严的”。我思来想去，怎么找个机会让他们按自己的“民主”方式试一试。

机会很快就来了，有同学反映，一个月了该调整座位了，于是我授权学习委员全权负责办好这件事。我想看看大家到底有些什么样的想法，看看学习委员如何调整，让他们自己彻底地“民主”一回。我只给学习委员提出两个条件：尽可能让大家都满意，以四人为一小组，每个小组都要有成绩优秀的同学做小组长。

结果令人大失所望，因为毕竟他们都是积极上进的，人人都想着要坐最好的座位，太靠前说看黑板时会脖子痛，太靠后又看不清黑板、听不清楚老师的讲课，边上的又说反光太厉害看不清楚。于是争吵必不可少，当然妥协的也还是有，尤其是女生，在这次事件中表现出了少有的大局观念，宁可自己吃点亏，也不愿与人争吵。最后座位基本调好了，但是仍然有个别同学诸多埋怨，就因为自己靠后多坐了一排，就表现得十分不理智与没修养，让很多同学心寒。且听听几个同学们的意见吧：

“这次调座位把班里搞得一塌糊涂，平时的团结与和谐彻底地消失了，个个都有怨气，个个都有自己的想法，人人都想坐到好的座位，谁都斤斤计较，谁都想满足自己的要求，那能实现吗？不可能。”

“令我伤心不已的是，我们的8班开始变了。原来的那种班级凝聚力仿佛在一天之中消去。我好害怕，真的好害怕。害怕失去这个在全校人眼中优秀的8班。记忆中的8班是一个多么好的班集体啊，我就好像里面的一朵花，吸收着她给予我的营养和精华，我一天天在滋润中长大，那是一个多么幸福的安乐窝啊！而现在已经面目全非了，面目全非了啊，我感到不安，心如针刺，隐隐作痛，幸福感、安全感仿佛在一瞬间全没有了！”

这些发自学生内心深处的话语让我感受到，美好的东西一旦失去，对他们的打击是何等的大。然而，也有同学从另外一个角度来解读这件事：

“因为我们班是众所周知全级纪律最好的一个班，在这样好的环境下，很多同学都不比以前。现在大家都想学好，都想坐在前面，好认真听老师讲课，所以难免在调整座位时有些想法，如果不想学习，在后面不是更好偷懒吗?”

这看法是相当客观而有水平的，非常有道理。看来以前由班主任一厢情愿地去按所谓“科学”的方法去调整座位的思路确实需要改变，此乃时变而事变也。

从这次座位的调整事件来看，需要再深入思考是否给学生以民主自由，正如有同学讲：“我觉得班主任太过于信任我们了。或许是因为上学期做得很优秀，得到了老师的信任。但这个学期，我总觉得同学们变得叛逆，有很多不和谐的现象。老师，我觉得你这样的民主并非民主，民主不应该是谁想干什么就干什么，因为这种民主会助长歪风邪气，不要也罢。您不觉得吗？我们以前 8 班的形象，8 班的和谐就像彻底消失了一样。我真的很害怕，老师，您的‘严’究竟在哪里呢?”

哈姆雷特曾经说：“到底是该宽还是该严，是该专制还是该民主？这是一个问题。”记得挂在成都武侯祠的对联写道：“能攻心则反侧自消，自古知兵非好战；不审势即宽严皆误，后来治蜀要深思。”我想，在治理班级的时候是否也应该找到一个很好的点，把握好宽严之度。严格了，学生会认为你不民主，你独裁你专制，他们会产生逆反心理；宽松了，又太民主了，就可能出现一种误解，学生们会以为他们想干什么就可以干什么。这样只会因为一己之私而害大家、害了集体，班级纪律就会涣散，集体就会缺乏凝聚力。

由此看来，问题的关键还是得让学生认识到什么是宽什么是严，哪些地方该宽哪些地方该严等。大家共同探讨达成共识，先解决思想上的问题，再完善班纪班规，有了共同的目标和愿望，有了规范，事情就好办了。

因此，不管怎么样，事情已经发生，问题已然凸显，这次的风波算是过去了，关键是怎样让每个同学都从中得到启发、受到教育。我将同学们的意见、担忧呈现在大家面前，让每个同学进行反思。几天之后的班会课，就主要解决这个问题，通过大家的充分讨论，统一认识，许多同学为只顾自己而不顾大局而感到羞愧，表示今后将不断提高自己的修养，不会为了一己私利而争吵。

经过全班同学的充分讨论，为了体现公平公正的原则，同时也为了锻炼班干部的能力（由副班长和副书记负责座位安排，因为班长与团支部书记工作相对较多），大家得出了一个编排座位的“总原则”：有利于全班的共同进步，小组内同学要思想互进，学习互助，生活互谅，团结和谐，宽容友爱。以及具体“五原则”：

第一，学习共进原则。以四人前后两排为一学习小组，第一个同学为学习小组长（成绩排在全班前 16 名），共计 16 个学习小组。小组同学形成学习共同体，经常性地分析学习和生活中的得失，商讨学习计划和措施，总结经验与教训，以求共同进步。

第二，便利性原则。每组人员身高应该差不多，以利于整体调动，最大限度地避免挡住后面同学的视线，每一组女同学不超过两人（因为全班女生仅16人），以利于开展各种活动。

第三，最优化原则。应该综合考虑四个人的情况，每组尽量都有爱好体育、文艺等的同学，闲话多的同学不安排在一组，性格互补，安静型与暴躁型，内向型与外向型的进行搭配。每一组成绩好、中、差的学生均有，形成学习上的互助。

第四，轮换的原则。以后每月调动一次座位，是以小组为单位的整体移动，同时每个月大组横向滚动，前面两个小组前后纵向滚动，每两周小组内前排和后排滚动，有女同学的组不滚动到教室的最后两排（因为她们个子相对较矮）。

第五，相对固定的原则。每组人员相对固定，无特殊情况不拆散，每一学年重新组合一次，同学们有特殊、合理的要求可以以书面报告形式交给副班长或副书记。

古人云："天时不如地利，地利不如人和。"为了更好地发挥班级座位的优势，利用"地利"，促进"人和"，实现班内资源最优化，班主任应该充分运用自己的智慧，在研究了班级状况之后引领学生对座位进行比较科学合理的规划调整。

学校的、学生的教育资源很多，如果我们做班主任的能够在座位安排上面稍微费一点心思，认真做一番研究，就不会只把座位安排看做简单的座位安排，不会仅仅把它看成是控制纪律的一种手段，而是把它当成资源整合的一个良好渠道，当成促进学生进步的良好平台来加以利用。那么我们的教育将走向更加和谐、理想化的境界。

自为教育说明书

在中学阶段学生的身心都处于快速成长期，不可避免地会违反一些班纪校规。当学生犯错之后，班主任的批评教育是应该的，严重的甚至应该由学校给予其处分。但是，这些都是治标，而治本还得从学生本人的思想入手，只有当学生真正意识到错误之后，才能从根本上去改正，我们的教育目的才能真正达到。因此，如何在学生犯错之初，使其认清犯错的前因后果，反思不守纪律带给自己与他人乃至集体的不良影响，是需要班主任用心去设计的。当然，这份说明书是不能完全解决问题的，这只是学生的初步认识，还需要老师在继续深入了解实情的基础上引导学生去认识错误进而改正错误。下面是我们与全体同学一道设计出来的说明书，或者可以抛砖引玉，给同道以借鉴之用。

只为 8 班争光　不给 8 班抹黑

自为反思、自我教育、自我成长

说明书

年　月　日　　姓名

一、事情经过

我在　年　月　日，由于　　　　　　　　习惯不好，于　点分钟（具体时段）在　　　　（地方）给班级抹黑了，具体经过如下：

二、心灵剖析

①犯错前的思想交锋；②犯错时的心理状态；③犯错后的真实想法；④违反了什么班纪校规；⑤它的害处是——于已、于人、于班、于学校的影响或危害。

三、我打算采取下面的措施来补救（至少3条）

四、如果不能克制自己而再犯同样的错误，我将接受以下处罚（至少2方面）

自我激励卡

<table>
<tr><td colspan="4">我用行动，成就人生</td></tr>
<tr><td>姓名</td><td></td><td>追赶对手</td><td></td></tr>
<tr><td>目前
位置</td><td>班级名次</td><td colspan="2">级组名次</td></tr>
<tr><td>期末考目标</td><td>班级名次</td><td colspan="2">级组名次</td></tr>
<tr><td>我向往的大学</td><td colspan="3"></td></tr>
<tr><td>我的
优点</td><td colspan="3"></td></tr>
<tr><td rowspan="2">必须克服的
主要陋习</td><td colspan="3">1.</td></tr>
<tr><td colspan="3">2.</td></tr>
<tr><td>我的
誓言</td><td colspan="3"></td></tr>
<tr><td>班主任寄语</td><td colspan="3">人生没有彩排，每一天都是现场直播。</td></tr>
</table>

不知礼，无以立

——“人际交往的原则”主题班会设计

一、班会设计背景

因为现代独生子女多了，生活环境决定了我们的学生害羞与人交往，也不善与人交往。在平时的课堂上或班会课上，我们发现许多同学不愿意到讲台上或者学校活动中去发言，实在不得已去交流也总是敷衍。他们不仅缺少与人交往的知识，更缺乏技巧。

而人际交往是现代社会不可回避的问题，因为生活在由人组成的社会中，你总要与同学打交道，与家人朋友打交道，今后还要与同事打交道，与领导打交道，与社会上形形色色的人打交道，因此必须学会交流沟通。

二、班会设计目的

内强素质、外塑形象。通过主题班会，让每位同学在班会活动中提炼出人际交往的基本常识，进而能够进行正确的交流交往，减少生活中的摩擦与不顺，锻炼自己的语言沟通能力，融洽人际关系，让自己交到更多朋友，使自己以后的办事效率更高，生活更和谐、更美好。

学会交往不但是融入社会的通行证，而且是开启生活激情，走向成功的金钥匙。

三、班会准备

（1）收集生活中最常见的人际交往故事。

（2）根据生活中的真人真事编排小品《如此探望老师》。

（3）做好课件。

四、活动过程

（一）导入

根据权威调查，良好的人际关系，可使工作成功率与个人幸福达成率达85%以上；一个人获得成功的因素中，85%决定于人际关系，而知识、技术、经验等因素仅占15%；某地被解雇的4 000人中，人际关系不好者占90%，不称职者占10%；大学毕业生中人际关系处理得好的人平均年薪比优等生高15%，比普通生高出33%。

拍马屁、讲奉承话或请客送礼，不是人际交往。

交往是一种能力，而不是本能。

（二）展示情景（视频展示已经录好的小品）

那是一个阳光灿烂的仲夏，张明邀上李锋、杜伟两位同学暑假回母校，到他们的班主任赵老师家里做客。

提示：请注意所展示情景中人们的言谈举止。

（三）思考与探究

（1）请写出所示情景中不妥的地方。

（2）思考应该怎样纠正。

（四）归纳与积累（讨论）

你认为人际交往时最应该注意些什么（与人交往的基本原则）？

学生讨论回答后归纳。

人际交流沟通的原则：

（1）尊重他人。

（2）说话得体。

（3）摆正位子。

（五）引导实践（即兴演示）

设置三种情景，学生先两人一组演示，再分别到台上实践。

1. 生活中该怎样接听电话

来电是找你爸爸的，刚好爸爸又不在家，你将如何应答？

智慧一滴：代接、代转电话时，应做到以礼相待，尊重隐私，记忆准确，传达及时。

2. 家里来客人了

这客人是你多年未见且从来没到过你家的长辈，现在正在楼下给你打电话，问你家怎样走。你应该怎样接待？

智慧一滴：待客要有“三声”：来有“迎声”，问有“答声”，去有“送声”。

3. 路遇异性同学

大学的第一天，遇上你高中的异性同学，你应该怎样与他（她）交谈，请模拟这种情况。

智慧一滴：大方、自然、有礼貌和有分寸。

（六）延伸整理

生活中人际交往时还应该注意的细节。

（七）良言一语

现代社会不只需要大批有才学的专才，更需要善于与人交流沟通的将才。只要我们平时多了解这方面的知识，注重个人修养，并且不断加强训练，就一定能够成为一个能说会道的英才。

（八）积淀内化

（1）学习了本节课你有何感想？请整理成一篇不少于800字的作文。

（2）请牢记人际交往的原则，检视自己生活中是否还有做得不够的地方并纠正，本学期末我们班将评选出“最有修养的同学”和“最善于交往的同学”各若干名。

奋斗目标：让我们做一个善于交往、有良好教养的谦谦君子！

五、课后反思

通过本次主题班会，旨在将生活中人际交往方面存在的问题和日常交往的事例作为讨论和教育学生的主要内容，以学生喜闻乐见的形式——小品等对全班学生进行了一次深刻的交往礼仪教育，效果明显，具有很强的针对性和教育性。学生是学习的主体，因而更多的结论是在学生的思考讨论与思维碰撞中产生并且修正的。但是由于学生在这方面的知识知道的不多也不全，所以老师应予以适当的知识传授。

本堂课学生参与率高，充分发挥了学生的主体作月，让学生在自我教育中获得知识，得到锻炼，取得进步。

当然，学生受到的深刻教育并不仅仅是在这一堂课上。在编排准备活动的过程中，学生学会了自主，学会了合作，当然，也更深入地学到了人际交往的知识。相信至少这部分同学将受用终生。

要真正让学生把人际交往这种知识与能力内化为一种修养、一种行为，只是靠一两节的班会课是远远不够的，这有待于平时老师的言传身教和学生对知识的积累、训练与强化，也有待于后续的检查与评比，而最后一个环节的设计就正好体现了这一点。

小视频大教育教案

——“保护环境，我的责任”主题班会设计

一、班会设计背景

由于工业高度发达的负面影响，导致了全球性的三大危机：资源短缺、环境污染和生态破坏。人类不断地向环境排放污染物质，脆弱的生态环境已经危害到了人类的健康和生存。全球范围内都不同程度地出现了环境污染问题：不久前的云南、贵州和广西三个地区均出现的大旱，也门即将成为世界上第一个水资源耗尽的国家，图瓦卢也即将成为地球上首个沉入海底的国家。然而，仍有许多年轻人缺乏保护环境的意识。为了防止环境的恶化，非常有必要使学生形成环保意识，养成环保习惯。

二、班会设计目的

通过主题班会，让每位同学看到我们美丽的家园——地球已经变得支离破碎、丑陋不堪。保护环境，要从我做起，从现在做起，从身边的小事做起。同时，与同学们一起探讨保护环境的途径，怎样对周围的人进行潜移默化的影响，使更多的人参加到保护美好家园的活动中来。

三、班会准备

（1）收集破坏环境以及保护地球美好家园的相关视频。
（2）摄制学生生活中的不环保现象。
（3）做好课件 PPT。

四、活动过程

（一）导入——情景设置

在教室门口丢弃一些垃圾，看看有多少同学会在经过时主动拾起来。透过这个情景，引出话题——“保护环境，我的责任”。

（二）展示满目疮痍的地球——“哭泣的母亲”视频以及“身边的垃圾”视频

提示：请注意所展示画面中的场景。

（三）思考与探究

我们的母亲怎么啦？

（四）分享与积累（讨论）

学生讨论分享。
回答归纳。

（五）“身边的不环保现象”视频展示

探讨：我们能够做些什么？
包括“在教室”、“在宿舍”、“在校园”以及“在社区”。

（六）让这样的美景不再仅仅出现在梦中——“美丽地球我的家”视频

学生探讨：“我们只有一个地球。”

（七）写出两条环保标语

（八）老师的心里话

同学们，我们是21世纪的主人，具有环保意识是现代人的重要标志。我们应当切实地树立起时代责任感，着眼身边，立足校园，心系全球。首先是不要随地乱扔乱丢，多弯弯腰捡果皮纸屑；其次，要多走几步，不要穿越绿化带，勿践踏绿地。“勿以善小而不为，勿以恶小而为之。”保护地球母亲，净化校园，让我们的校园更加美丽吧！让我们的地球更加美丽吧！

地球只有一个，失去她，我们到哪里去生存？热爱我们的地球吧，她是我们共同的家园。

“真正检验我们对环境的贡献不是言辞，而是行动。”

奋斗目标：做一个终身的环保志愿者！

（九）积淀内化

（1）学习了本节课你有何收获？请整理成一篇不少于800字的作文。

（2）请牢记：我们人类只有一个共同的家园，为了她的美丽，需要从我做起，从现在做起，从身边的小事做起。

（3）本学期末，我们班将评选“环保之星”，希望大家能够把环保观念落实到实际行动中去。

第三编

导而弗牵

随风潜入夜，润物细无声

——班主任自我修炼之心理按摩

身体按摩可以使人解除疲乏感到舒服，心理按摩则会让人精神愉悦、心理满足。而所谓的心理按摩，是指以平等、尊重的态度，通过礼貌、得体的语言和行为让对方心里感到愉悦的做法。美国加州“心术研究所”执行主任德博拉·罗斯爱博士说：“一个人每天可以慢跑8公里和摄取各种健康食品，但与亲属或同事发生一次争吵就能毁掉他几天生活的质量。”由此看来，心理健康确实远远重于生理健康，只有保持良好的心理状态，才会不断提高我们的生活质量。在学生的日常生活中，他们也常常会被一些不愉快的事情所困扰，因而他们的心理问题也日趋严重，如果不加以解决，其学习必受影响，甚至其一生都将生活在阴影之中。

一、学生心理问题分析

一是学习问题。在应试教育体制下，学生学习的心理压力越来越大，造成精神上的萎靡不振，从而导致失眠、神经衰弱、记忆效果下降、思维迟缓等。厌学也是目前学习活动中比较突出的问题，不仅是学习成绩差的学生不愿意学习，一些成绩较好的学生亦出现厌学情绪。还有相当一部分学生出现了考试焦虑，特别是遇到较为重要的考试时焦虑更为严重，甚至出现焦虑泛化现象。

二是人际关系问题。在与教师的关系上，有些教师在处理问题时对学生不理解、不信任或者不公平，从而使学生产生对抗心理；另外教师的认知偏差等情况也会造成学生的压抑心理、攻击行为等。在与同学的关系上，由于同学关系不融洽，甚至关系紧张，有的同学就流露出孤独感，想恢复与同学的关系，却又不知该怎样去做，于是更加孤独。然后是与父母的关系问题，因为不少家长忙于自己的生意或者事业，对子女的关注除了学习成绩的升降，很少关心他们的心理和交友，父母与其子女之间沟通极少，常常造成孩子孤僻、专横的性格；家庭的种种伤痕，也会给学生造成不同程度的心理伤害。

三是青春期心理问题。其主要表现为趋于关闭、封锁的外在行为和日益丰富、复杂的内心活动并存于同一个体，可以说封闭心理是青春期心理一个普遍存在而又特殊的标志。因而，闭锁心理问题主要是对处于消极情况下的心理而言的。还有早恋问题。中学时代，特别是高中生，正值青春发育期，而这一时期最突出的矛盾之一是性发育迅速成熟与性心理相对幼稚的矛盾。

还有诸如挫折适应问题，社会发展过程中所带来的网络、金钱的诱惑等问题。

二、心理按摩的作用

心理按摩主要针对于学生，指班主任在与学生的谈话、聊天等沟通过程中对学生的心理疏导，是班主任对学生或表示鼓励，或表示认可，或表示感谢，或表示理解等。其结果是使学生得到激励而心情舒畅，从而更加积极主动地参与学习和班级活动，身心发展更健康，学习劲头更足。

三、教师应该学会的心理按摩技巧

在班主任与学生的谈话过程中，应该尽量以对方为中心，站在对方的立场上去选择开场的话题。也可以彼此介绍为开场白，并以独特的开场给别人留下深刻的印象。谈论彼此的家庭以及健康状况，彼此的经历，彼此共同的嗜好，彼此的理想和追求。当然最好能够引导其先谈论他的“威水史”（光辉历史）。教师还可以从学生的某一爱好或喜欢的人（比如体育、影视明星等）或者亲朋好友谈起，还可以利用课外活动时间和他们共同打乒乓球、踢毽子和做游戏，在大家心情愉悦、感情融洽的氛围中引入话题。当学生觉得你十分随和可亲，跟自己很合得来时，他们就会滔滔不绝地向你诉说，让你了解他们的一切。此时，你跟学生的感情也会愈亲近。

（一）因人而异、因材施教

教师要有“察言观色”的本事，平时多留心班上每一个学生的情况，因为在一个班集体中，学生性格往往各不相同，有的学生性格内向、封闭，不善交谈，遇到困难和挫折就哭鼻子，或者乱发脾气。这时，教师一定不要厌烦，不要大声责骂学生，更不要发火。那种倾盆大雨式的批评，对一些很“皮”的学生可能会管用，但是对那些性格内向的学生，可能就会使其战战兢兢，更加自卑。此时，教师应根据学生的神态和动作，设计几个玩笑，缓和一下气氛，再因势利导地交谈。这样，教育效果可能更好。而对那些性格开朗的学生则可以用另一种方式更直接地进行交流。总之，我们应该根据学生的实际情况，有的放矢，因材施教。

（二）择机而谈、借势发挥

要选准谈话时机。自制力差、易冲动是青少年的特点，就是那些优等生也不例外。一般来说，学生的情绪、态度和行为在犯错误前都有一定的异常，平时班主任就要善于观察，敏锐地发现并且抓住机会，及时与他们谈话，采取有效的预防措施，把危险因素消灭在萌芽状态。而对后进生，我们可以选择学生有进步时，也可以选择学生情绪低落时和他们进行谈话。人们大都有“渴望被肯定”的心理倾向，后进生尤其希望老师及时发现和肯定他们的“闪光点”。如果能抓住这一谈话契机，谈话时师生感情便能融洽，学生也有参与谈话的积极意愿，从而能敞开心扉，接受教师的教育。

（三）多肯定成绩，少刻板教育

马斯洛在20世纪40年代提出了人类形形色色的需要，按它所发生的前后次序可以分为5个层次，分别为生理需要、安全需要、社会需要、尊重需要和自我实现的需要，形成一个从低级需要向高级需要发展的阶梯。而阿德弗又在大量调查研究的基础上，于1969年在《人类需要新理论的经验测试》一文中修正了马斯洛的论点，提出了需要的“erg模型”。该模型只有三个水平：生存需要、关系需要和成长需要。他认为人们最初感兴趣的是满足他们的生存需要。下一个水平的是关系需要，它包括被他人理解和认可。第三类是成长需要，包括人类潜能的发展、自我尊重和自我实现。学生在自身的成长过程中，最需要的就是自我尊重和自我实现，他们希望自己的长处或者成绩能够得到肯定，哪怕是一件极小的事情。因此，班主任除了在学习方面给予其鼓励外，还可以在体育运动、帮助同学、打扫卫生、上交作业，甚至近一段时间没有违反纪律等方面予以鼓励。其实，每一位学生都有自己的长处，教师要善于发现并及时鼓励。夸奖和鼓励是对学生的信赖，它能帮助学生克服缺点，找到信心和力量，帮助学生扬长避短，不断进步和完善。我们教师往往对学生寄予厚望，希望愈深，对学生的短处就“恨”之愈切。这样难免产生刻板教育、高谈阔论，用大话说教，处处加以批评指责，学生却没有听进去，没有受到应有的教育，甚至带着很大的抵触情绪，当做耳边风，更严重的还可能使学生产生报复情绪。

（四）既要关心学习，更要关注学习以外的东西

在我们的日常教学工作中，往往对学生的学习予以更多的关注，而对他们的

思想、生活及家庭有所忽视。学生心理上的问题，固然不少是由学习上的压力造成的，我们当然要对成绩进步的学生进行鼓励，对成绩有所下降的学生，帮助他们找原因想办法。但是除了学习之外，不少学生的问题还因其个性与家庭生活所致，在这些方面，我们能够想办法帮助的就尽力去帮助；如果我们不找到问题的根源，就达不到心理疏导并解决问题的目的。

四、心理按摩的注意事项

态度和蔼、语气亲切、平等相待、尊重学生、多倾听、多鼓励和绝对保密是心理按摩的基本原则。

美国著名作家和教育家爱默生曾精辟地指出："教育成功的秘密在于尊重学生。"任何一个人，只要受到尊重，便能发挥潜能，有可能做出惊人之举。苏联著名教育学家马卡连柯不也是运用充分信任与尊重的原理，使一个劣迹斑斑的流浪儿日后成为了人民英雄吗？教师要保护学生的自尊心，尊重每个学生的个性特点，一视同仁地对待每个学生，为他们个性的全面和谐发展创造条件。尽管批评是对学生某种行为后果的否定，是惩罚的一种基本形式，但是，过分的批评会使学生产生挫折感和低落情绪，严重时会损伤学生的自尊心和自信心。

做心理按摩时，教师需要善解人意，将心比心，体验学生的情感，体谅学生的困难与困惑，并把自己良好的精神状态带到学校、课堂和学生之中；发挥自己的主导性，扩大学生主体性发挥的时间和空间，从而达到师生间情感和言行上的通融性和一致性，形成一种理解型师生关系。

教师还应该做一个好听众，聆听学生的回馈，毕竟每个人对自己的问题都比别人的问题多几倍的兴趣，这是人类的共性。让对方多谈论自己，同时鼓励他（她）往下说，更能让对方觉得你很尊重他（她），对他（她）很感兴趣。倾听时应聚精会神，切不可漫不经心，还要积极地对话题作出响应。

对学生在交谈中说出的内心秘密，老师一定要保密。有的学生做错了事，老师务必要先弄清事情的原委，既要帮助孩子认识错误，辨明是非，又要为学生保密，不让学生面子扫地，背上思想包袱。

需要注意的细节是，当你与学生谈话时，不要面对面地坐着，因为这样容易产生对立情绪，最好是与学生并排坐或者坐在其同一方向大于 130 度角的位置，身体略向前倾，切忌整个身子靠在椅子上。

现行高考制度在延续，社会在进步，竞争在加剧，学生的心理问题也将越来越多，作为教育工作者的我们应该不断学习，学会调整自己的心态，学会尊重学生、理解学生，学会有针对性地、艺术地对学生进行心理按摩，像按摩师一样深入研究，找准“穴位”，运用恰当的专业技术，或点或揉，或压或顶，以使其浑身通泰，血脉流畅。这样就能够让每一个学生都开心地学习、健康地成长，为他们的终身发展和幸福打下坚实的基础。

掌声响起来

——正气是这样树立起来的

开学不久的一个晚上，为了配合校园禁止携带手机的举措，学校停了宿舍充电插座的电，结果引起了极少数住校学生的不满。尽管禁止手机入学校、切断宿舍插座电源是一件“利国利民”的大好事，但是因为上一周在教师例会上学校领导只是给全体教师说过此事，要求班主任在班上讲，估计是有的老师忘记了，所以才有了这次小小的风波。虽然我在班上给学生们“吹过风”，希望大家配合学校的举措，把手机拿回家去，把精力全部投入到学习之中，以及告诉大家学校为了同学们的安全，避免用电带来的危险，在宿舍里会关闭插座电源；但我不知道有多少同学听进去了我的话，也就是说，我也不知道一学期来我的教育有没有效果，我的学生是否也跟着起哄。刚好我晚上回家晚，于是我上楼去看了看我们班的学生，还好，没有人捣乱，心里很是安慰。因为有些疲惫，我便回家了，只是不知道我走后学生的状态到底会怎么样，心里一直牵挂着。

第二天早上，高级长告诉我，我们班昨天很好，没有一个人乱叫，尤其是区机安同学（高一时他曾经教过的学生）那个宿舍（209）和隔壁宿舍（208），同学们很有教养，非常平静。学校很重视昨天晚上的事，下午就是班会课，政教主任在广播里讲这件事情，表扬了我们班的同学，并且宣布了一系列的处罚措施。不少班级这时都还在起哄，而我们班没有。广播结束后，我就顺势引导学生说，听听，这就叫做素质，这就叫做修养，我们8班就是不一样，我又把当天级长告诉我的话说了一遍，同学们不约而同地鼓起掌——为了全班同学，为了我们自己。

其实，在这之前我们已经做了不少的教育工作。如有关修养的系列班会课，有对平时点滴事情的表彰，有班主任自己行为处事的潜移默化，还有在语文课堂上对正气的弘扬。我们会利用一切机会，对所有为班集体作出过贡献的同学，对所有没有给班集体抹过黑的同学，用掌声向他们致敬，向他们学习。于是便有了刚刚订的报纸需要人专门管理，一问哪位同学愿意，梁乐峰同学就毫不犹豫地举起了手，全班予以热烈的掌声的场景；因为这学期新开了政治、历史和地理水平测试课，需要三位科代表，需要同学为大家服务，于是李云娴、邹颖红、陈宝仪同学站了起来，掌声又一次地响了起来；隔壁休息室的书需要码放整齐，于是吴伟锦、胡毅鹏、邝细坤、陈东明和黄逸威毫不犹豫地站了起来，掌声再一次响了起来；看到科任老师开不了电脑投影，朱万霞同学第一时间跑出教室到隔壁班去借输入线，而且一跑就是几个课室，等她回来，掌声也热烈地响来了；新学期第一次全面大清洁，我们班级被评为一等奖，掌声响了起来；开学典礼上我们班被评为优秀班集体，更是持久的掌声。

确实，对于正气的树立，仅仅靠几条标语，靠一两节班会课是做不到的，它需要在班集体里通过比较长时间的教育和积淀，需要对每一次的善意予以肯定。一次简单的掌声，能够给他人以鼓励，给自己以肯定和信心，何乐不为呢？我想，长此以往，学生就更像一个学生，班级也就更像一个班级了。经过一学期的反复熏陶，目前班上正气大张。从此，没再出现因为有人积极出头做事而嘘声一片，或是有同学为了班集体利益挺身而出遭受冷嘲热讽的现象。此情此景，真有点如《左传·郑伯克段于鄢》中所言的“大隧之中，其乐也融融”的味道了。

曾经听到一首歌，叫做《掌声响起来》，其中有几句是这样唱的“孤独站在这舞台，听到掌声响起来，我的心中有无限感慨，多少青春不在，多少情怀已更改”。我由班级的掌声，产生了这样的感慨：“幸运站在这讲台，听到掌声响起来，我的心中有无限感慨，多少青春不在，多少学生已成才，眼看弟子个个乖，好像农夫过稻田，稻穗饱满沉甸甸，我的心已然陶醉不知返。”看到班上的学生在充满自信与正气的班级里快乐地生活，做班主任的我成就感也油然而生。

鼓掌这一常见的动作，看似微不足道，在平时的生活中或许只是出于应景的需要，或许仅仅是礼节的需要，甚至许多时候有些“掌”不由衷，可是如果运用得当，未尝不能四两拨千斤。阿基米德曾说过：“假如给我一个支点，我就能撬动地球。”在班级工作中或许有许许多多的方式与方法，有许许多多的“支点”，但是我想，掌声或许就是一个不错的支点。运用好了，说不定就能撬动学生思想教育这个“地球”了。

捉虫记

——批评与自我批评主题班会

“是的，经过全体师生一学期多的经营，从各种数据和各个渠道得来的信息都表明我们8班已经达到了大家最初的设想，班风学风都相当令人满意。尽管万事万物包括人生都不可能完美，但是追求完美乃人生的理想之一。正如俗话说：‘没有最好，只有更好。’于是‘捉虫记’的班会主题就确立了。”

“因为张爱玲曾经说：‘生命是一袭华美的袍，上面爬满了虱子。’那么什么是虱子？有何危害呢？虱子当然是一种寄生虫，专门吃人鲜血，吸人营养，而且传播疾病。人们身上长虱子原因有三：其一，长期不洗澡，不爱卫生，藏污纳垢；其二，从狗或者猫等宠物身上传播而来；其三，从其他污染源中带来。而面对如此害人虫，我们怎么办？当然首先是捉而杀之；其次是洁身自好，勤洗澡，爱卫生；最后是远离危害源，培养良好的卫生习惯。现在我们这个班集体在全校师生面前是进步非常快的班，我们常常获得‘优秀文明班’的称号，学习成绩也相当的不错。表面看来我们的袍子的确很华美，甚至在有些同学眼里简直就是光彩照人。可是我们真的就十全十美了吗？答案是否定的，我们的身上也有虱子。或许因为我们一直在向着阳光走，所以对身后的阴影很少留意了。”

“然而，有时我们稍微留意一下也的确会觉得身上痒痒的，挠一下舒服一点，不挠又隐隐约约在痒，在爬，那是一定有虱子了。于是我向全班同学发出征询意见，怎么办？大家还希望8班是最优秀的吗？请大家回答我。”“当然希望了”，“好，那今天就来找找我们身上的‘虱子’，我们来看看那东西对我们是否有害。”

“我们知道，只有充分地自我反省，才能走向成功，走向卓越。认识自我，必须善于解剖自己，像鲁迅先生那样。当然，我们也知道，解剖自己是痛苦的，因为我们内心有一个‘怕’字，怕泄露了我们的秘密会被别人瞧不起，怕以后改不了不好意思。然而知耻而后勇，我相信能够充分认识自己、勇于解剖自己的同学，一定能够成就一番大事。”

于是，经过全体班委会的商讨，结合平时有待改进的地方，决定从以下几个方面要求大家对照自身情况，先做自我批评，再做小组内的自我检查，小组长做好记录：

（1）我有没有大局观念，能否做到不以私利影响大局？我是否真的热爱班集体，有没有给班集体抹黑？班上有事时我是否能主动站出来？

（2）我够不够文明礼貌？说粗口没有？有改进了吗？言谈举止是否文明、优雅、有修养？

（3）我是否有些自私？我能够理解、体谅、宽容别人吗？

（4）我上课认真听课了吗？课堂上我起哄了吗？随便插话了吗？跟老师唱反调了吗？有没有走神？作业有拖延没有？

（5）不利于团结的话我说过没有？不利于团结的事我做过没有？我有没有造谣生事？有没有在背后说别人的不是？面对歪风邪气，我敢于制止或者向干部、班主任报告吗？

（6）我真的尊敬父母吗？有何表现？我真的尊敬老师吗？有何表现？我真的友爱同学吗？有何表现？

（7）我珍惜时间了吗？有没有迟到缺席过？周末有没有主动留校学习？我按时就寝了吗？有没有灭灯后还洗衣上厕所？

（8）班集体中还有哪些地方不够令人满意？

"在大家反思、检查自己以后，再在小组内进行批评和自我批评。随后，我希望有勇敢者能够站起来谈谈自己，能够坦然做一名君子。因为'君子之过也，如日月之食焉也：过也，人皆见之；更也，人皆仰之'。"

我作为班主任首先进行自我反思："我的责任心非常强，只要我答应的事情，无论如何都要想办法做得最好。所有的出发点都是从全班的大局考虑，为了给班上所有同学创造一个良好的学习生活环境且让大家健康发展，我想了不少办法，找了不少的措施。我从内心深处希望我的学生都是品学兼优的好学生，以后的日子都过得比我好。在很多事情的处理上都与班干部商量，比较民主。问题也在于责任心太强，严格按照校规班纪去执行，可能没有考虑到个别同学的感受，引导工作还没有完全到位，有时急躁了些，对违反了纪律的同学，特别是多次违反而没有改进的同学稍微严格了些。现在请大家给我提意见，王老师会虚心接受，如果做错了我会给大家道歉。"

马林站了起来说："老师你不应该常常摸肚子。"

我笑着说："提得好，尽管是在自习课时，也是下意识的，医生说我的胃病需要常常按摩。但是这是不对的，老师改，请大家监督。"

我让大家可以继续提。结果没有了，可能是有的同学不敢，怕被我批评，或许是我前面的交代让他们知道了我的初衷而觉得没有什么好提的了。

"那好，我们来看看同学们的内心世界。我们希望有同学能够当面把自己身上的‘虱子’展示给大家看，我们看看哪些同学最勇敢。”

伟梁起来了，他看了看左右的同学说：“我意识到了自己的不足。人人都有私心，我也不例外。我虽然有大局观念，但还不能做到大公无私、不以私利影响大局。我非常热爱我的班集体，虽然我给班级抹过黑，但是我知错能改。如果班上有事，我会主动站出来。当别人犯错时，我会理解、体谅或宽容他们。我尊敬父母，这是不用讲的。面对歪风邪气，我敢于制止。上课会走神，不够珍惜时间，尝试改进，想请我的同桌监督我。希望以后做得更好。”

妙荧起来说：“我不会因为私利影响大局，我认为我的责任就是把自己的工作做好。我非常热爱我们班集体，以班集体的荣辱为自己的荣辱，上学期那被无辜扣掉的0.5分至今我还认为是我的耻辱！我尊重老师，不会起哄也不会随便接嘴。没有最好，只有更好，我会努力做最好的自己。”

“现在我们再来看看班上还有哪些不和谐的现象，请大家毫不客气地指出来。”

静雯同学说：“在学习上，大部分同学都能够安心学习，一心向着高考的目标奋进，但是也有极少数人过着浑浑噩噩的日子，得过且过，甚至不完成作业；在纪律上，每次打响上课铃了，总是有一部分人仍在高声喧哗，我行我素，一点也不理会那是上课的铃声，这样别人会觉得8班很散；在班风上，有些男女同学过分亲密，影响了我们8班的形象，而且当遇到比较有趣的课时，总是让老师多次提醒才能安静下来，而不是点到为止；更有甚者，有些人表里不一，当面一套背后一套。其实我们8班仍有不足，若要真正成为一个楷模（班），就要完善班规，强制执行。”

信兴同学说：“有的同学学习积极性没有以前高了，该读书的时候许多男生都不开口，或者声音特别小，更严重的是有的人连书都没有打开，只顾做自己的。平时的早读和晚读，无论是语文还是英语，绝大部分是女生的声音。我希望班主任对我们进行一次思想教育，让我们能够更好地约束自己，并且帮助我们安排好时间。”

“同学们都说得很好，能够正确对待自己的不足．看来大家都希望自己是一个洁身自好、一身清爽的人。我相信你们反思之后一定会有所得，有所进步。至于有些同学提到的问题，我们下课之后再一起想办法，如果有的同学想好了，就请告诉我或者告诉班长。”

“最后，让不断反省成为我们终身的习惯，以此与全班同学共勉。”

在同学们的周记里，许多同学都在深刻地反思自己，佩玉同学这样写道：“我们平时总是用挑剔的眼光去看别人，总是在谈论某某同学的缺点与不足，我们又何曾想过，其实某某同学那令人讨厌的缺点也正是我们自己的缺点。上班会课时老师让我们反思自己，而我惊讶地发现，我的缺点还真不少。比如说话不经过脑子，想到什么就说什么，往往是伤害到别人还不自知，自己还以为是真诚不虚伪；往往是自己做错了事却把责任推给别人；偶尔在别人的背后说坏话。这些却恰恰是我用最恶劣的语言批判过的某同学的缺点。看来当我们在竭力批评别人时也应该想想他（她）的不足是否也是自己的不足，不然骂别人也就等于骂自己。我们应该学会用欣赏的眼光去看身边的人，因为人无完人。”

看来，这节课我们的目的达到了。

让学生对自己，对身边的人和事有所思、有所得，不正是我们教育工作者应该做的事情吗？

生活在不是第一的日子里

“2009年11月9日，对于我们8班来说应该是一个非常黑暗的日子。一直以来我们都是毫无悬念地稳居老大的位置，站在九中第一峰上，现在我们被别的班追上了，这痛苦的滋味的确令人难以形容，我想到了周星驰在《大话西游》里的经典对白：‘曾经拥有的摆在面前，我没有好好珍惜。’失去的东西方显出珍贵，今后我们要尽一切可能去争取最好。”这是一位同学在周记中写的，心中充满了苦涩。而有这种体验的同学也不少。

“想不到今天早上的绵绵阴雨竟然是一场默哀的序幕。”

“本来在听到要宣布文明班的时候，心情就十分的紧张，仿佛十五只桶打水——七上八下的。当听到高三时，心想着第一的班——我们8班竟然没有如愿地被读到，每个人的汗毛几乎都竖了起来，紧接而来的便是惆怅与失落，我的心好像揉成了一团的纸，皱在了一起。一路回班，情绪低落，不再似以往那般左顾右盼，喜气洋洋，仿佛自己做了什么见不得人的事情，心里总想着别人怎么嘲笑自己的情景，脸一直红着。直到第三节课，我们的心情都还不好，完全沉浸在痛苦与沉思之中。高二最难熬的日子都顶过来了，为什么高三就乱了阵脚?”

有的同学分析了失利的原因，而且还挺客观的。

“我想大概可以分几点：一是个人问题。所谓江山易改本性难移，个人的思想与本性是有差别的，关键在于他或者她是否用心去改。不说别人，就是我自己，身为班干部，也为班级抹黑了。有时为了自己的一时快感开小差而被扣分，有时是对待学习的心漂浮不定导致学业退步而拖累班级，有时是责任心不到位没有以身作则。二是集体观念与意识。大概到了高三，同学们一心抓学习去了，对于集体的事情就没有那么上心了，比如跑操时体委喊口号，应者不多也不够整齐，难道真的就那么难以开口么？希望这次的绊脚石能够成为我们的垫脚石，哪里摔倒的就在哪里爬起来，我们一定有更好的明天。跌倒了，爬起来，擦干泪，继续前行。”

还有的同学由此而生发出了更多的人生感悟。

“看着隔壁班得了第一时夸张地大声拍掌的得意劲儿，那顾盼自雄的样子仿佛是故意做给我们看的，我感到心酸，那掌声、那欢呼声都似乎在嘲笑我们，在挑衅我们：你们也不怎么样啊，我们不是把你们拉下来了？就连德育主任读的语气都满是挖苦与讽刺。生活就是那么现实，真是‘胜者王侯败者寇’啊。我们没有勇气去面对，去面对那个不应该属于我们的‘第二’，我们让8班丢脸了。”

“自傲让我们摔了跟斗，也让我们清醒地认识到‘不进则退’的道理。生活中有时候太顺利了就会不知道自己姓什么了，忘乎所以了，或许只有跌倒了才能够意识到，成功不会总是站在我们身边，而必须时时努力才能与成功相伴，生活也未尝不是这样！”

有的同学不止看到了自己的缺点，更看到了别人的进步。

“记得高二时，我们有时也扣了不少分，可是仍然能够拿第一。现在好像变了，别人也在努力，别人的唯一目标就是我们8班。”

也有同学在安慰老师，觉得自己做得不好。

“亲爱的老师，真的很对不起，刚开始我就带头给您丢脸了。我能够想象其他班主任围着您议论这件事时您的心情，真的很对不起！”

当然也有同学从另外一个角度去看问题。

“第二名也还是对我们班的一种肯定嘛，有竞争才有发展，每次都是你的第一，别人就失去了动力。这次的丢脸也许不是坏事，从这件事情上也能够检测我们班同学对待荣誉的态度。输了就输了，这是铁的事实，最关键的是从今天开始，我们要好好检讨，做合格的中学生，做最好的自己。看到了自己的不足，才会有更大的进步。”

“我没有感受到第一和第二的差别有多大，也许是你们的心理落差太大，大家都黑着脸，是否太执着了呢？说心里话，谁不知道我们8班是最好的呢？只不过一次第二嘛，这能够代表什么呢？太执着就不快乐了。”

尽管对这个问题有不同的看法，但是多数同学还是很正面：“没有铁的纪律就打不了胜仗”，认为我们还可以做得更优秀，我们能够东山再起。

“这次教训让我懂得要做到‘只为8班争光，不给8班抹黑’不只是口号，也不仅要自己做好，更需要提醒身边的每一个同学做好。只有同学们上下一心，同舟共济，我们的8班才能真正变得更优秀，才能实现‘巅峰之上唯我8班’，我们一定能够再称王。”

“有时听到别班的同学跟我吹嘘说，我们老师从来不管纪律与文明班，成绩好就行了。可是这有用吗？纪律不好，成绩怎么好得起来？我们8班不就是例子吗？评文明班一直是我们得第一，考试成绩哪次不是我们最好？没有铁的纪律就打不了胜仗。今天的‘判词’就是对我们敲响了警钟。8班我的家，我永远牵挂你。”

其实这件事情，级组是有些看法的。因为这一个月，整个级组还有好多个班没有达到文明班的标准（而先进文明班是从文明班中选出来的，每个级组只有三个），也的确开过几次会谈到这件事，认为有些班级放松了对日常工作的管理。我也知道，我们班的情况并非想象中的那么严重，班干部去查了情况，之所以得第二，那是因为有一个宿舍的分扣错了（混合宿舍被扣，是隔壁班一个同学把水管弄坏了，却扣到了我们班的头上），但是我没有请求学校改过来，就是期望能够借这件事去触动一下我们的同学，看看我们的同学是怎样想的，生活在第二的日子里会有怎样的表现。正如同学们说的，有时候太顺了可能对一个人或一个班集体的成长都未必是一件好事。

看着同学们在周记中的文字，我感到很欣慰，他们成熟了，懂事了，知道去反思自己，去检讨自己的生活，也能从不同的侧面去看问题。我在班上把大家的想法读出来之后，就这样引导他们："没有得到第一名并非可耻，也没有必要羞愧得无法抬头，尽管追求最好是我们的一种积极的生活态度，但是只要能够从中得到经验与教训，能够在以后的学习生活中少走弯路，面对困难与挫折时能够理智地去分析判断，这就是这次事件给我们的最大收获。"

“滚出去”

——关于集体主义教育

昨天同级一位班主任L老师给我讲起一件事情。他说，在我们8班和他们班的混合宿舍里发生的那件事让他感到很有意思。那次大清洁，我们班一个同学回宿舍搞卫生迟到了，其他几个同学便批评了她两句，哪知道这同学还在那里叽叽咕咕的，另外的同学就很不客气地训了她一句：“给8班抹黑了，还好意思在那里嚷，不想在8班读了就滚出去。”L老师说，这件事让他感到8班同学虽然有个别地方做得不够好，但是同学们的思想境界的确不一般，有一人做得不好，其他人会合起来批评，会一起维护8班的声誉，集体主义精神教育很到位啊。

这件事的确让我从另外一个侧面认识到平时的工作没有白做，尤其是集体主义教育，能够让绝大多数同学的思想统一到班集体这面大旗之下，良好的班风与学风的形成就有了基础。

人是一种群居动物，一定要生活在一个群体当中，基本上不可能过真正意义上的独居生活。梭罗虽然在瓦尔登湖生活了一段时间，但是最终还是回到了“人间”，他必须依靠其他人在物质方面的创造才能活下去。更何况，在当今社会分工越来越细的情况下，许许多多重大工程都需要集体合作才能完成。叔本华说：“单个的人是软弱无力的，就像漂流的鲁滨逊一样，只有同别人在一起，他才能完成许多事业。”

既然大家生活在一起，每个人的生活背景、文化教育和思想性格都各不相同，看问题的角度与侧重点也各异，就不可避免地会出现个人与集体不一致的地方。那么，当人们在面对个人与集体利益相冲突的时候，应该怎样选择呢？不可否认，集体利益应该高于个人利益，个人利益必须得服从集体利益，在必要时甚至要牺牲个人利益。

而集体主义教育应该贯穿于平时的日常教育之中，也应该贯穿于整个中学的学习阶段，进而使学生在以后的人生中都去学习如何与人相处，如何维护集体利益。

我们常说，教育是唤醒学生的事业，我们的责任就在于把学生潜在的意识唤醒，其中包括集体主义，使他们能够充分明白个人与集体的关系。那么在班级教育中应该怎样进行集体主义教育呢？

一、充分利用好主题班会

我们知道，对学生进行大面积的集体主义教育最好的地方就是在主题班会课上，这里是思想教育的主阵地。只要我们做好了策划，做足了准备，就能够一步步引领学生明白集体主义观念在我们日常生活中的重要性，明白人的价值只有在集体之中才能焕发出光彩来的道理。在课堂上可以先呈现一些与集体主义相关的案例，然后让所有同学畅谈自己的看法，再分析其中的利弊得失，最后由学生去感悟并得出结论。课后作业中还可以布置学生去找找自己在集体生活中还有哪些不协调的地方，找差距，想对策，定措施。然后大家共同制定相关公约，再由专门管理这方面的同学进行登记监督，定期对做得好的同学进行表彰，对存在的不足提出整改建议。

二、定时或不定时地观看视频

在网络化的社会里，有许多非常好的素材，不用实在浪费。关于集体主义方面的材料就有不少。比如，中国女排能够取得五连冠离不开集体的努力，几乎所有奥运会集体赛要想获得冠军都离不开大家的相互配合，相互支持。班主任完全可以下载这些视频给学生看，然后再一起分析其取胜的原因，从中去体会个人与集体的关系到底应该怎样处理，个人的价值怎样才能真正体现。这些素材对教育班级里个人主义比较严重的一些男生特别管用，因为他们在学习上难以获得满足感，难以赢得自尊，在运动场上他们往往如鱼得水，自尊心、虚荣心也会得到极大的满足。这些学生往往对代表了世界篮球最高水平的美国第一大职业篮球赛事（即 NBA）中的选手，如迈克尔·乔丹、约翰逊、科比·布莱恩特、姚明、勒布朗·詹姆斯等世界巨星异常崇拜。班主任就可以因势利导，去选取其中最精彩的片段与学生一起观赏、评价。再播放一段我们自己的篮球赛，特别选录有人打“霸王球”而导致输球的场面，有的学生就会忍不住骂出声来，这时，教育的机会就来了。这样的课对学生的震动是不小的。正所谓，“它山之石，可以攻玉”，看他人的故事，想自己的言行，其教育效果是可想而知的。

三、策划增强集体合作的活动

班级活动通过学生相互之间的积极参与、交流与合作，可以产生巨大的吸引力，可以密切老师和学生之间的关系，加强学生之间的协作精神，激发学生的上进心，增强班级的凝聚力。班级活动是一种对学生进行的独具特色的教育方式，也是集体主义教育的一种很好的方法，因为学生能够在活动中去感悟，在活动中去形成自己独特的人生经验，这样的经验一旦形成便终生难忘。

在我校的“小活动大德育”试验中，就有许多增强集体主义观念的小活动、小游戏。一般说来，在每一个学生的心中，都不愿意拖大家的后腿，尤其是在大庭广众之下，都有为集体争光的欲望，都希望自己的集体能够胜出。在这些活动过程中，班主任应该让学生仔细去体会自己的心路历程，引导学生理解个人与集体的关系、个人在集体中的作用，从而增强集体荣誉感。

四、营造良好的大环境

在学校每一次的文明班评比活动中，我们都可以大做文章，借学校的表彰营造集体主义氛围，对表现优秀的个人和小集体我们也表扬，甚至张榜宣传。

针对每一次大考的成绩，班里也进行相应的专题表扬会，除了成绩优异者、刻苦学习者外，对那些进步很快的学习小组更要褒扬，让那组的每一个同学都为集体的进步而欢呼。

当我们的祖国取得辉煌的成就时，主题班会的召开，就是在培养学生的集体主义荣誉感，以及爱国主义情怀。如北京的奥运会、上海的世博会、祖国 60 岁的生日庆典、广州的亚运会，作为炎黄子孙的我们，能够无动于衷么？那是我们每一个人都热血沸腾的时刻。

五、个别学生的沟通教育

学生的社会背景各异，思想性格千差万别，只靠集体的感染熏陶是不够的。对那些个性比较鲜明，行为言语比较特立独行的同学，还需要进一步的单独沟通或者教育。这部分同学往往只关注自己的主观感受，按照自己的理解去解读身边的人和事，不太去理会他人的想法，规范意识也不强。一般说来，一个班里或多或少有那么几个人，经常会破坏班里的规矩。对于这样的同学，除了集体的教育之外，恐怕还需要班主任另外再用些时间与他们多沟通交流，充分了解他们的家庭背景和生活环境，这样才能做到因材施教，有的放矢。而对那些已经犯下错误的同学，班主任应该先冷静下来，权衡好利弊，想好对策之后再跟他们沟通，对他们进行教育，不然就可能出现“顶牛”的状况，弄得自己下不了台。

当然，在与学生沟通的过程中，引导学生进行换位思考是非常必要的。让学生想象自己是一个管理者，是一个老师或领导，或是班上的其他同学，如果自己遇到这样的人，心里会怎样想。还要让学生思考自己愿意生活在大家都认为很差的学校或班里吗？如果人家讲某某学校是垃圾学校，某某班是垃圾班，而你就是那个学校那个班的学生，心里作何感想？通过这样来引导学生思考，我相信学生还是能够明白是非的。

一旦我们的学生树立起集体主义观念以后，他们就会自觉地去规范自己的言行，不至于因为个人的私利而去伤害他人，不会去做危害其他同学和班级利益的事情。这样，我们的班级就会更加和谐，我们的教育目的就达到了。

这也是我们的班级能够形成良好的班风和学风的关键所在，当所有的同学都认为集体利益不可侵犯时，个别学生的“不和谐音符”就会遭到大家的一致批评或者谴责。我也相信，这些具有集体意识的学生在以后的人生途中，无论是生活还是工作，其自控能力都将大大增强。

泽林斯基告诉我们：在今天的科学中，只有集体的努力才会有真正的成就。如果你一个人工作，即使你有非凡的能力，你也不能在科学上有巨大的发现，而你的同事将是你思想的扩音器和放大器，正如你自己——集体中的一员——也是别人思想的扩音器和放大器一样。

让威哥“威”起来

人称“威哥”的同学近来有点不对路了，本来看书是一件好事，但是他看的却是一些既不能增长见识又不能增长能力的所谓魔幻小说。课外看还罢了，在课堂上还看得那么的入神；平时看也就罢了，现在离高考就100多天了，还痴迷到近乎不离不弃。用他爸爸的话说，有点像吸毒上瘾了。怎么办呢？说明书写过几次了，当面一再保证，也向同学们保证今后不再看这种幼稚无聊的书了，但是就是没有办法控制，怎么办？我想，以前有句话叫做“有问题找警察”，现在我们何不“有问题找同学”？而且请将不如激将。于是我说，同学们，一个人如果他自己都救不了自己，神仙都没有办法，干脆我们放弃他好不好，让他自生自灭算了，我都灰心了。同学们却几乎是异口同声地说：“不放弃。”“那怎么办呢？大家能不能帮助他想点办法？”学生都说“好”。“那我们就每人给威哥写封信，帮助他分析分析，想点办法，到时候看哪个的措施好，就让威哥请客，请他从全班同学中选出五位最能够帮助他的同学，请吃雪糕，好不好？”大家哄堂叫好，“威哥”也大声说好。

于是乎，两天后，同学们的作业交上来了，还真别小看了这些热心的同学，看看，还真不错！

有人在为他惋惜：

威哥，花名鸡波，为人嘛，堂上静如处子，课下动如脱兔。作为同宿舍的一员，对他的了解莫过我们几个人了。看到他又因为看闲书被抓，不知道是该为他心急还是该叹息，距离高考仅有130多天了，还这样挥霍时间，或许会赢得愚昧之人的羡慕，却也把真正让人羡慕的未来资本输掉了。

有的同学通过夸奖来激励他：

亲爱的威哥同学：展信愉快！作为你的同班同学，我觉得蛮高兴的。因为我认为你并不比别人差，也不比别人笨，只是你的自制力稍微欠缺一点点罢了。我最欣赏的是你在篮球场上矫健的身姿。你一上场就好像绷紧的弦，身上蕴藏着巨大的弹力势能，刹那间就迸发出来了。你总是如鱼得水游刃有余地在球场上穿梭，展现个人风采，优美极了。其实，每个人都有适合自己的舞台，当你坐在教室里面学习的时候，为什么不把对篮球的认真和专注转移到学习上呢？相信你自己，你是一座尚未开发的宝藏，要找到最珍贵的宝石你自己必须耐心认真地发掘，把一切阻碍你的东西抛之脑后。为了父母，为了你自己的将来，请把小说抛弃。

其实威哥在我心目中是一个读书的料子。记得高二新学期，威哥坐我旁边，每当数学课上老师提问，他都在底下自语自答，在我听来，他对数学的敏锐，绝对是读书的料子。

本性不坏的你是一只潜力股，剩下的半个学期若你能够努力，班级前30名真的不是没有可能的，也许还会更前。还有100多天，什么人间奇迹都能够创造。

三年不鸣，一鸣惊人；三年不飞，一飞冲天。

有的同学恨铁不成钢：

至于怎样帮助他，我认为没有人能够帮助他，除了他自己，因为别人强迫他也是于事无补的，请威哥自己想明白吧。

威哥，能够在这里给你写信，我觉得是一种责任，一种帮助同学的责任。相信多年以后翻出来看看，那泛黄的纸页上一定印记着我们不灭的友谊！

我看你来课室还是比较早的，时间还可以挤。那你就每天上课认真一点，下课努力一点，晚修专心一点，每时每刻都用心点，考个本科哪有那么难？

卿本佳人，奈何选择堕落？我无语。

除非你的成绩很好，怎么玩都可以，不然滚一边去。废话就到此为止，你看着办吧！

有的同学一针见血且下了一剂猛药：

威哥之所以到今天的地步，那是因为他没有经历过残酷的生活，反正零用钱有父母给，又不担心温饱，这样谁还能够克制自己，使自己不受诱惑？一边是唾手可得的幸福，一边是虚无缥缈的未来，他能够不选择前者吗？干脆实际点，让他到社会上去磨砺，不给他钱，不给他饭，让他自己靠劳动去换取生存，一两个月，如果还不醒悟，就高考再回来吧，反正在这里也是混日子。我想他的父母大概是乐观派吧，不接受现实，又狠不下心来。唉，慈父慈母多败儿，当局者迷，当局者迷啊！（只差捶胸顿足了。）

对于课外书，很多同学都谈了自己的看法：

听了威哥的自我认识之后，我深感悲痛，首先，我不认为看书是一件坏事，大可以尽情地去读，但是前提是保证学习不受影响。换句话就是：学习时竭尽全力，看书时尽情去看。其次，我认为上课看课外书对学习产生的负面影响太大，尤其不该去看那些色情、暴力或者很幼稚的书。

我个人认为，看课外书无妨，但是最好是《读者》、《青年文摘》、《思维与智慧》之类的书，不要看那些无聊的小说，更不要在早读或者上课时间看，这只会影响学习。

另一同学用了反讽，开出了另类良方：

威哥的那种专注的精神实在是太值得我们学习了，那种“不怕死”的勇敢精神让我不禁竖起大拇指，我只能对他说：“钦佩，钦佩！”古语有云：“书中自有黄金屋，书中自有颜如玉。”看来一点没有错，可能他正在寻找黄金屋或者颜如玉呢，或者正在研究别人的写作技巧来提高自己的作文能力呢，将来打算出一本惊世大作，从此闻名天下。如果突然中断，可能会“书瘾”大发，从此心不在焉、疯疯癫癫、糊里糊涂、颠三倒四、表情呆板、三魂不见七魄，罪莫大焉。不如让他继续看书，但是一定要不间断地看（整天），不能休息，不能上厕所，所谓“物极必反”，当他看够了，看厌了，看得反胃了，问题自然就解决了。就有如吃龙虾，天天吃，吃得他看见龙虾就怕，就想吐。我相信那时，他见到那些书就一定会说不的。

威哥，在以前，我们对你的敬仰之情有如滔滔江水，连绵不绝，又如黄河泛滥，一发不可收拾。但是，自从你嗜书成癖，恋书若狂，为书终日“废寝忘食”，“乐以忘忧”，精神萎靡不振，失魂落魄后，我们心痛欲绝，寝食难安，内心五味陈杂，悲愤不已。你在我们心中英勇而光辉的形象瞬间轰然倒塌，消逝得无影无踪。你对我们的伤害是巨大的。你要知道，你的心是脆弱的，我们的心更脆弱。你承受不了“犯罪”后的被指责与被批评，我们更承受不了你对我们的巨大打击。

有的同学语重心长、苦口婆心：

连我都不知道威哥已经是第几次做出这样的傻事了。人们常说，一个人不可能多次掉进同一条河流，可是威哥已经是第N次了。

百善孝为先，你牛高马大了还要父母担心，实在该觉得惭愧。

当今世界，没有知识是很难立足的。那些虚幻无聊的小说是不能够当饭吃的，除非你也能够以写小说为生，但是目前还看不到这种迹象。还是回到课堂上来吧。

上课你应该专心听课，下课不妨疯狂看课外书，多好！

威哥，你都这样了，我们的班主任对你还是谆谆教导，不离不弃，对你真的是恩重如山啊。其实，老师在我们的成长中，只起指导作用，他完全可以把知识传授给我们后就什么都不管了。所以，你必须清楚地认识到，那些经常发现我们的错误并且督促我们改正的老师才是真正的好老师，负责任的老师。事实上，老师是可以不阻止你看课外书的，就让你混吧，反正就100多天了，老师何必去"得罪"你呢？他这样做是出于责任感，出于爱心，他想让自己的每一个学生都成才。所以你务必要感谢我们的班主任，他不希望你走上一条布满荆棘的人生路。另外，老师也不可能每时每刻盯着你，当老师不在我们身边的时候，我们就是自己的老师。

所以你应该好好反思，用心去感受，不要再停留在口头上说要改正了。

我们班一直在贯彻许三多"不放弃、不抛弃"的精神，我恳请老师再给威哥一次机会，也许威哥的人生就会因这次机会而改变。

也有同学看得更深远：

"威哥事件"折射出来的是学习心态，也许是人尚未成熟，也许是对学习不感兴趣，也许是他想努力学习、想进取，可是由于以前留下的漏洞实在太大，想补却一下子又补不了，因此才有了那样的行为。威哥或许是在忙乱中寻找弥补心灵空虚的良药，可是"抽刀断水水更流，举杯消愁愁更愁"，若以此时的不寂寞换彼时的不寂寞只会带来更多的寂寞。我知道，威哥是"被看书"的，他的内心何尝不是充满了无奈和谴责，何尝不是与"贾君鹏"一样的本质呢？可是，孤独与寂寞是不可避免的，我们只有迈过了这道坎儿才会变得更成熟，威哥需要的是真心帮助，需要的是友情和关心。

班主任说过："能救你的，在这个世界上，只有姓*名*威的人啊！"这句话蕴含了多少师生情，多少恨铁不成钢的悲愤啊！世界上从来都没有救世主，只有靠我们自己。

也有同学从这件事情上看到了一个普遍的"真理"：

又一次被逮个正着，不知道是不是威哥的"技术"太差，还是王老师的

"功力"太强。但是这件事告诉我们，无论你有多么好的"技术"，千万别抱着侥幸心理去"犯罪"，一旦你"犯罪"了，不是不报，只是时辰未到而已。

还有同学仿《大话西游》里的经典对白来警醒威哥：

曾经，有一个绝世的学习机会摆在你的面前，你没有好好珍惜，一旦失去了，你就后悔莫及。人世间最大的痛苦莫过于此。如果，上天再给你一次机会，你会对读书说"我爱你"吗？如果非要给这份承诺一个期限，你希望是一万年吗？

另一同学虽写了封搞笑版的信，却也让人眼前一亮，亦很有教育意义：

亲爱的久仰的很牛的轻佻的威哥：

威也，威哥也，＊威也，很威也。首先祝威哥身体健康，学业进步，财源广进，平步青云，福如东海，寿比南山，越来越威。

九中8班，学生七十有五，人才辈出，略无威人。天之苍苍，雾变为霜，所谓威人，在我8班之冈。仰而望之，身修且长。俯而望之，年少且狂。辛苦找得一本经，看得满脑是星星。

余曰：少壮不努力老大你等着悲。固然，学习，亦我所欲也，娱乐亦我所欲也。然二者不可得兼，舍娱乐而取学习者也。故天将降大任于威哥也，必先苦威心智，劳威筋骨，饿威体肤，空乏威身，行拂乱威所为，所以动心忍性曾威所不能。人恒过，然后能改，威之过亦能改也。

噫吁戏，威哥威哉！莫笑威哥有点浑，读起书来会惊人！(坤)

有给威哥写传的：

威哥者，九中学子也。话说威哥时年十七，初临九中，痞子威哥欲增其所不能，欲在此修身养性。适逢九中生源短缺（注：是教育局考虑到优质学校招收少数择校生)，便纳了身为痞子之威哥。威哥拜王夫子为师。王夫子乃九中资深专家也，曾成就叱咤风云人物无数。初见威哥，王夫子受惊不少，因其身长六尺七寸又四分之三，外貌与美国休斯敦火箭大中锋姚明极为相仿。欲悉心指导，故期望颇深。怎奈威哥积习难改。其父年四十有余，夙兴夜寐，靡有朝矣。可谓闻者伤心，听者流泪。王夫子见其自甘堕落，心痛不已，几欲放弃，终是不忍。后发动众子弟助威哥一臂之力，威哥深受感动，泪流满面，起誓定好好学习，天天向上。(忠)

呜呼！君子之过也，如日月之食焉；过也，而人皆见之，更也，人皆仰之。*威者，后人哀之，后人哀之而不鉴之，亦使后人而复哀后人也。

也有同学给他想出了具体的办法：

第一，端正自己的态度，重新思考自己的人生，设置恰当的目标，让自己活得有方向。过去怎么样不重要，亡羊补牢，为时未晚。

第二，设置警示语，及时提醒自己学习才是当前最重要的任务。

第三，请同学监督，特别是自律性强的同学，他们的帮助对你会有很大成效，并且给自己布置作业，让自己忙起来就没有时间去看魔幻小说了。

第四，选一个榜样。一个好榜样会让你有质的变化。

第五，一定要有毅力，要学会“逼”自己，特别是课堂上，一定要强迫自己认真听课，若一时改不了，可以看一下杂志作为过渡，然后慢慢步出小说的世界。

第六，少拿零用钱，那你就没有钱去买小说了。把已经买了的小说交给父母，高考后再看。

第七，就算成绩不好，也要做个好人。

有用自己切身经历现身说法的：

威哥，说真的，我特别能够体会你的感受，因为我曾经跟你一样。只是我看的是手机。那是在高一的时候，我每天晚上都看小说，而且每晚都是两三个钟头。我想停但是停不了，我不断为自己找借口“看完这一页就睡觉”，然后一页又一页，以至于把书看完了还为自己辩护。那么我后来是怎么戒掉书瘾的呢？方法有三：一是狠心点不带多余的零花钱，就没有钱去买了；二是学习压力太大，做作业时间太多；三是请好朋友监督、鞭策。

我看完了同学们的建议之后，真的很感动，他们太有才了。谁说我们的学生就只知道读死书，死读书呢？

我把同学们的来信统统交给威哥，让他自己去通读，之后再自己写感想，并且列出改进措施。最后还挑选出最能够帮助他的几个同学予以特别感谢。看来，这一次是真的触动了他的灵魂，他在交给我的认识中这样写道：

致各位亲爱的同学们：

首先我要衷心感谢你们对我的帮助、关心和鼓励。

这一次的周记对我来说，有着非凡的意义。为了让我更好地改正自己的坏习惯，班主任组织同学们以写信的形式来帮助我出谋划策。非常感谢班主任和同学们为我所做的一切，我记下了，我会铭记一生。同时我对浪费了同学们宝贵的学习时间感到十分抱歉。

看了同学们的信以后，我非常感动。因为很多同学都鼓励我，也愿意帮助我改正错误，提高学习成绩，这是我没有想到的。我知道自己是什么人，可能你会觉得我没心没肺，什么都不在乎。其实人心都是肉长的，人不可能没有七情六欲。我也有过悲哀、沮丧、失败的经历，我不想再有这样的情绪，也不想再表现出这种沉寂。在每次出成绩的时候我也是很紧张的，有了一点进步也会很兴奋，考得差时也会情绪低落。

有一位同学在信中说我很虚伪，一次又一次检讨，还一次又一次犯同样的错误。这是对我的当头棒喝。虚伪，是我最讨厌的性格。可是现在，在同学们的眼里我却成了虚伪的人。这对我的打击很大，伤害很深，我很难接受别人这样的睥睨。我对人从来都是真诚的。看来这一次我真的得改一改了，我相信我一定能够改正，请同学们相信我。

很多同学还提到我的父母，认为我对不起他们。是的，我也这么认为。父母在我心中是最重要的，也许有同学会不以为然，只有我自己知道父母在我心中的位置和分量。我这样让他们伤心难过实在是不孝。父母的养育之恩我还没有报答，竟然让他们如此操心。唉，如果可以，我宁愿自己不存在于这个世界上，因为我不想让他们伤心。只可惜，这个世界上没有如果。为了报答父母的恩情，我从现在开始，一定要好好学习。

再一次感谢同学们对我的帮助，我一定会改正的。

祝同学们

身体健康

学习进步

阿威

2010 年 2 月 1 日

通过这件事，我明白了教育契机就在我们身边，而且学生就是我们的宝贵的教育资源。正如有同学说：明里是给威哥的一封信，其实何尝不是给我们自己的一封信？反思我们自己，也还有许多地方做得不够好。可能我们不是看无聊的课外书，但有可能是在发呆，商讨问题没有顾及他人的感受，或者在玩手机或 MP4。

让学生看到自身的问题并努力去改正就是我这个做班主任想要达到的教育效果！

小不点，大问题

我们班有位小同学阿彩，之所以叫“小”同学，那是因为她是班里个子最矮小的女生，我叫她小不点，因为其身高不足140厘米。或许是身高影响了她，似乎她在班里不讨人喜欢，她虽然努力地想为班集体做些事情，也毛遂自荐做了班上的学习委员，可那是高二的新班，谁都不认识谁，又没有竞争对手，大家也就鼓掌通过了。可是后来同学们都不买她的账，往往她一说话其他人就嘲笑，那情景甚是尴尬。期中考试后，同学们提出改选班干部，改完了我才知道，大家都是针对她一个人的，因为所有的干部除了她担任的学习委员一职有人竞争外，其他的职位都没有悬念，而且在全班举手通过时，她一票都没有，另外一位与她竞争的同学却以全票通过。在第二次调座位前她同桌说坚决不与她坐一起了，还说其他人也都不愿意，说干脆让她一个人坐算了。我想单独一个人坐是没有问题，但是这里面一定有“问题”，不能就这么了事，不然，对于自尊心很强的女孩子来说可能会出事。

我想，必须把问题找出来，才能解决它。可是问题在哪里呢？

那就先找她周围的同学问问到底是怎么回事。原来全班没有一个女生愿意和她一起坐，是因为她怪怪的。怪在哪里呢？同学们说，不该问的她要问，不该管的她又要管，该回答时不回答，不该笑时总是在那里独自哈哈大笑（这是真的，我上语文课时能够感受得到，往往并不好笑的内容她笑半天，好笑时就特别夸张，声音极大，不少同学在她一个人笑时总对她侧目而视），在课室里不讲卫生，总抓鼻孔，吐痰，不像一个女孩子。

我又找到上次与她同桌的同学了解情况，那同学开始不愿意讲，我就用激将法说：“既然你不说，还是与她同桌吧。不好说就写吧。”于是她写道：

我发现她是一个自私的人，只想着自己，不考虑别人，以自己为中心，想做什么就做什么，做错事情总找借口，推卸责任。从她做错事的检讨里发现，每次都存在客观原因，每次都是客观原因为主，主观原因只有那么一点点。她做组长时，老师布置的作业建议，她让我们写，自己却在后面总结几句就完了。有一次小组内调位，她因为长得矮，一直坐第一，这次她要坐第二排，当时小组内都是两排互换，她却并不为其他组员着想，一直大吵大闹，最后我们还是让着她。

我再找与她同在一个学习小组的同学了解情况，他们说："那次主题班会我们小组本来每人都有任务，她不要说出一份力了，连关心的话都没有，一句话家里不能上网，就什么也不管了。"

同一清洁小组的同学也反映："扫公区时，她第一个冲下去，去时没有人，就到饭堂排队打饭，打完饭回来，其他人早就扫完了。有时来了就偷懒，或者扫不干净或者迟到，害得班级总是被扣分，也害得大家挨批评。"

再后来，我找她同宿舍的同学了解情况，原来她在宿舍里也不受欢迎。不仅乱挂衣服，在床上乱放东西，鞋子东一只西一只，更让人难以忍受的是常常在灭灯之后别人都休息了，她还在那里洗衣服洗澡，水放得哗哗直响，严重影响了大家休息，而且她走路总是风风火火，不是撞到这里就是撞到那里，搞得大家都不愉快。

看来，小不点的问题还真的不小，同学们都不喜欢她就顺理成章了。尽管我通过充分的了解，知道了她的问题所在，但是我还是怕直接告诉她会很伤其自尊，只能迂回行事。刚好，半期考试结束了，她的成绩下降得很厉害，我正想找她，她却主动来了，说自己很痛苦，原因是这次成绩考得很差，同学们也不大喜欢自己。我就表扬她说，你能够来找老师，说明你学习非常主动，很想通过自己的努力来改变现状，想进步，既然你想老师帮你，那你去写一个关于在校学习和生活的总结，先对自己做一个客观的评价。我希望先通过她自己的反思自省，再进一步和她沟通交流。

两天后，她交给我一份总结，有优点，也有缺点："优点是很想与大家交朋友，想多为大家做好事，所以争取做好学习委员的工作；缺点呢？自己一些地方是做得不好，如上课走神，听着听着就发呆；一些生活细节也没有太留意，有些懒散。这一次月考就落后了20名，在全校10个理科班中下降了近200名，成为班上成绩下降最厉害的学生，心里很难受，这两天几乎睡不着觉。"

看了她的总结，结合同学们的意见，我掌握了她的问题所在，可是怎样开口跟她说呢？这事情还挺费神的，弄不好会加重她的心理压力，不讲又不行。我只好试探着问她，你想不想知道大家对你是怎么看的？你如果有心理准备我就给你讲，如果不想听就算了。她点了点头笑着说："我不怕，老师您讲吧。"于是我就把同学们的意见统统说给她听，问她是不是有这些问题。她不好意思地说："有的。"我们聊了许多，从良好的卫生习惯到学习的方法技巧，从自己的生活方式到他人的感受，从个人到集体，这些问题应该怎样处理，如果换作自己，应该如何想。一番交谈之后，她认识到自己的不足，也相信自己能够改正，请老师给她一点时间并且看她的表现。我还让她找出改进的具体办法。她谈到要大公无私，多为班集体做事情，晚睡灭灯前一定做好所有的事情，不再影响他人休息，多交朋友。当然我也找了她同宿舍的同学，一个很阳光的团支部书记跟她交朋友，并且告诉她，大家都是一个班的同学，都是好姊妹，应该多关心她的生活，帮助她成长。

在后来的学习过程中，我特别留意她的情况，发现她上课时精力集中多了，期中考试成绩进步113名，期末又比期中进步150名。在下一次的座位调整中，班上也有好几个同学愿意与她坐一桌了。

后来我一直跟踪她的事情，问与她同宿舍的同学时，都说她改变很多，灭灯之后她不再洗衣服洗澡了。

然而，事情不总是一帆风顺的。不久，她的情况就有些反复，新的同桌也不想跟她坐了。我知道她的心理承受能力还不错，就把同学的反映给她看了，希望她能够通过这件事情在心灵深处受到触动，从而自己反思、自我教育。看完后她在周记中这样写：

首先谢谢老师您给我看了同桌对我的意见和看法，使我认识到原来我已改了一些坏习惯，如晚上不常去上厕所，做好公区清洁卫生，很少迟到了，不挖鼻孔等。这不仅是为了同学和老师对我有好印象，更是为了自己的身体健康，为了建立良好的人际关系。但是，没有想到我还有一些自己不知道的缺点，我一边看那位同学的记录，一边油然而生一种罪恶感——原来我真是太需要反省一下了。

现在想想，这些缺点都是由于自己的性格问题造成的，一是受到小学、初中以来的影响，总认为别人给自己意见是他们看不起我；二是性格比较倔强；三是做事情时没有注意别人的感受，事后才知道。

我为了给同学一个好印象，我给自己定下以下几条改正措施：①要善于听取同学的意见。②改变自己倔强的性格。③多和同学聊天，多找自己的不足并且加以改正。正所谓知错能改，善莫大焉。

我知道这次对她的触动应该是很大的了，我不再多说什么，只说了一句，老师相信你，你一定会成为大家喜欢的好同学。

刚好，第二天轮到她们小组扫公区，我吃了饭刚刚走到校门口，就看见她一个人在扫地了，其余的人都还没有来，欣喜之余，我过去夸了她几句："阿彩，今天很优秀哦，你没有等其他同学来就扫地了，有这种吃亏的精神，没有大家不喜欢的是不是?"她脸上绽开了花儿一样的笑容。毕竟还是个孩子。多夸多哄不会错的了。

我相信，在不远的将来，她一定会得到大家的认可的。

不是吗？在后来的一次调位中，按班级调位原则，每个人都有坐第一排和最后一排的机会，但是大家考虑到全班只有阿彩一人最特别、最矮，都一致同意让她永远坐第一二排。阿彩的改变得到了大家的认可，小不点的“大问题”终于得以化小，乃至于无了。

别样的《陈情表》

又是新学期了，欲与学生座谈，全面了解他们的情况，以利于安排以后的工作。同学们倒很坦率，很信任我，基本上都能够把家里的情况和自己的苦恼比较详细地讲给我听。一轮下来，总体感觉同学们的生活背景与成长环境还比较令人满意，只是有一个同学阿武说自己的问题三言两语讲不清楚，请求老师让他以书面形式给出一个情况介绍。第二天他给了我一封题目为《陈情表》的信：

王老师，如果要说清楚我那有点偏离的对待男女关系的思想，还得从十年前说起。

当时，正读小学一年级，我就认为自己已经产生了所谓对异性的好奇感。我常常做一些事情去令女孩子发笑，我的直觉告诉我，我当时做的跟后来初中至高中男生对女生做的事情差不多。伴随而来的是我性心理的早熟。我认为当时的主要症状有：一是对异性进行性幻想；二是对含有黄色元素的东西十分好奇；三是认为自己很咸湿（广州方言是指淫秽、好色）。

而对于女性纯洁的仰慕之情，表现在我曾经对三个女生产生了比较久的好感。第一位是小学1—6年级，第二位是5—9年级，第三位是9年级—现在（还画了一个草图，略）。

可以从图上看出，我迷恋三个女孩子的时间是有交叉的。对第一位，我当时还小，对她的迷恋随着第二位的出现而改变。因为初三升学时间忙，后来又不在同一所学校就渐渐忘记了，后来就没有再多去想她了。这表明我现在所拥有的思想是咸湿的，是无用的。也反映了我自认为男女之爱的神圣从天道上来说，是根本不成立的——任何伟大的爱都经不起时间的冲刷。这也同时反映了我×某某的心理还是没有成熟，思想觉悟程度不够高。而第三位我后面再说。

我也曾经试着用一些方法来应对，其中之一是：从图表中可以看出，2004—2006年上半年，2007年上半年至2009年下半年。这总共五年的时间，我都用心理平衡法去缓解我极度幼稚的心智所带来的不便。而所谓心理平衡法就是同时喜欢两个女孩子，尽力不侧重于其中的一个（注：2000—2004年情况还没有多么严重）。这种方法的最基本好处就是不会让我对哪一个女孩子表白，当然甚至还有各种各样的好处，在此我就不一一列举了。但是这种方法的弊端就是必须要找到两个喜欢的人！

我跟第三个女孩子的事情，我认为就有些羁绊了。我跟她是小学同学，高中也是在同一间学校。总之，我认为我跟她是比较有缘分的。在经过半年第二位被我淡忘之后，我也开始失去了心理平衡——开始偏向于喜欢第三位，尽管我的心里十分清楚，她不可能喜欢上我，可是我依然执迷不悟，以至于现在我和她连朋友都做不成了。不过，我从此以后也不会再去烦她，我也不想再见到她了。可是，在这样丁点大的校园里，每天平均也得见一两次啊。一见到她我就心乱如麻，以致影响了学习。这也是我急于向您寻求方法的原因了。

我知道这个学生被这样的问题困扰了很久，他需要下很大的决心才敢告诉老师想解决这件事情，从学生的用词（多次出现“咸湿”）来看，他认为这是一件很可耻的事情。弄得不好会对他今后的恋爱、人生产生极大的负面影响。

我微笑着告诉他，谢谢你对老师的信任，同时老师想与你交流一些看法。

第一，你是一个追求上进的学生。你能够主动把这件事情告诉老师，也说明你希望自己能够积极向上，不愿让一些不必要的烦恼干扰自己的学习。

第二，你的想法属于正常范围。需要知道的是，在青春期，对异性的好感，甚至对异性有一些不切实际的想法（包括性欲和性冲动）都是正常的。百分之八九十的人都有过这样的经历，有性幻想不可耻。

第三，你还是很理智的。你说：“我从此以后也不会再去烦她”，多么了不起的想法，做男人的，就是应该拿得起放得下，有大海一样的胸怀。

至于你说到的缘分问题，我们师生一场也是缘分，不必刻意去追求。而你说到“以至于现在我和她连朋友都做不成了”，你则大可不必为此沮丧，朋友有许多种，更何况，现在做不成没有关系，等你今后成人了，修养与学识都非常地出众了，再做朋友也是有机会的。

解决办法：

第一，转移注意力。你可以通过紧张的学习生活节奏去降低对性问题的注意，增加适度的体能锻炼使性能量转移并宣泄，这样就可以避免胡思乱想。而对于一些不健康的、充满色情的书刊、影视、网络等，应尽量少去或者不去接触。避开举止轻佻、行为不端的异性挑逗。

第二，以正思维去暗示自己。想想自己是一个有理想、有信念、有追求的人，不需要也不应该花费那么多的时间去想那些目前还不应该想的事情。相信一定能够用意念来控制自己。人跟动物明显的不同就在于人是有理智的，我们是可以通过意识和意念来控制自己的。

第三，关于那个女孩子，你也把她看成是自己的一个同学，一个曾经的好朋友就行了。如果你很喜欢她就应该让她幸福，就不应该去打扰她。为了减少与她的偶然相遇，你可以把时间错开，比如在放学之后略微推后一些时间去吃饭，把这个时间段用于学习。

后来这孩子还竞争当上了班干部，把自己的一腔热忱用于学习和班级管理，为营造和谐的班集体出谋划策，积极参与。性格也逐渐阳光起来。正如他后来说的：班主任常常告诉我们，作为一名班干部要时时处处想到自己的思想言行应该高于众人，在同学们中间要起积极的带头作用，我不能够给班集体抹黑，首先就要从思想上做起。

三省录

曾子曰："吾日三省吾身：为人谋而不忠乎？与朋友交而不信乎？传不习乎？"

古往今来，凡是成就大事者，无不勇于解剖自己、善于反思自己、勤于总结自己，从而不断修正人生的航向，为制定下一步措施提供参考。

我常常想：我是一个有追求的人，一个有自制能力的人，一个非常优秀的人。所以，我会定期反观自身，不断总结得与失，以求更优秀。

下面是我剖析自己这一个月以来，在思想修养、学习提升、生活习惯等方面的进步与不足。我将客观地分析存在这些问题的原因，并且列举自己能够通过哪些措施去改进。

一、进步方面

二、存在不足

（一）具体的表现

1. 思想与修养

2. 学习状况

3. 生活习惯

（二）问题的原因

（三）改进的措施

姓名

年　　月　　日

第四编

借舟行船

把脉家长会

家长会本是学校教育和家庭教育的连接点，对增强教育合力具有非常积极的意义。其宗旨在于加强学校与家长的相互了解，建立家校沟通的渠道；交流教育信息，统一教育思想，协调教育行为；让家长了解学校，了解老师，了解孩子；让班主任了解学生在家里的生活思想等情况。而现实却有一些尴尬，不少学生也把开家长会当成一件非常可怕的事，尤其是那些成绩不够好，表现比较差的学生；家长也常常把这个会议当成可有可无的事情，不少是出于孩子的哭闹或老师的强制要求不得已才去，敷衍乃至有些抵触就在所难免。真正抱着认真的态度来开家长会的家长很少，尤其那每学期都开一次的，到后来一两个学期都也就来了那么稀稀拉拉的二三十个家长，一半都不到。

那么，家长会的“病根”究竟在哪里呢？

首先是形式的模式化。我也是家长，曾经参加过不少家长会，其基本都流于形式，非常具有“中国特色”。大会的基本流程大多是这样的：先是学校领导讲话，后为主任或级长讲话，而最后的一大段时间就交由班主任自己去组织。至于班主任开得怎么样，效果好坏，层次高低就得靠他们自己的修炼水平了。但是基本上都是班主任一讲到底。再就是要求科任教师到场，最后与极个别家长交流。第一次还有些新鲜，两次三次之后就没有什么吸引人的地方了，而家长们也常常感到无聊，在下面说起话来，或者玩起了手机。这种家长会的结果就可想而知了。学校花了不少精力，班主任也感到特别地累，家长觉得跑那么远的路很辛苦又没有什么收获，真是费力不讨好。

其次是内容的单一化。不得不承认，当前的大形势还是一考定终身，家长非常关心孩子的学习成绩。学校面临巨大的升学压力，班主任也不得不把更多的精力用在分析学生的学习成绩，以及如何进一步提升学生的学习成绩上。于是大家都把学习看得高于一切。家长会的重头戏就成为了学习表彰会。倘若一个班级的考试成绩在级组平行班中不太好，那么发展到极致就使家长会开成了学习成绩的评比会、声讨会、告状会甚至是“羞辱会”。或者一个比较“烂”的班，也常常会引发班主任的不良情绪，对一些同学表示不满，甚至指责家长的不配合（当然这方面的确实有，有的家长是因为忙，有的是因为的确不懂怎么做）。而在有些学校层面或者级组层面，往往比较多的是讲其过去的成绩，以及补习难收钱，部分学生调皮捣蛋不好管，捐资助学等。稍微好一点的是谈谈学校的管理措施，讲一讲级组的管理理念与具体操作办法。

最后是交流的单边化。平时家长忙于自己的生计，班主任也要忙于教学，自然彼此的联系不多，沟通很少，而有的学生也确实存在这样那样的问题，或偶然犯之，或积重难返，乃至成了“搞不定的人物”。老师很想把班上的情况向家长反映，也急于想解决班里的问题，于是当有了这样一个平台时，班主任就想把学生所有的问题在这次家长会上一次性地解决掉，就滔滔不绝地把自己的想法说出来。本来是一次绝好的家校沟通时机，却成为了班主任的另外一个“一言堂”。极少有家长与班主任进行真正的双边交流，也极少有这样的机会能让家长与班主任坐在一起面对面沟通，然而有些班主任却将这大好时机变成了一个只为解决学生问题的“一言堂”，太急于求成，不注重方法与时机的把握，虽然其出发点是好的，却让家长会的效果打了折扣。

正是由于我们的常规家长会在形式、内容与交流方式方面存在这些不足，其非但没有达到通过开家长会来引导学生的目的，有时甚至会适得其反。你看，问题不就出来了吗？家长会后，学生表现稍不好的，回家轻则被骂，重则被打，谁还想让家长再去学校开会呢？那不自讨苦吃吗？所以，以后的家长会就谁爱去谁去，班主任问急了，逼学生务必把家长请来的话，学生就有高招了，或者说忙，或者说请不了假，或者说不认识路，甚至干脆说父母不在家，到外地出差或旅游了，最离谱的是花钱请人开家长会。其奈我何？

找到了病根，这药就好下了。至于这“药”，怎样才完全对症，或许不同地域的情况有些不同，但是就大体原则来讲，下面的方子或许有用。

一是注重形式的变化，避免千篇一律，“千会一面”。

从开家长会的对象上看，不一定每一次都要集中班级或者全级的家长到会，可以分批次进行，如可以邀请表现情况差不多的学生家长一起来，或者都是走读学生的家长，或者都是有些问题的学生的家长，或者是学习上要求更高的学生的家长等。

家长会不一定非得由学校领导与班主任一讲到底，完全可以安排学生去主持，让学生去讲一讲他们的学习生活与感受；可以请家长讲自己培养孩子的得与失，交流他们的育子心得；可以让所有的同学与家长一起参加，增进父母与孩子的感情；可以通过观看视频与家长探讨教育孩子的方法。

为了使学生与家长互动，不坐在一起也行。可以在会前安排同学给自己的爸爸妈妈写一封发自内心的信，内容可以是感恩父母给了自己生命，辛辛苦苦把自己养大，也可以写在生命中父母令自己感动的瞬间，自己对父母的爱等。家长则在会前读信、回信。这对于部分与父母缺乏当面交流的学生来说，是一种非常好的沟通方式。

二是内容上“四多四少”。

多讲学校的优势少发牢骚。不可否认，任何一所学校都或多或少地存在需要改进的地方。而家长会应是家长对学校增强信心，进而影响学生爱校爱师爱学习的有利途径，因此家长会上应该多讲学校的优势少发牢骚。只有需要家长配合时才谈，其余的关起门来自己解决就好。内容上，大的方面完全可以从硬件到软件，从辉煌的过去，到取得成就的近年，再到光明的未来。哪怕在有的人眼里学校没有多少可取之处，也要用放大镜去找其可爱的地方。这样做的目的是让家长放心，因为，既来之则安之，家长对学校充满信任，就会影响孩子，进而影响孩子学习的积极性。如果你总是讲学校的不是，说这里不好，那里不如意，家长就会失去信心。

多赞老师少埋怨。家长会上班主任可以讲一讲自己与其他老师们的内心想法与敬业精神——为了孩子，老师们是怎样地废寝忘食、食不甘味、绞尽脑汁，怎样地精心备课、声嘶力竭，甚至“声带发炎”，有时候还得不到同学们的理解。在家长会的课件中，应该对每一位老师的特长、“威水史”进行深度挖掘，对他们背后那些不为学生家长们所熟知的感人故事，尤其是老师们对学生的付出予以宣扬。家长知道了老师们在尽职尽责，在鞠躬尽瘁，不仅会让他们对老师充满敬意，支持班级工作，而且一定会教育自己的孩子尊师重教，刻苦学习。那么当学生亲其师时，就会信其道了。

多说学生的好话少批评。尽管每一个班上都或多或少地存在一些问题学生，老师也希望能够通过家长会对这部分学生有进一步的了解，进而解决问题，但是，一定要明白，家长会不是学生问题解决会，真正有问题的学生可以找他们单独沟通或者另外找时间去解决。家长会前，班主任需要尽可能多地把学生的长处都挖掘出来，争取每个孩子都表扬到，哪怕成绩最后一名的，哪怕在一般人眼里他的确一无是处的，也可以说他的进步空间很大，更何况哪有无优点的学生呢？学生不是没有优点，是我们缺少一双发现学生优点的眼睛。当家长知道孩子在学校有进步时，一定能够影响到学生，而且这种影响是积极的。因为对于那些调皮的学生来讲，回到家多一次少一次批评他都无所谓，但是如果表扬一次就不同了，说不定就彻底改变了他（她）的一生，那就真的是功德无量了。

多关注孩子的心理健康与品德修养，少讲或者略讲学习成绩的排名。在我们开家长会时，家长遇到班主任首先会问：“老师，我孩子的学习成绩在班上怎么样，在班上排第几？”而极少问：“老师，我的孩子人品如何啊？”当然，因为目前仍然是一考定终身，孩子成绩差了，家长觉得丢人，不爱参加家长会，学生也觉得脸上无光而不愿意开家长会，怕回家受训斥。而个人修养在高考中是不考察的，所以家长一般也不会问孩子的品德修养，教师往往也不讲。因此，我们应该学学西方的育人经验，国外的家长会上老师就爱讲学生优点，家长也极少问孩子考了第几名。如果家长会太在意学习成绩的话，会加重学生的压力，令学生喘不过气来，这就产生了负面作用。在家长会上，班主任应该引导家长更多地关注孩子的心理与品行，因为一切进步的根源都在于常被我们忽略的学生的非智力因素。既然大家都是为了孩子的进步，就应该清楚地认识到进步不应仅仅表现在文化知识以及成绩方面，更应该表现在思想品德与为人处世方面。倘若老师与家长一起关注孩子的内心世界，让孩子们彬彬有礼，内心充满光明，充满理想、信心与激情，那么，其他问题就不再是问题了，包括学习成绩的提升，学校纪律的遵守与孩子未来的发展。

三是互动式交流。

为了避免家长会上的“一言堂”，为了达到真正的互相交流，开家长会之前为什么不可以做一个家长调查问卷呢？去探听一下家长们最关心的是什么，最想老师告诉他们或者最需要解决的问题又是什么，或者给家长们提一些思考性的问题。那么，在家长会上就可以进行互动了，请最有育儿经验的以及孩子最让人头疼的家长发言，大家一起探讨，找到更好更有针对性的办法。这样，开会的目的就更容易达到了。

当然，仅仅靠开一次家长会是不能够完全解决家校之间的联系问题的，要形成合力，还需要其他家校联系的途径与沟通渠道，如校讯通、QQ、电子邮箱、电话乃至书信等。通过这些渠道，老师不仅可以与家长一起商量怎样才能够把孩子教育好，一起探讨教育的方式方法，还能够为下一次的家长会奠定基础。

我这样开家长会

家长对于家长会不热心，只要找到了病根，对症下药，问题就容易解决了，要召开一个比较圆满的家长会就非常简单了。学期中段考试后，我们学校就要求高二年级开家长会，并要求家长全部到齐。事先我充分估计可能会有家长的确有事来不了，或有表现不太好的同学不敢让家长来。于是在请家长的动员会上，我除了重申学校的开会意图外，还重点给同学们讲清了在家长会上绝不揭同学们的短。之后个别同学说，爸妈确实没空咋办？我说好办，我自己想办法。于是，我是这样写家长会通知的主要内容的：

尊敬的家长：

您好！

平时您的工作很忙，我们的教学任务也重，难得有时间有机会进行沟通交流。为了您的孩子能够健康成长，现我校决定于某年月日在学校某处召开家长会，请您一定安排时间过来一趟。对于我们这些四五十岁的人来说，还有什么比孩子的成长更重要呢。错过一次生意还可以再来，错过了孩子的成长就永远没有弥补的机会了，或许还会成为终身遗憾。有了您的到来，孩子会觉得爸爸妈妈是关心自己在乎自己的。让我们一起来分享孩子成长中的点滴进步吧！

结果效果相当地好，2010 届 8 班有 57 位同学却来了 63 名家长。而 2012 届 4 班有 63 名同学却来了 69 位家长。其中最特别的情况有四：其一是某同学的家长是本学校的老师，他说："我就不来了吧，反正就那些内容。"他也在学校做班主任。我说你的孩子需要你，你不去，她会认为你不关心她，不在意她，更何况我们班的家长会可能会有点不同；其二是我本人的孩子，她把通知拿回家，吃饭时笑问："我们家谁去开会？"我说："是正家长哦（指她妈妈），我是班主任耶。"她妈妈就笑了说："我天天在学校，还去开家长会？你是班主任也是家长啊，有必要吗？"我也笑着说："你不想知道孩子的详细情况吗？况且她今天还是主持人呢，就不想见见她的风采？"结果孩子她妈也来了；其三是有三位同学分别来了两位家长，还有两位同学分别来了三位家长，不仅爸爸妈妈来了，连姐姐或爷爷也来了，我们在教室的后面放了一长排的椅子才坐得下；其四是在班会结束时发现有一位家长待了很久还没走，说是想留下来再详细了解一下孩子的情况。等他站起来时，我才发现原来他是拄着双拐来的，出入非常不方便，真让人感动。还有这么关心孩子的家长，这是我没有想到的。我想，有这样的家长支持，我们的班级想不好都难啊，而我要是不把这个班带好那又应是多么惭愧啊。

在家长会正式召开之前，我们把“家长如何教育孩子”的视频和学校的宣传片放给家长们看，希望他们能够从中获得教育孩子的知识。之后，除了学校与级组领导简短的讲话外，我们的学生主持人重点给家长们展示了上半学期来全班同学取得的各方面成绩，展示了每个同学的特长与进步，有图片，有视频。我们给每个同学都颁发了奖状，而且都是请家长上台领奖。这是在家长会之前我与学生干部经过充分的准备，根据每一个同学在不同方面的进步设置的不同奖项，让每一个学生都看到希望，让每一位家长都为孩子的进步而欣喜。这些奖项包括思想进步奖、无私奉献奖、正直善良奖、团结同学奖、乐于助人奖、乐观自信奖、文明习惯进步奖、卫生环保奖、热爱集体奖、刻苦学习奖、学习进步奖、博学好问奖、学习优秀奖、三好学生奖以及我们评选的近20项先进奖、班级之星。无论如何，我们的同学总有一个方面是可以被评上奖的。只要他有一点点可取之处，我们都给他设置奖项，最终每个同学人均有三次获奖，最多的有六七次。

家长们个个高兴得合不拢嘴，喜笑颜开。我趁势与家长们交流说，如果你们不来参加这个会议，将是多么遗憾，孩子们该是多么失望啊，而有了你们的参与，我相信，孩子们一定能够尽自己的努力学习，不会辜负你们的期望。

另外一个重头戏是，强化学生与家长的亲情，增强父母与孩子的认同感。因为在之前与学生的谈话中了解到，部分同学对爸爸妈妈的感情很淡漠，认为他们不关心自己，而良好的家庭氛围与认同感会促使学生能够听进家长的话，接受家长的意见。如果把孩子的第一任老师——家长的积极性调动了起来，班主任无异于又多了一个得力的帮手。学校教育不是万能的，它需要家庭教育与社会教育的支持与配合。在我的引导下，学生与其家长拥抱在一起，有的还哭成一团，场面甚是感人。

最后我们还邀请了两位家长谈谈自己在家里怎样与孩子相处，怎样与孩子谈话，以及在带孩子外出与亲戚朋友吃饭、交往时如何与他们交谈，怎样顾及孩子的尊严，在孩子身旁怎样做好示范，不给孩子留下不良印象。

家长会之后，请我吃饭的家长陡然增加（当然能够推掉的是必须要推的，尽管现在在外面吃一顿饭不是什么大事，然而对少数家庭来讲，那也是一种负担），利用闲暇时间来校与我交流的家长也多了起来。在与家长聊天时，他们中的许多人都很激动，脸上洋溢着喜悦与满足。大家都说自己从来没有参加过这样的家长会，孩子也从来没有当面说过爱自己的爸爸妈妈，自己很受用。现在孩子回到家比以前温顺了，不顶嘴了，也勤快多了。其中阿强同学的家长说：“王老师，孩子在您的班上读书我们很放心，我儿子真是有福气，初中遇到一位好老师，高中又遇到一位好老师。”

附：部分学生在家长会后的感受

(1) 回顾昨天的家长会，我感慨良多，记得淦兴同学说过：“我来九中不是为别人垫底的。”没错，我们来九中不是替别人垫底的，我们应该要比别人做得更好。在高考中也一样，我们并不是帮实中、河中垫底的，只要我们付出更多的努力，我们一定会比实中、河中的很多学生考得好，我坚信。

(2) 下午一点多，我到家长会会场时，许多家长已经到了，我也一眼看到了我爸爸的名字，这让我很惊讶。因为我的爸爸做事从来都是慢腾腾的，一点也不利索。这次的家长会他竟然这么早，可见爸爸对这次会议特别重视，也可见班主任老师的工作做得很到位，我以后也要准时才好。

(3) 在这次家长会上，我们班的同学都尽了自己的力，特别是班主任，提前几个星期就在做准备了，包括摄像和对同学们进行期中批语。这次家长会最令我感叹的是我对爸爸说出了：“爸爸，你辛苦了，我爱你!”当时我流下了眼泪，而我的爸爸流了三次眼泪。家长会太令我感动了，谢谢王老师让我有这个机会勇敢地对爸爸说“我爱你”。

(4) 昨天下午，我们班举办了一次非常成功的家长会。这是我爸爸妈妈首次一起出席家长会，我也是首次作为标杆班的学生参加这样的家长会。那感觉真是太棒了！当然，这少不了我们班主任王老师的辛勤付出，也少不了全班同学的积极配合。听完同学的发言和老师的话之后，我心中充满无尽的感慨，我愧对父母，没有颜面去看父母，后来我无意中看到母亲花白的头发和父亲眼角的皱纹，我的眼里有了泪花。作为男子汉的我能屈能伸，我一再告诫自己绝对不能够“流马尿”（流泪水），可是我竟然控制不了，一行清泪不争气地直往下掉。与同学们一起唱起那首《真的爱你》，心中有了一个念头，我绝不能被人看扁了，我要用行动来证明一切，让我的成绩去温暖父母的心，照亮自己的未来。

(5) 家长会中的一个环节至今还让我既尴尬又温暖。当我的手握住父母的手深情地说了一声“我爱您，您辛苦了”时，我便与爸爸妈妈拥抱在了一起。这之前，我在电视上看到子女与父母这样的拥抱行为时，我觉得很伟大很感动，也有想过我面对生养自己的父母时是否能够做到。当时我面红耳赤，心跳加速，面对自己最亲的人竟然害羞起来。在短暂的挣扎之后，“妈妈我爱你”五个字冲破喉咙，我和妈妈抱在了一起。这是16年来我记忆中第一次主动抱自己的妈妈。和妈妈说过这话，抱过妈妈之后，我觉得竟然是那样地甜那样地温暖，还真想世界就此定格。

(6) 我一直提心吊胆的家长会终于在昨天下午如期地召开了。我之所以如此地害怕，那是因为我的成绩下降得非常厉害，我愧对爸爸妈妈，我怕因父母的不满意而受到严厉的批评，这是有先例的。然而，这一次家长会已经过了，我从学校回到家里，却并没有像以前那样遭到暴风雨式的批评，而获得了更多的是鼓励。这要感谢我的班主任王老师，是他与我的父母沟通，劝说爸爸妈妈不要以极端的方式对孩子，不要只看学习成绩。说实在的，读书十几年了，还是头一次与父母一起开家长会，而且其中一个环节是我没有想到的，就是给父母一个拥抱，然后说一声“爸爸妈妈辛苦了，我爱你们”。一时间我们都很尴尬，心想我长这么大还从来没有做过这种事情。显然爸爸与妈妈也都没有准备，开始时，爸爸表现出他一贯的冷漠，甚至连看都不看我一眼，我想，肯定是我太伤他们的心了。然而，在班主任的引领下，我完成任务似的主动伸出了自己的手给爸爸。当我们的手接触的一刹那，我便觉得我不是在完成任务，当我还没有完全说出“爸爸妈妈我爱你们”时，泪水就已经溢出了我的眼眶，同时我也发现爸爸妈妈的眼眶红红的。见爸爸感动的样子，我清楚，我再也不能够辜负他们的期望了，我必须努力证明给爸爸妈妈看，我要还他们一个灿烂的微笑。

(7) 家长们看到投影上自己孩子的名字时露出了喜悦的笑容。后来，颁奖了，班主任一个一个地颁发，而且是让家长们上去领奖。那场面是何等地温馨啊。看着家长们那欢天喜地的样子，他们该不是又回想起自己的学生时代了吧。

(8) 家长会上，老师让我们拥抱自己的爸爸妈妈，这使我很感动。平时在家，向来是衣来伸手饭来张口，从来没有体会到家长的艰辛，也从来不曾说过“爸爸妈妈我爱你们”。而这一次，我终于把压抑已久的话说了出来，我感到特别痛快。家长会结束之后回家，我感到爸爸妈妈看我时的双眼都充满了爱意。

(9) 在家长会上，我获益匪浅。说真的，平时在家里很少认认真真对父母说感激的话，在这样的正式场合一本正经地对父母说如此的话，刚开始，我感到非常奇怪，继而深服班主任的良苦用心。

(10) 这或许会成为我人生永恒的记忆。在家长会的互动环节上，平时绝对说不出口的话，我竟然也能够说了，在拥抱了爸爸之后，我就站在那里傻哭。爸爸红着眼睛安慰我说：“行了，行了，爸爸知道了。”

(11) 17年来我从来没有给过妈妈一个拥抱，没有一句“我爱你”的话语。而就是这么简简单单的一句话，竟然让我看到了妈妈的泪花，她要求我的何其少啊，一句话、一个拥抱而已。我也是一忍再忍，还是没有忍住自己的泪水。我感谢妈妈来参加这次家长会，感谢老师给我们创造了一次这么好的机会。

有的同学还说，这样的家长会下次还会让爸爸妈妈一起来，这么露脸的事情不请家长来那不是傻瓜么？

家长会后，我明显地感觉到孩子们的转变，他们的脸上多了不少的笑容，学习劲头更足了，同学们变得信心满怀，全力以赴了。特别是那几个平时表现不太好的同学，现在都舒展了眉头，比以前勤奋了许多。我们开会的目的达到了。家长会后我们的班风更正，学风更浓了，就连偶尔来代课的老师也感叹，上 8 班的课真舒服。

有时我想，像家长会这样的工作，如果我们能做细一些，再细一些，做得更到位，更人性化，是不是效果会更好呢？

学习不等式

我国农民曾经在党和政府的领导和帮助下，在自愿互利的基础上，参加了带有社会主义萌芽的劳动互助组织——互助组。他们一般由几户或十几户农民组成，农业生产互助组与个体农户相比，在生产技术上没有什么变化，但在一定程度上解决了生产上劳力、畜力和农具不足的困难，协作产生了新的生产力，农产品产量一般高于个体农户。

在学术研究方面，也曾经组织过“互助组”。在我国两弹一星的研制过程中，就出现过“互助组”——科研团队，在这期间，他们相互切磋、相互提携、相互支援、相互协助，共同为中国科学技术的进步做了不少可喜的工作。

古人云：“独学而无友，则孤陋而寡闻。”是的，在求学途中，如果有三五好友互相鼓励，互相鞭策，无疑是能够共同提高、共同进步的。在如今的教育体制下，高中要学习的科目多，范围广，内容难，学生学习不容易，教师教得也辛苦。因此，一旦课堂上因为身体不适，或偶尔走神，或基础太差，就可能听不明白，要完成作业也很难。若有不明白之处需要请教，老师有时可能还没有空，更何况相当多的同学是羞于问老师的。可是问题不解决，终究还是问题。怎么办？

通过思考与研究，我认为比较好的办法是组织学生互助组。

那么怎样组织互助组呢？这需要班主任运用自己的智慧进行思考设计。比如为便于开展互助组的工作，在安排座位时就充分考虑到成绩好中差的搭配，各学科尖子的组合，甚至其他方面能力高低的协调。每四人一组（便于讨论），每组以成绩最优者为组长；每学期初由本组同学讨论写出学习计划并且制定可行的措施；每半学期根据上次的考试情况和本组同学的实情写出反思及后续措施；每周开展一次集体学习研讨会，并且记录下活动情况，每半学期写一次小结。不断总结得失，提出改进意见，不仅能够解决疑难，让思维碰撞，产生智慧的火花，而且还能够资源共享。我们每一个同学都订有杂志，每组四个同学的课外书籍各不相同，大家可以互相借阅，有了好的资料也可以大家共同分享，平时的作业作文互相批改阅读，学习上有问题就先在组内寻求答案，互相帮助。其实，大家在助人时就已经在助己了，因“教学相长”也。

互助组的作用也不仅表现在学习上，还能够体现在思想品德的共同进步与集体活动之中。对于同组的同学，如果在思想上有了滑坡，可以组织批评与自我批评会，大家互相帮助、互相督促和互相提高；班里还把课室后面的黑板报都分到小组，由他们去找材料动手做；也把班会课的主题分下去，由小组同学商量策划，共同制作课件，推举主持人；在班级的其他活动中，均以小组的形式参加。同时，同学们在小组内互相学习，互相促进，这样有助于增强与人交往的能力。互助组的活动可让同学们互相了解，增进友谊，提高学习积极性，培养能力，增强班级凝聚力，实乃班级管理中值得一试的措施。

在目前的教育体制下，大家为了追求高升学率，对培养学生的认识往往更多地停留在高学分上，而对学生们的动手动脑能力，与人合作的能力，人际交往能力等关注极少。甚至有人把除直接提升学生学习成绩之外的种种做法都斥为不务正业，这实在是一种误解，也是一种急功近利的思想在作怪。事实上，学生的动手与动脑能力、与人合作的能力得到了提高，反过来是能够促进其提高学习成绩的，并且能够为学生的终身发展打下坚实的基础，真正提升学生的精神生活质量。

有人说，教育是一门艺术。此话不假，既然是艺术，其精髓就得靠艺术家们去感悟，去细心琢磨。人生苦短，一人之智慧常常难以解决众多难题，自己的愁也许要借他人的酒来浇，自己的画有时也不妨借鉴别人的技法，“它山之石，可以攻玉”。劳动互助组能够集众人之力，借他人之技术与智慧去解决问题，协作产生新的生产力，学习上又何尝不可呢？1 +1 是可以大于 2 的，这一道不等式题解好了，就能够事半功倍。

小视频，大教育

在饮食文化中有一说法叫“借他人之酒浇自己之愁”，在绝顶武功里有一招叫“借力打力”，在鲁迅的作品中有一种观点叫“拿来主义”，在经济领域里有一句话叫“借别人的鸡生自己的蛋”，在生活中有一种做法叫“听别人的故事想自己的人生”，凡此种种，皆因“借”而别开生面，因“借”而柳暗花明。

在班级教育和班级管理中，我们也常常借用其他的教育资源与教育手段来达成我们的教育目的。可供班主任运用的教育资源中，除了身边人、身边事外，还有他人的故事，历史的故事等均可以利用。而信息时代网络中的视频与日常生活中的视频也是非常好的教育资源和教育素材。

在当今社会，互联网的广泛使用，信息量的不断增长，都给我们的教育工作带来了极大的方便。网上有大量的信息可以收集起来为我所用：丰富的文字、图片资料，感染力极强的视频资料。

视频本是一种新兴的交流、沟通工具，它是一种基于互联网设备及软件，使用户可通过终端设施看到对方的仪容、听到对方声音的科学技术。它最早是为了电视系统而发明，但是现在已经发展为各种不同的格式以利消费者将其记录、保存。正因为它能够记录下生活中鲜活的画面，才使它更富感染力。

小视频之“小”，是因为我们选取的角度小，我们所截取的片段小。之所以是“大”教育，是因为我们能够从它的“小”中看到它蕴藏的大道理，能够实现班主任所想要达到的大目标。所谓“小视频大教育”，就是充分利用视频所展示的社会现象，所呈现的生活状态，所显示的人生哲理去引领教育学生，潜移默化地感化学生，以更好地达到我们的教育目的，使学生具有正确的人生观、世界观和价值观，在自己人生的道路上走得更稳更坚定。

一、为何以视频作为教育的手段

（一）学生难教

形势发展到今天，特殊的生活背景使得我们的学生都挺有个性的，不能打不能骂（当然也不该打不该骂），甚至说话语气稍微重一点就跟你“顶牛”。你苦口婆心地教育，辛辛苦苦地付出，学生却不理解也不愿接受。

生活中有一个故事非常值得我们借鉴：小时候放牛，你要强按牛头让其喝水是非常难的。就算你牵住了牛鼻子都没有办法，因为牛自己不愿意。而我们在放羊的时候，如果需要羊跟你走，呼唤几乎是没有用的，而又没有牵其鼻子的绳子。怎么办呢？放羊人有一个聪明的办法就是扯一把羊特别喜欢吃的草，然后放到羊的眼前，它就乖乖地跟你来了。那么，在我们的教育过程中，有没有那样一把羊喜欢的草，也让你的“羊”跟你走呢？有的，那就是视频。这视频就是“导羊前行”的“草”。

（二）视频的特殊性

作为教育渠道与手段，视频与其他教育手段如语言说理、行为养成、自主活动等相比较，有其独特的甚至出其不意的优势效果，其综合效应在所有教育渠道中更具魅力。

1. 信息承载的独特性

视频是靠声音和画面向人们传播信息的。根据美国科学家的研究，在人们接收的信息中有86%以上来自视觉，10%左右来自听觉，可以说人们了解的信息多数是由眼睛看来的。其中图像是由形状、色彩、风格、形式等多种因素构成的，其独立的视觉特征使它成为最易识别和记忆的视觉语言。它是最简洁、最迅速、最具艺术表现力且最具情绪感染力的视觉语言，往往是文字信息量的数百倍。同时它也是最容易被识别和记忆的语言，比文字更注重人的感观体验。视频融合了视觉与听觉的特征，比起单一的视觉或听觉传播效果更明显。

2. 画面的生动直观性

视频具有生动直观的情境，内容丰富，容易吸引人们的注意力。它是一个综合形式，视觉与听觉结合，更立体化，更清晰生动、鲜明有效。它以颜色为主元素，其图像清晰、色彩鲜艳，可化静为动。具有形象性、生动性以及特有的心理刺激作用，它比文字和图片更加具体，其逼真性往往是其他语言难以与之媲美的。视频的直观情境，能全方位地透视主题展示的深度。某些画面可以直抵学生的内心深处，给学生以震撼，让学生终生难忘，进而达到意想不到的教育效果。

3. 内容的丰富性

网络视频的内容十分广泛，可以包罗万象，大到人类发展如联合国会议、哥本哈根会议、达沃斯论坛、20国峰会的议题、中国的五年十年规划等；小到草根阶层的衣食住行，生活琐事；既可以是物质方面的展示，也可以是纯粹精神层面的探讨；不仅可以重现我们自己的生活场景，而且能够再现历史的画面；不仅能够带人们“到”异国他乡去体验别样的生活，甚至能够带领观众“到”宇宙太空去巡游。其素材的多样性几乎涵盖生活的方方面面，甚至可以说是无所不有，我们班级教育中需要的种种视频素材均能找到。

4. 教育的趣味性

较之于听觉，视频所具的丰富内涵，可以相当程度地改变传统“口传耳听”的教育方法，比教师单纯的说教更具教育意义，当然也更具有感染力，更高效。它能够使学生迅速进入状态，仿佛身临其境，如见其人，如闻其声。这些鲜活的事例往往能够使学生受到触动，进而有所感、有所悟。这种借助他人的成果，站在他人肩上开展的教育，其效果会更显著。而学生也乐于通过看视频来一方面增长见识，提高境界，另一方面在相对轻松的氛围下自然而然地受到教育启发。时代变了，从青少年阅读的规律看，他们由读文到读图，审美情趣发生了变化，那么我们教育的方式方法也得跟着发生变化。现在许许多多的家长抱怨孩子成天在电视机与电脑旁不走，就是其趣味性对孩子有极大吸引力。而学习兴趣与学习情绪往往是学生们学习的直接动因，我们就正好可以利用视频中的优势来教育孩子，化弊为利，充分运用视频去创设德育情境，调动学生多种感官，激发学生的学习兴趣和求知欲望。

5. 重复使用的便利性

在互联网时代，视频的获取、储存很方便，人们不仅能够迅速了解新近发生的重大时事，大容量地吸收来自四面八方的信息，更大的好处还在于它极大地打破了人们获得视觉资料的局限，突破时空的限制，对发生在彼时彼地的事件真实地再现，人们可以不再千里劳顿、长途奔波地寻找素材，只需要在电脑前轻轻一动鼠标就可以顺手拈来、为我所用，而且是让人们免费从中下载储存所需要的东西，方便积累我们所需要的教育资料。而你一旦拥有这些视频资料，它们就跟其他文字图片资料一样具有可存性和重复使用的便利性，可以节约大量时间，省得每一次到处去寻找。而且可以根据教育主题的需要，对视频内容进行多次的重复播放、删减、解读与讨论。若把视频收集整理好了，还可以推而广之，相互共享，此地可用，在彼地一样可以用，此人可使，彼人同样可使。

同时，随着电子产品的发展，摄像机的普及，人们可以轻易地拥有捕捉生活镜头的工具，网络的传输也使得人们互相之间能够更快捷地从他人处获得视频资料。而电脑的广泛使用更是让人们运用起视频几乎没有任何的难度。

二、怎样收集运用

在传统的主题班会中，比较多的情况是班主任在讲台上滔滔不绝地讲，学生在下面静悄悄地听，以至做作业、睡大觉者也不乏其人。一节班会课下来，班主任累得不行，却没有丝毫的效果，白白浪费了老师的精力和学生的时间。稍微有些创意的老师可以让学生讲一讲故事，更高层次的是搞一些活动，让学生在活动中去感悟提升。

视频的加入则能大大拓展学生的视野，其教育意义是不言而喻的。视频比之于文字和图片，比之于教师的单方面说教更具有优越性。小视频蕴含大教育，小视频可以让学生感动感悟，激情飞扬，热血沸腾。如果老师能将视频独特的形式与学生的年龄特点相结合，促使学生去反思自己的生活，那么，对其进行思想引领与人格塑造是否就更容易呢？答案是肯定的。

那么，怎样去收集呢？

（一）做生活的有心人

俗话说："留心生活，处处皆学问。"是的，在生活中，做任何事情，只要你多留意，时时关注自己身边的人、事、物，处处把我们的所见、所闻、所感与所从事的职业，所从事的教育工作联系起来，就一定能够把事情做得更优秀，甚至做出一番非常有特色的事业来。如此，就需要我们做一个生活的有心人，善于去发现生活中的那些具备教育意义和教育价值的东西，比如看电视、上网或看书报，只要觉得能够解决学生问题的就想办法找到它，然后拿过来，为我所用。如果班主任能够更多地关注各方面的重大时事、热点问题、焦点问题、流行时尚等信息，尽可能多地留心身边的人和事，就会发现，生活中的教育素材俯拾皆是。

（二）勤奋动手记录搜索

生活中，人们常常会有这样的体会，有时候的所见所闻会让我们灵光一现，对这个事情、这个画面或者这句话相当有感触，可是因为当时没有记录下来，事后往往想破脑袋也想不起来在哪里见过，于是唏嘘不已，后悔不迭。如果我们能够常常把自己认为有价值的素材出处记录下来，勤于动手，像蒲松龄写《聊斋志异》一样身上放一支笔和一个小本子，几十年如一日，积累多了，最后说不定还真能写出部小说呢！我们做班主任的，生活素材多了，要寻找、筛选素材也还不是信手拈来？

1. 网络

生活中的视频素材本来是非常多的，但是由于种种限制，我们没有办法直接录制，因此当我们把视野扩展到网络上时，就会发现那里是座无穷的宝藏。可以说，网络里的视频是班会课所用视频的最主要来源。然而，网络上的视频何其多也，怎么才能够收集到需要的视频呢？这确实是一个问题，而且是一个非常不一般的问题。漫无目的地寻找是绝对不可能找到我们想要的东西的，但是也并非无路可走、无迹可寻。复杂的问题也是可以简单化的，那就是根据学生的实际情况——或者为了进一步提升学生的修养，或者为了改进学生的生活和学习习惯，或者为了增强学生的自信心——输入相关的词条就可以搜索到。

2. 同事朋友以及他人

一个人的能力是有限的，其视野与精力也是有限的，他必然要受时间、地点、环境等诸多因素的制约，不可能事事都有所了解。因此，平日里多与朋友、同事交流生活中的见闻感受，必然会从中得到许多我们自己所不知道的信息。而朋友也不止是现实生活中的，还可以是网络里的，只要与其志同道合便可。因此，只要你常常惦记自己所需要的东西，就一定有渠道获得你所想要的。

3. 自己录制整理

学校、班级的重大活动，比如校运会、艺术节、校庆日等精彩瞬间；师生日常生活中的点滴画面，包括同学们的刻苦学习，主动为班集体做事，教师的认真备课等。当然也包括校园里不文明的事情和现象，诸如宿舍脏乱差，衣物乱放，被子未叠，校园四处的垃圾，墙壁上乱涂乱画，破坏公物，进出校门时不下车，冲进饭堂，乱扔饭堂食物等。同时，假期外出所见所闻的社会生活中的真善美与假丑恶，均可以通过自己手中的摄像机记录下来作为教育素材。这些来自自己身边的人与事可能更能够感动我们的学生。

（三）学会下载方法，寻找下载途径

有的老师也想去积累视频，可是有时候虽然找到了，却无法下载。而下载的确需要正确的途径，我们有时候在百度或Google里可以根据自己知道的或者所需要的去找，找是找到了，但是却发现常常下载不了，如果在线播放又出现需要缓冲的现象，半天出不来，或者出来了一会儿又停止了，很是烦人。最好是在土豆、优酷等下载工具（免费的）中注册一个登录号，一个下载工具里没有，还可以在另外一个里面去找。需要注意的是，如果用土豆下载，当你进去后，它会有一个页面播放你所选的视频，在这个视频下方第二行有“下载”二字，点击它就会弹出一个对话框，就可以在那里下载了。这时还需要点击这个下载框右上角的“用户设置”，之后会弹出另一个对话框，里面最左边有一个“下载设置”，点击后将出现“文件保存目录”，你只要选择把下载的视频放在电脑磁盘中的某个文件夹里就可以了，否则虽下载了，却找不到在电脑里的什么地方。

如果用的是优酷可能就方便一些，你加入其下载工具后，左上角有一个搜索框，在里面输入需要的视频的名字可能会出现相关的视频，点击你需要的视频后，在这个框的最上边有一个向下的绿色箭头，点击就能自动下载了。如果你要

转存所下载的资料，点击右边的“视频下载”就可以把资料存到你设置的文件夹里。

如果以上两个下载器都不好用的话，还可以再下载一个极速酷6（也免费），该网页画面出现后先在其右上角的“设置”栏设好文件存放地，之后在搜索栏里输入所选内容，点击弹出对话框，再点击“下载”就OK了。

后来我们也发现，前面几种方法并非万能，比如中央电视台的节目，虽有很多具有教育价值的视频，但是不能下载。这时候可以再安装一个“硕鼠”的下载器，只要把你所看视频的网络地址复制到“硕鼠”下载框里，再点击“开始”，就会出现一个对话框，点击“用硕鼠下载该视频”，再点击“硕鼠专用链下载”后，点击“用独立窗口的硕鼠Touch下载”，再自己设置保存位置，按“开始”就大功告成。

同时，如果能够学会剪接视频，那就再好不过了。有时候视频太长，只需要其中的一小节，就可以用视频剪接法。其实这也简单，最省力气的办法是直接下载一个QQ播放器。在播放该视频时，点击右键，出现一组对话框，左键点击“视频/音频截取”，然后再用左键拉下面的时间轴，从前往后拉或者从后往前拉，想取到哪里就停在哪里，再另存为就行了。

三、视频类型

网络上与生活中的视频浩如烟海，那么哪些应该收集，哪些不必去理会呢？当然这需要我们班主任不断提升自己的认识水平和辨别能力，需要班主任站在一个相当的高度去看待历史、研究现实和预测未来，需要班主任有比较强的观察生活、思考问题的能力。其实，我们中华民族有五千年的灿烂文明，有数之不尽的可增强修养、激励后人、感化来者的宝贵文化财富，我们完全可以根据培养班级学生的实际需要去挑选。

1. 故事类

这类视频往往能够取材于现实生活中的人和事，既有伟人一生经历的再现，也有普通老百姓平凡生活的展示；既有对历史的演绎，也有对未来的推演；既有我们中华民族的感人至深的真情，也有异邦他域动人心弦的故事。

譬如《说出你的故事》中对新近成长起来的公众人物背后那些鲜为人知的奋斗史的叙述，真实地再现了一个人的心路历程。印证了冰心那句话——成功的花，人们只惊羡于它现时的明艳，然而它的花儿，浸透了奋斗的血泪。这对那些追星族来讲，其教育意义是可想而知的。

2. 访谈类

访谈节目往往能够贴近人们生活、聚焦社会热点，能够帮助人们对是非美丑作出正确的判断和选择。不管是隐性采访（又叫暗访），还是显性采访，都可以使人们在短时间内迅速了解事件的概貌。特别是隐性采访的视频，可以达到显性采访达不到的目的，获得第一手材料和较有价值的新闻。隐性采访还可以拉近与观众的距离，因为记者常常是以一个普通人的身份去体验、参与到一个较为完整的事件中，充分揭示事物发展的来龙去脉，展现其丰富性，不仅能获得第一手的材料，更能使观众产生一种认同感。

譬如关于中小学生的恋爱问题、社交问题、心理问题等，又如地沟油、毒明胶和三聚氰胺等社会问题。开办访谈类节目的目的就是要让大家在一种思辨谈话的氛围中，通过访谈，对一些问题加以厘清，并且由某方面的专家给出比较适当的答案，有利于解决生活中的实际问题。

3. 影视类

电影电视因为故事性强，表述直观，没有强加给观众一些东西，而可以让人从中去体验、感悟。影视作品有不少来源于生活，能够充分揭示生活的真谛，给人以启迪教育，人们可以从不同角度去解读。如人们从《潜伏》里余则成的成功故事里总结出的“职场生存法则”，一时成为社会热点，那里所折射出来的东西的确也有其正面的地方；而《亮剑》所展示出来的勇气、团队精神、沟通能力均给人深刻的印象，非常值得学习；《士兵突击》里“不放弃不抛弃”的许三多更是鼓励学生战胜困难、奋发进取的楷模；《逃离索比堡》中当集中营里可怜的人们再次闭上眼，等待死亡时，是那位头发已花白的父亲，坚定地站在儿子身边，那一刻，人性的光芒驱散了所有人内心的黑暗。

4. 讲座类

一般说来，专家在某个领域都学有所长，且有丰富经验，多听专家讲座，是获取知识的一个很好的渠道。专家们有的观点很具有说服力，主次分明，所讲的内容明了顺畅而深刻；有的比较幽默，让我们听起来很轻松，能够在笑声之中增长知识；有的描绘生动感人，而且常常把我们带到具体的情境之中，能够给人以启迪。俗话说：“听君一席话，胜读十年书。”如《百家讲坛》里于丹、易中天、纪连海、钱文忠、阎崇年、康震、王立群等人的讲座，以及 CCTV 的《法律讲堂》等，均能让人受益良多。

5. 新闻类

新闻能够及时报道当今时代发生的一些重大事件、热点事件。其中的新闻评论往往具有舆论导向作用，具有较强的说服力。人们常说新闻天天有，视角却各有不同。这类视频可以让学生在对待一些突发事件和重大事件时更具理性，避免陷入感情用事的漩涡。比如中美撞机事件，我南斯拉夫大使馆被炸事件，美国售台武器事件，中日钓鱼岛事件以及中菲黄岩岛事件，我们常常从纯洁的爱国主义的角度出发，想当然地指责政府为什么不跟美国、跟日本干一仗。其实，当我们听了有关专家站在更高的角度去思考问题的观点之后，对一些问题就理性多了。

6. 专题类

专题性新闻是对重大事件进行深度报道的一种形式，通过对新闻做立体的全方位剖析，较为详尽地反映事件的全貌和关键性场面与典型细节。特别是关乎国际国内的重大事件，有利于培养学生的爱国主义思想、集体主义思想和保护环境意识等。对汶川大地震、玉树大地震、哥本哈根气候大会、北京奥运会、上海世博会、日本大地震的报道等均属此列。

四、视频运用的几大原则

1. 教育性原则

所选视频在具体的班会课应用中，要注重视频与教育内容的关系，根据教育目的与需要进行加工截取，不能全搬全抄，要有的放矢，使之成为班会课的一种重要辅助资源。有时候我们下载的视频不是所有的内容都适合用于教育，那么班主任善于从中选择与剪接就成为运用视频的必修课。可以是几分钟的，也可以是几秒钟的；可以是其中最精彩的部分，也可以是背景介绍的部分；还可以把一个完整的视频分成几个部分运用于一堂课或者几堂课。将视频作为一种新的教育资源，的确可以达到其他资源所不能企及的教育效果。因为我们对学生教育的核心主题侧重于品德养成、生命教育、人生规划等，为此，我们在选择视频时就需要仔细斟酌，把最具教育意义的东西挑选出来。

2. 学生主体性原则

视频教学不能取代教师的主导作用，视频仅仅是一种教育工具而已。在班会课上，学生始终是课堂的主人，教师是起辅导作用的，一切应该以学生的需要为准则。如果过分依赖视频，甚至只是放视频就会喧宾夺主，课堂就会变成视频播放的展台，使教育模式从以前陈旧的“满堂师灌”变成另外一种机械的“满堂机灌”，仍没有达到教育目的。视频的运用必须在充分考虑主题内容、学生实情和教育过程需要的基础上适时地呈现，这样才能更好地吸引学生的注意力，加深对间接经验的印象，使学生受到熏陶感染，增进对知识的理解。

教育方法和工具总是服务于教学目标的。在教学过程中无论采取何种教学方法和工具，其最终目的都是为了更好地实现既定的教学目标，培养学生的思想。视频教学表面上是看“形象”，但真正的落脚点是“思想”、是“理”。而“思想”与“理”有相当的抽象性和严密的逻辑性，如果用形象化的视频来表述会更高效。但是过多地追求和利用视频，而不把它与学生所需结合，就会削弱课程本身的思想和理论魅力，甚至会把“思想”和“理”简单化和庸俗化。

3. 师生互动的原则

运用视频是为了辅助教育，更好地提高教育效果，但它不是提高教学效果的唯一途径和手段，教学中更不能为了视频而使用视频，以“人机对话”代替师生交流。在进行视频教育的过程中，应该设计师生课堂交流的环节，使课件成为增进师生情感交流的媒体而不是障碍。课堂上，不仅班主任可以谈自己对视频中人、事的看法，还应该引导学生发表自己的意见，讲出心中的真实感受。也可以就视频里的现象或者观点进行师生之间的辩论，因为真理是越辩越明的。

视频无法取代很多的直观教具，更不可能替代教师身体语言所传递的信息。只有根据不同的教学内容，通过相应的教学方法和工具，把它们有机结合起来，才能达到理想的教学效果。我们在强调视频教学优越性的同时，也要充分考虑可能影响到视频教学效果的诸多因素，使其更好地为提高教学质量服务。

4. 观后沉淀的原则

凡是能够触动人们灵魂的东西，往往都是让人刻骨铭心的。生活中我们见到一些景象，常常令我们感动，如果能够及时把那种感动写下来，可能会成为感人的经典。班会课的视频往往经过班主任的精心挑选，容易打动学生。学生在观看之后再写出自己独特的感受，这对学生的教育比只是纯粹地观看要来得有价值、有意义。写观后感实际上是学生自我教育的一种方式方法，写的过程会再次呈现最能够触动其内心的地方，将其独特的感受行之于笔，把自己的言行与视频中的某些片段进行比较判断，并理性地分析视频中的人与事，无形之中把自己的思想与之相印证，就会“见贤而思齐焉，见不贤而内自省也”。有时候或许就是视频中的某个画面、某句话或某个情节感动了学生，使之受用一辈子。

五、视频的运用分类

只要留心生活，就能收集到不少具有教育意义的视频。而什么时间用什么视频却需要策划，不能想起什么就给学生播放什么。最好根据学校实际与学生需要分成三大板块：

（一）主题班会板块

根据班级规划，对学生进行相对长期的教育，对学生在品德修养、思想情操、心理素质、学习方法等方面进行系统培养，这就需要对主题班会进行科学合理的系列设计。可以将众多的视频大致分类，在召开主题班会时就能够根据需要来为我所用，一般可分为：道德情操系列、励志系列、心理系列、规则系列、理想信念系列、感恩系列、安全系列、习惯系列、交往系列、情感系列、惜时系列、团队系列、减压系列、家教系列、环保系列、智慧系列、学习系列等。

（二）日常欣赏板块

日常的欣赏主要安排在周末，利用每周日下午回校的40分钟时间进行播放。这个时候，因为学生刚刚从家里回到学校，他们的心思还没有完全放到学习上来，正好用这个时间来“收心”。这个时间段最好用来播放长篇励志电视连续剧，如《士兵突击》、《亮剑》、《我是特种兵》、《笑着活下去》等；也可以用来播放励志电影，如《肖申克的救赎》、《当幸福来敲门》、《风雨哈佛路》、《逃离索比堡》、《阿甘正传》、《铁血教练》、《面对巨人》等。

（三）社会热点焦点板块

目前的高考制度下学校与教师不得不追求升学率，但是我们也不能把学生培养成“两耳不闻窗外事，一心只读圣贤书”的“考试机器”。教师尤其是班主任有责任引导学生关注社会现实，当学生没有更多的时间与精力去浏览筛选万花筒般的社会信息时，班主任就应该协助他们胸怀祖国、放眼世界，精选国际国内重大的以及与人们生活息息相关的事件的视频播给学生，以扩展其视野，培养其社会责任感。这部分可以分成两大块来灵活运用：

1. 放眼世界，成就“大我”

比如，当前需要引导学生关注达沃斯的盛宴——世界经济论坛年会在瑞士召开，给潘多拉盒子加把锁——俄美新核裁军条约，欲说还休的强邻——日本强烈地震与海啸，世界从此凉热——联合国气候变化谈判，阿拉伯强人的冬天——卡扎菲、穆巴拉克、萨德尔，因改变自己而改变世界——伟大的乔布斯等。

2. 胸怀祖国，心忧天下

在生于斯长于斯的土地上，孩子们需要树立国家兴亡乃我之责任的思想，不断增强民族自信心与自豪感。那么，他们就需要特别关注：扬国威于首都——北京奥运会，展实力于明珠——上海世博会，可上九天揽月——天宫一号成功发射，可下五洋捉鳖——蛟龙号下潜，国之东倭常扰——日本在钓鱼岛动作频频，海之南恶浪翻——中菲南海对峙，蜀之北国有殇——汶川大地震，提篮四顾心茫然——频发的食品安全事故等。

什么样的人生观、价值观和世界观才是正确的呢？对社会上诸多现象应该持什么样的态度？不妨在播放下面的视频后，请同学议一议，之后教师进行引导：“你是替党说话，还是替老百姓说话？”（河南省郑州市规划局副局长逯军：权力在这些傲慢的领导干部身上，执政为民已经蜕变成为“执政为官”、“执政为上”、“执政为商”）“那些不给钱就不办事的人是‘暴力腐败’；像我这样，在为人办好事的情况下收点钱，是温和的。”（云南省麻栗坡县原县委书记赵仕永。因受贿索贿400多万元、贪污50多万元，赵仕永被法院一审判处有期徒刑18年，赵仕永自我总结说，他是温和腐败）“为什么不公布老百姓的财产？”（当改革涉及官员自身权益的时候，就会变得异常艰难）“宁愿坐在宝马车里哭，不愿坐在自行车上笑。”（宝马真的就那么重要？人生究竟在追求什么？）

对普通百姓生活的理解与肯定，同样是提升修养乃至励志的不可多得的素材，比如：多一些宽容——史上最牛乞丐夏海波，多一些理解——无奈的教师，多一些鼓励——最牛农民工张海超，多一些赞美——史上最牛维修工王成新，多一些包容——史上最牛钉子户吴苹，多一些敬佩——史上最牛校长地震中师生无一伤亡等。

在光怪陆离的世界，如何透过现象看到本质？对于涉世不深的学生来讲非常不易辨别，比如：要说爱你（慈善）不容易——从郭美美到陈光标，清华“扫地僧”——张立勇自学成才，无聊的看客——从凤姐与犀利哥看扭曲的社会心态，猫猫可以这样躲——对真相的苦苦求索而不得，科学素养的缺失——神医张悟本与养生专家马悦凌，光环下的迷途——金牌得主张尚武等。

另外，我们还可以根据学生的实际情况进行调适，比如当在学生情绪不太好时，当学生没有学习动力时，当学生在高考期间需要放松时，可以选择相关视频进行情绪疏导。

六、视频引发的深入思考

“小视频大教育”是我多年来深入研究与思考的德育专题。在教育走向民主自由的今天，当老式教育方式“打骂与严词的呵斥”不能够也不应该成为教育手段的时候，当大多数班主任感叹今天的学生不好教的时候，“小视频”的出现无疑为我们打开了另外一扇教育窗口，为当代教育寻找到了一个新的契机。

我常常想，有时候，之所以我们的教育没有效果或者效果不佳，那是因为我们没有找到一条走进学生内心的途径，不具备真正打动学生的东西。如果你的教育素材能够引起学生的兴趣，使之感悟，那么教育目的就容易达到；如果教育素材能够触及心灵，直抵灵魂，那么教育就容易成功。

正因为视频具有信息承载的独特性、画面的生动直观性、内容的丰富性、教育的趣味性以及收集使用的便利性，所以它往往能够触动人们的灵魂，让人终生难忘，成为学生所喜闻乐见的教育方式。

“小视频大教育”，就是充分利用视频所展示的社会现象，所呈现的生活状态，所显示的人生哲理去引领教育学生，熏陶感化学生，使之具有正确的人生观、价值观和世界观，从而更好地达到我们的教育目的。小小视频，如果能够让学生从中去体会感悟人生，去思考乃至重构、规划自己的人生，从而生成自己的思想，逐渐形成正确的人生观、价值观和世界观，一点一滴地把真善美内化为自己的东西，那么，小小视频所蕴含的教育作用将是相当巨大的。

当然，视频仅仅是一种教育资源与手段，也仅仅是我们借鉴的诸多教育思路中的一种而已。其实，作为班主任，倘若能够常留一份心，就不难从生活中去发现其他可用于教育学生的素材。而如果我们能够真正理解和认识视频的教育内涵，真正感受到视频在教育中的神奇力量，那么，小视频在班级教育和管理中的运用将产生出人意料的效果。

十多年来，我已经收集了上千个视频，整理了上百个极具教育意义的、直抵内心的可用于学生思想教育的视频。在近几年的班主任培训中，我“小视频大教育”的专题报告也得到了知名专家的充分肯定和广大一线班主任的由衷喜爱。

琵琶亦可反弹

——“我爸是李刚”班会课

前段时间，河南李启铭校园开车肇事，撞死撞伤两名大学生的事，在全社会闹得沸沸扬扬，大家都在共同讨伐“富二代”之后的“官二代”。网络上既有“床前明月光，我爸是李刚”等一系列批判嘲讽的诗词，也有所谓的神曲“我爸是李刚，我是小霸王”等音乐，还有其父李刚在中央电视台向全国人民的公开道歉。我们的同学当然也知道此事，当然也是一致的愤怒，对李刚的道歉也与全国人民一样认为“假”。

然而，我还是在班会课上重新播放了那段视频。在播放之前，我要求同学注意，暂时撇开这件事本身不谈，不去置评电视里的人物，从现在开始，你不是你了，你是那个闯祸的李启铭，你的爸爸就是李刚。现在他即将向全国人民在中央电视台上道歉，请仔细体会你此时此刻的感受。

视频开始了，刚才还纷纷议论着的学生们面部有了严肃的表情，渐渐地教室里除了李刚的哭泣道歉之声，就没有了其他声音。当我第二遍播放视频的时候，不少同学眼里已经有了泪花。我知道，他们未必是在同情李刚，但是他们一定是进入了角色。之后我让大家谈感想，最后写出自己的心声。于是同学们在观后感里这样写道：

（1）换位思考，将心比心，感同身受，如果是我犯了错误，要让父母公开向全国人民道歉，我会万分羞愧，觉得那是非常不孝顺的事情。我从中悟到，以后做事一定要考虑后果，考虑到会不会影响我自己的亲人和朋友，会不会影响到集体、社会和国家。我不仅仅是我，我还是祖国、社会、人民、父母的孩子。身为人子，应该懂得，孝敬父母是我们最应该做的事情。

（2）一个50岁左右的老父亲，在全国人民面前痛哭流涕，泣不成声，连话都说不清楚，一把鼻涕一把泪，还鞠躬90度，久久不能站立，那是多么令人心碎的一幕啊。那高大的、曾经在人们面前很有尊严的父亲在哭泣，那一声声的话语，在撕扯着我的心，我羞愤难当。我这个不争气的儿子，带给了父母多大的伤痛啊。父母因为儿子的过失而成为了“千古罪人”，那是何等地令人不能够接受啊，想着我这个做儿子的给爸爸带来那么大的耻辱，想着让他以后在人前所遭遇的冷眼与蔑视，我的灵魂将一辈子不得安宁，我对不起您老人家啊。

(3) 一个人做错了事，就得付出代价，就得承担。有时候我们会很豪爽地说，一人做事一人担，可是你一个人真的能够全部担当吗？看到自己的父亲在电视上丢脸，我能无动于衷吗？我怎能不伤心欲绝？我们每一个人活在这个世界上都不是孤独的，你的背后有许多人关心你支持你，你的一言一行也会为他们带来深刻的影响。自己犯下的错误可能会连累自己的亲人，你的错误将让你的亲人和朋友受到牵连。你的过错怎么能够让自己的亲人来承担呢？所以请记住，不要任性，不要只是想着自己，不要逞一时之快而干出损人不利己的事情来。

(4) 在生活中，我也犯过一些错误，虽然没有李启铭那么严重，也未能够感受到什么痛苦，但是，我相信，我的错误一定给父母亲人带去了伤痛。如果我做出了这样的事情，我的爸爸还怎么做生意啊，别人一定不会再与我爸爸打交道，因为他的名誉已经受损，最终结果是我们全家都会陷入深深的痛苦和经济危机之中。我的亲人和朋友在社会上都抬不起头来，恐怕甚至连门都不敢出了。

(5) 看着“我的爸爸”在中央电视台上向全国人民道歉，我泪如雨下，我自己做错了事情，却让父亲背负如此大的耻辱，我心痛不已！我暗下决心，我的父亲绝不会有为我伤心欲绝的这么一天的。我要好好学习，做个好人，长大后孝敬父母报效祖国。我爸绝对不会是李刚，我坚决不做李启铭。

这就是这节班会课要达到的效果。在司空见惯的材料中去挖掘有益素材，或者正面运用，或者反弹琵琶，只要学生去思考了，去感悟了，就会终身受益。

是的，琵琶亦可反弹，那不仅仪态万方，而且可以“声似天籁”。

吃出来的想念

因为参加广东省第二届名班主任的培训，2009 年 12 月 4 日我离开学校外出学习 9 天，因为平时自己的思想引领工作还是做得很到位的，所以走时也相当地放心，差不多可以用了无牵挂来形容。那是因为经过一年多的班级教育与管理的探索，孩子们的思想觉悟有了很大的提高，一年前都能够自立，更何况现在，而事实上的确如此，回校后班干部给我反映说大家都很乖，级长也说班上跟我在校时一样优秀。令我甚感欣慰。

因为去了浙江，我就给大家带回来了鲁迅先生故乡的一些茴香豆。也不多，一人就那么三五颗，本来是想着如家长般外出一趟给孩子们带一点小礼物，好让大家开心开心。没有想到的是，孩子们竟然还很感叹，有的理解还相当有深度。下面是他们在周记里记下的感想。

谭同学吃出了老师的感情，也吃出了哲理：

我们 8 班的领袖终于回来了，对此我很激动。王老师出差一周多，不忘我们全班同学，在什么咸亨酒店带回来了孔乙己先生吃过的那种茴香豆。说实在的，这种茴香豆我不大喜欢吃，但是我们吃的不是豆，而是想念，是王老师对我们每一个同学的想念，我相信大家也一定能够吃出这种味道来吧。

豆虽然没有想象的那么好吃，但是豆中之意他们也都能够吃得出来：

老师带回来的茴香豆味儿除了怪之外就很难用其他形容词来形容了，甚至有同学说很臭，更有甚者说这是“狐”香豆。尽管这小豆不是很讨同学们的喜欢，但是老师的一片惦记之心，我们还是能够从那阵阵怪味中感受出来的。

同学们还希望与我分享平时努力的成果：

回想班主任王老师不在学校的日子，我们一样很自豪。那是在上个星期的级会上，级长狠狠地表扬了我们 8 班，赞扬我们班连续几次获得年级总成绩第一，文明班评选中也一直是年级的最前列。就高三这学期的本次考试而言，我们班在前 100 名中就占据了 17 个名额，多出了 70%，有的班才 3 个人。听到这些，我们班的每一个同学心里都非常温暖，掌声响彻了整个广场。这是我们用汗水用勤劳换来的掌声！听到别的班那么一句句“好厉害啊”，我们就感到特别地自豪。王老师，这种自豪感我们班每一个同学都想跟你分享，可惜你外出学习了，那就让我现在向你报告吧！

几粒茴香豆不仅让孩子们想了那么多，竟然还能够促使他们进行自我反省，这倒是我没有想到的：

今天晚上，您带着外出学习买来的礼物，分给我们每一个同学吃，我们感到很高兴，而且每个同学都吃得津津有味。真的很感动，您每次外出都不忘记我们，都给我们带上礼物。我想我之前对您的误解太深了。可是，我现在慢慢地体会到，做一位老师，能够做到您这样，已经很尽责了。做学生的我一开始却不能理解老师的心意，我感到非常惭愧！

在人生的旅途中，我们常常因为忙于自己的旅程而忽略了身边的人。其实，有时候，只需一点点付出就能换来感动。尤其是我们做班主任的，许多时候只把学生看成懵懂的孩子，认为他们不理解老师的一番苦心，其实低估了孩子们的情商与智商。不要看他们年纪不大，实际上他们什么都懂，甚至有时候比成人还敏感，他们的心是很细腻的，你的一举一动、一颦一蹙他们都记在心头。

如果我们心里时刻装着学生，善于捕捉生活中看似平凡却蕴含教育价值的瞬间，把教育当成事业去做，我相信，感化学生的机会还是可以寻找到的。

班级研究工作方案

一、班级教育思想

以人为本，以学生的终身发展为本，以提升学生的精神生活质量为本。不求形式，但求每一个学生都能够先做好人，再做能人，最终做一个充满幸福感的人。

二、班级概况

（一）现状描述

我们学校属于佛山市南海区的一所区属重点学校。但招生排在第四，基本无成绩顶尖的学生，每班还有20多个择校生，有的学生入学时还无成绩可查，属于基础极差型。2008年下学期，本人新接高二8班，这是一个理科班（全级共10个理科平行班），共有学生57人，其中男生38人，女生19人；走读生8人，住宿生49人；择校生13人，其中37人来自一个镇。分班时按照平均分配原则、电脑排序，我班前10名1人，前100名10人，总平均分全级第4，本班也分得4个“金刚”级人物（即在某些方面特别难搞的学生），其中一个沉溺于玩手机，一个是人们眼中的“睡仙”，一个有所谓的“早恋倾向”，还有一个“懒王”。根据入学第一个月的调查得知，绝大多数学生来自农村，只有几个学生家里有工厂，这些厂也是小型的，最大的招工人数也没有超过20人，只有两个独生子女，最多的有兄妹5人。总的来看，学生在思想上有些波动，班级凝聚力不强，学习劲头不足。

（二）原因分析

因为是高二，刚文理分班，原来的班级体制已经完全被打破，所以他们或多或少地会怀念起过去班级的老师或者同学，一时间还找不到归属感，对新的班级心存疑虑，同学之间也有所戒备，对班主任也持观望态度。学习上，一时也还难以适应老师的教学。因为陌生，故难主动地去问同学和老师问题。

三、班级建设目标

虽然我们学校的生源不是南海区第一流的，甚至二三流都排不上，但也不是最差的，学生还过得去，若老师教育得法，可以有较大作为。只要改变传统的教育观念，改革原教育模式，着眼于未来，着眼于学生的终身发展，就不难找到一条新路子。为此，本人确立了“自为班级建设”的研究课题。希望能够通过两年的努力，把本班级带成全学校的标杆班，不仅学习方面成为本级的楷模，学生个人修养与道德情操都能有比较大的提升。

四、寻求理论支撑

客观地讲，要进行新的课题实践，没有现代教育理论的支撑是不行的。为此，我重温了班主任前辈的著述，学习了当代中国教育家魏书生的教育理论，还向班主任研究专家任小艾、李季、焦健、李伟胜等取经学习。我始终觉得教育家们的教育思想是可以学习的，只是他们的工作模式不能照搬，所谓“学我者死”。专家们的思想需要我们用心去感悟，去实践，正如道家所言：“道可道，非常道，名可名，非常名。”讲出来的东西未必就能真正深入骨髓，揭示其根源，那些往往只是一些表象，一个大概，一种思维方式。比如魏书生老师的“民主”与“科学”这两个词看似简单，实施起来却需要很大的智慧。李镇西的《做最好的老师》，却能让我去思考做班主任的艺术。李季教授站得高看得远，指导性强，他为我量身定做的建设“自为班集体”让我有了明确的方向。于是，我们将遵循教育以人为本的思想，以学生的终身发展为出发点去进行班级研究。是的，人活着不能没有追求，尤其是对占人生三分之一时间的工作。如果能从中找到乐趣，人生岂不相当有意义？当我在反复倾听专家们的讲座时，我找到了路径，也看到了成功的希望。

五、实践探索

要把新的教育观念转化为教育实践，是一个学习，实践，反思，再学习，再实践，再反思的探索过程。为此，我着重在以下几个方面进行了实践。

（一）班级建设的定位

学生到校报到的第一天，我就在黑板上写下“从今天开始我的人生将掀开崭新的一页”，并且在第一次与学生的见面讲话中，把班级定位为学生成长的温馨大家庭，打造一个“立有为志，做自为人”的集体。我对大家说：“我爱大家，我是你们的朋友，希望大家在这里能够幸福成长，快乐学习。大家有任何学习上的、生活上的或者思想上的问题都可以与我一道探讨解决，遇事多商量。我希望把我们的班建设成为全校优秀的班级，让我们的每位同学都彬彬有礼，走出教室就给人不一样的感觉，让人感到我们的同学特别有气质、有教养，要为提升所有同学的生命质量打下牢固的基础。”

（二）班级建设宗旨

有人说：“一个没有灵魂的团队只能算是团伙，一个没有核心文化的班级只能算是一群聚集在一起的学习者，不能说是优秀的班集体。”此言不差。我们的班级必须有独特的文化，那么我们到底要建设一个怎样的班级呢？这是我接手新班前两个月就一直在思考与研究的问题。在厘清了教育的传承意义，探究了当今的大势，充分了解学生的生源地环境等背景之后，我走进了中华五千年的灿烂文明中，在那里，在儒家的、道家的经典中，我看到了先哲圣人们所追求的最高的修身和政治理想，那就是“内圣外王”。因此，我把班级建设主旨确定为“内圣外王”，我希望同学们能够以正直、善良、进取、坚韧、乐观、宽容、和谐和成功八个词为核心内涵，作为人生的最高追求。同时，作为学生，还有一个重要任务就是学习，需要趁自己年轻时不断地充实自己，明白在什么时间里该做什么事，只有“惜时善学”，才能实现人生理想。最终我们把“内圣外王，惜时善学”作为治班理念。围绕班级理念，我们还有理念外的东西，那就是班徽的设计、班歌的填写与班规的制定。

（三）班级环境的布置

苏联教育家苏霍姆林斯基曾经说过：“要让每堵墙都说话。”班级的布置，不只是为了应付学校的检查，它应该是学生自主发展的阵地，是学生展示自己聪明才智、分享成功的喜悦和呈现成长轨迹的地方。为此，我布置学生以学习小组为单位（四人一组，以成绩最优秀者为组长，组员大体固定不变）来构思如何布置教室的环境，充分调动学生的积极性，发扬主人翁精神，群策群力，让每一个同学都参与进来。教室后面的黑板报每两周换一次，小组去设计去找资料，每次黑板报照相留底，每学期评比一次。在教室后面的黑板报上面贴上“养浩然正气，做更好自己”的标语（我们班的口号）。黑板报的内容，可以是励志故事，学生对学习生活的独特感受，日记、优秀练习册甚至是书画作品，还可以是班级各种活动的精彩瞬间，其中80%的内容是在班级中发生的，一切均是正面的。

至于教室两侧的墙壁，既可以写同学的名句，也可以写老师的心得，总之让每个学生都有值得骄傲的东西展示出来，以提升其信心。长此以往，人人超越自我，则全班都会向上提升一个档次，一旦正气养成，良好的班风学风必将形成。

（四）班级制度建设

自由与民主是人类社会的终极追求。但是任何民主与自由都是有条件的，无限度的自由只能使大家都不自由。为此，制定适当的班规是班级建设中必不可少的内容。班规的制定应有学生的共同参与，当确定要成为怎样的班级后，大家就商讨为了这样的集体我们应该遵守什么样的规则。在充分讨论和借鉴他班班规的基础上进行修改，制定出适合我们的学校实际，适合我班实行的班规。于是九江中学2010届8班班规横空出世。

我们的班团干部全由学生毛遂自荐通过竞争产生，班委会与团委会进一步分配具体任务到人头。同时让每位学生都参与到管理中来。定期开展班团干部培训，使其在管理班级事务中更得心应手。

（五）主题活动安排

主题活动是提升学生修养最重要的一环，是实施学生思想教育活动的主阵地，其主要场地在教室、校内。主要时间在星期二下午第8节的班会课。我们班级对学生的思想教育是成系列的。绝不是“头痛医头，脚痛医脚”，也不存在跟学生斗智斗勇的问题。主题的确立以合格公民素质、国家对人才培养的要求、班级理念、学生思想年龄特点、生活环境、思想走向等等为准则。为此，我们根据本班实际制定出了本班主题活动的“两串珍珠”，以班级培养目标“内圣外王”（需要提高的方面）为主线，以学生生活中存在的问题为副线。线上的“珍珠”是每次活动的主题。它们共同构成两条璀璨的“珍珠项链”。

当然，整个活动的“珠子”由班主任与全体同学一起讨论得出，并且由学生先分小组设计制订活动方案，主动搜集资料，排练节目，再由全班共同确定实施。

在主题活动中，大家要能够主动呈现自己的成长经历，活动结束后写周记或者作文，以避免班会课结束就没有下文的情况出现。还需要有后续活动让体验升华，比如在期中或者期末设置相关的评比项目。而且每一次都让同学们反思该次主题活动，并且提炼新的主题，甚至可以在前面活动的基础上再生出新的活动来。

（六）个别交流

教育的主阵地是在班会课上，在主题活动中。但是，选择好适当的教育契机，也会是对学生的最好教育，而且往往会事半功倍。其中的面谈即是不错的选择。开学之初，发放调查问卷，收集学生信息，如性格、爱好、主要优缺点、学习目标、人生理想、心中楷模、自我评价等。我要求自己在20天内与全班57名学生面谈，全面了解其家庭情况、学习状态和思想走向。因为只有全面了解了学生才能因材施教，也才能更好地制定班级目标，并且顺利实施。而平时留心观察学生的动态，这也是班主任的必修课。如学生精神不振，或是思想游离等均是切入教育的最佳角度。每次大考后，更应该与学习后退的学生进行当面交流，以帮助其解除思想压力，分析得失，改进学习方法。

（七）潜移默化

一个只会口头教育学生要有正气、要宽容，而其本身却不具备这些品格的教师是不可能教育好学生的。言传不可少，身教更重要。为此，班主任平时要加强学习和修养，不断提高自己的内在修为，在生活中做个好人，做个善良的人，做个顶天立地的人，以自己的一言一行对学生进行润物细无声的感化。只有这样才能真正带好一个班级，提升学生的生命质量。

六、特色化的研究内容

（一）拟重点尝试的创新举措

（1）以蕴含古今品德修养之“内圣外主，惜时善学”为班级理念，打造全新的班级，让我班的学生走出去跟别的班级的学生不一样。

（2）培养全体学生策划、主持主题班会的能力。

（3）以学生的自我教育为主要教育形式。

（二）拟重点研究的学生

本班一共分14个基本学习小组，外加一个跨班特别学习小组，共15个小组。基本学习小组为每组四人，以成绩最优秀者为组长，主持日常的学习、主题班会设计和黑板报的设计书写，学期开始有方案，学期中途有反思，学期结束有总结，四人互助互进。特别学习小组由本班7人和邻班5人共12名成绩最优秀的学生组成，主要活动时间在周末的下午3点至5点，活动内容是前一个半小时自主学习，后半小时集体研讨，进行思想碰撞，解决疑难问题，从而达到“磨砺刀锋”的目的。

个人问卷调查

姓名　　　　　　　　　　　　　　学号

请你如实回答本问卷，因为这是为了营造一个良好的学习与生活环境，为了建设一个优秀班集体，为了能制定有利于你的发展的班级规章制度而设计的。你的所有信息老师都将为你保密，请放心如实填写。

1. 家庭背景（家庭成员如父母的生日、工作单位、工作情况、性格、喜好、最骄傲的事情、最担心的事情、身体健康情况——有无病痛）

2. 个人经历（出生日期、生长环境、某年某月最让你开心的事情、某年某月最让你难过的事情）

3. 身体状况（身高、体重、是否患有疾病、什么情况下身体会不适）

4. 个性特征（比较内向或者外向，比较冷静还是冲动，心直口快还是隐而不发，疾恶如仇或者淡然处之；有不开心的事情自己怎么解决——告诉朋友、写日记、闷在心里难受好久后再慢慢消化或者很快就雨过天晴；最讨厌自己什么；最想克服什么缺点）

5. 个人喜好（人生信念是什么，最喜欢什么人或者什么事，最讨厌什么人或者什么事，希望与什么样的人交朋友，心中的偶像是谁及为什么，有哪些特

长、人缘怎么样，曾经给自己帮助最大的人是谁或是什么事，哪位老师让你终生难忘，为什么）

6. 学习态度（为了祖国、自己的美好前程还是为了父母的面子读书；听课或者完成作业的专注程度如何——是尽力而为还是竭尽全力）

7. 习惯特点（自我控制能力怎么样，做事有没有毅力，能够克制诱惑的程度，比较勤奋还是懒惰）

8. 希望自己能够生活在一个什么样的班集体里（班风好坏无所谓，班级环境无所谓，最好能够有什么样的老师，最好能够与什么样的同学一起学习生活）

9. 我的情况总体怎么样，希望自己可以在哪些方面做得更好（品行、个性、学习、生活习惯、自律，理想是什么，最想考哪所大学）

10. 我能够为班集体的建设做些什么有益的事情（纪律、学习、生活以及人际关系）

班级工作计划

第一学月

一、确立班级建设目标

（一）终极目标——立有为志，做自为人，内圣外王

以“内圣外王”作为我们修身干事业的最高追求。对内修身，努力做一个“仁人”、“君子”；对外与人和睦相处，宽容、诚信、自制、建功立业。学习上不仅需要珍惜时间，还需要不断总结学习方法，善于学习，方能实现人生理想。有了理想再脚踏实地，一步一个脚印，就一定能够走出属于自己的路来。

（二）近中期目标

改变学生的不良习惯，营造浓郁的班级文化氛围，不断提升学生的修养与学业成绩，使每一个学生走出班级，走出学校都特别有修养，有气质。

二、本月目标

做最好的自己，建最优秀的班级，力争获得优秀文明班。

三、具体措施

（1）提出讨论并且确立班级建设目标。

（2）成立班委会（以毛遂自荐的方式产生）并且进行第一次培训。

（3）全体同学出谋划策，如何才能实现班级目标。

①加强学习，自觉提高认识。

②从小事做起，从我做起。

③制定具体班规，细化日常规范，养成良好习惯。

④记录全班成长过程（班级日志、相片、其他文字材料以及制定并且填好学生信息采集表）。

（4）黑板报内容：黑夜中的明灯——关于理想。

（5）主题班会。

①我们共同播种。

②班干部的选拔。

③“内圣外王，惜时善学”。

④讨论班级目标的设定以及班徽、班歌和班服的设计。

后记：学生思想初步走入正轨，获得了“优秀文明班”的称号，良好的班风、学风正在逐渐形成，同学们基本做到了有礼貌有修养，既有积极向上的风气，又不缺乏灵气与活泼，科任教师反映上课感觉很好。

第二学月

一、本月目标

继续争取优秀文明班，正确认识自己、悦纳自己、超越自己。

二、具体措施

（1）总结上学月得失，召开班干部扩大会议（班委、团委、科代表、舍长），对干部进行再培训。

（2）分别召开男女生会议。

①女生会议。

主持人为班长与语文课代表。

主要内容：

第一，肯定女生上学月为班级所作的贡献；

第二，列举女生的优势（讨论并且发言）；

第三，列举女生的不足（讨论并且发言）；

第四，女生在学习上与生活中应该注意的事项；

第五，班主任寄语：学习、生活、社交、安全、恋爱以及人际关系，特别要自尊自爱，保护好自己。

②男生会议。

主持人为副班长和副团支书。

主要内容：

第一，肯定男生上学月为班级所作的贡献；

第二，列举男生的优势（讨论并且发言）；

第三，列举男生的不足之处（讨论并且发言）；

第四，男生在学习上与生活中应该注意的事项；

第五，班主任寄语：学习、生活、社交、安全、恋爱以及人际关系，尤其要有阳刚之美，要在生活中敢于承担责任。

（3）月考经验总结。

一分耕耘必有一分收获。大力表彰成绩进步的同学和前10名的同学。

（4）黑板报内容：爱自己与爱集体、爱国家。

（5）主题班会。

①“认识自己”；

②“它山之石——月考经验总结”；

③“班级荣辱，我的责任”；

④“悦纳自己”。

后记：实现了班级目标，各项指标均按预定的方向在发展。第一次月考获得极大成功，全级10个理科平行班中，前10名我们班就有5人，其他的名次都靠前，同学们很有信心。

第三学月

一、本月目标

保持优秀文明班，借校运会之东风增强班级凝聚力，培养善良的品行，学会超越自己。筹备好家长会。

二、具体措施

（1）总结期中考试的得失，召开班干部扩大会议（班委、团委、科代表、舍长），研讨具体措施。

（2）组织并且召开“特别学习小组”会议。

①组织目的。组织部分成绩最优秀的同学利用课余时间，在一个相对安静的处所，先自学后讨论，希望通过他们的独立思考和思维碰撞，能够攻克学习上的难关，能够解决高考题中最后的几道难题，最终打造学习上的尖子，培养重点大学的后备军。

②组织形式。以7、8两个班前5名左右的同学（7班5名、8班7名）为小

组，以金帅为组长，每科（数理化）选一个科代表。

（3）全情投入学校运动会。

通过运动会，增强班级凝聚力，加强同学之间的紧密关系，同时赛出气势，赛出水平。

①我们 8 班的口号：安全第一，友谊第二，成绩第三；做文明观众，为 8 班争光。

②打出我们的班徽，拉出我们的班旗。

③纪律要求：

第一，所有同学原则上必须在本班大本营里驻扎待命，不得离开到运动区 20 米外的地方，不得去打篮球和到奇山上玩。

第二，不得在任何危及人身安全的运动区内走动闲逛等。

第三，每场赛事都需要本人签到和签离，不得迟到、早退、缺席等。

第四，有缺席或没有搞清洁的同学，一经查处，要严格按班规处理。搞清洁的同学可以提前 10 分钟离场搞清洁，同时要在每场赛事开始前 10 分钟搞好卫生工作；具体清洁人员见附表。

第五，在大本营里每位同学必须把垃圾放在塑料胶袋里，不得随处乱扔，非运动员至少写 20 ~50 字的宣传报道一篇。

④分工：总负责人为班长林颖秋、书记王映雪。

清洁组成员：区机安为总负责人，包括晚会后的清洁工作。

宣传组成员：陈宝仪为总负责人。

救护组成员（保姆组）：陈文意为总负责人，负责每位运动员的赛前、赛中和赛后的工作。

考勤组成员：潘马林为总负责人，负责每场的考勤。

啦啦队成员：为所有 8 班的同学，包括当场没有赛程的同学。

说明：每位中长跑运动员赛前需有两位同学跟随做好准备工作，并且做好保护工作。

（4）黑板报内容：阳光心态成就有为人生。

（5）主题班会。

①“人不善良，行而不远”；

②认识悦纳他人（写出同桌与老师的 6 个优点）；

③“超越自己，逆风飞扬”——解决半期考试失利后的心理问题；

④评选半期以来的“班级之星”。

（6）筹备好家长会。

后记：继续保持了“先进文明班”的称号，班风不错，学风挺浓。但是期中考试遭遇滑铁卢，全级10个理科平行班，前10名我们班仅3人，总成绩也有所下降。尽管起伏波动属于正常，可是这对同学们打击很大，所以就有了“逆风飞扬”的班会课，希望大家一起找原因、想办法、鼓干劲，重新起飞。

同学们的素质在提高之中，能够非常正面地评价我们的老师，在期中考试后的学校调查问卷里，本班所有科任教师都是100%的满意率，班主任的满意率也达到97.5%。

家长会成功召开，57名同学来了63位家长，甚至有一位同学的爸爸双腿残疾还开着残疾人车来参加会议，令人感动。会上发了200多张奖状，家长们特别高兴。

第四学月

一、本月目标

保持优秀文明班，把修养体现在日常生活之中，力争人人优秀。

二、具体措施

（1）进一步完善班级制度。

（2）班干部培训会议。

①全面总结前一段时间以来的工作；

②为目前存在的问题想办法；

③继续加强自我思想修养和建设。

（3）参加学校艺术节。

（4）黑板报内容：“自信是成功的秘诀”。

（5）主题班会。

①“心如规矩，志如尺衡，平静如水，正直如绳”；

②“细节体现教养”；

③“此心安处是吾家”——学习心态与学法指导。

（6）召开好家长会，每位同学都以优异的成绩向爸爸妈妈汇报。

后记：目标已经完成，班风、学风继续向好，同学们的修养有很大的提高。特别是男生宿舍，宿舍清洁与午、晚睡纪律可以免检，大家都为这进步感到十分开心。参加学校艺术节的节目获得如潮掌声。黑板报效果极好，体现了集体智慧，培养了动脑动手能力。

第五学月

一、本月目标

继续保持优秀文明班，通过评选各类先进和班级之星，促使同学们做最好的自己，为以后的发展打下坚实的基础。

二、具体措施

（1）评选各类先进和班级之星。

除了按照学校政教处的规定评选校级先进外，本班还按照“九江中学高二8班班级之星评选方案”分22项进行自评和他评。只要有优点，无论哪一方面都可以自我申报，经过同学们和班主任及科任老师的再评比，再经过公示确定所评学生名单，目的是激励所有学生积极向上。

（2）完善期末各种表格、自我评价与评他工作，并填写“成长的岁月”表格。

（3）继续做好常规工作（午睡、晚睡纪律，清洁卫生）。

（4）黑板报内容：钢笔字展示。

（5）主题班会。

①反思总结自我（自评与评他）；

②考前动员（诚信答题、答题规范与技巧指导）。

后记：一个学期过去了，从班级的整体情况来看，我们班没有出“次品”，更没有出“废品”。同学们的精神状态非常好，特别是对自己的满意度很高，大家都充满了自信。同学们在思想品德提升的同时，自律性更强了，学习成绩也在稳步提高。整个学期学校的文明班评比中，每个月都能够评为优秀；期末总成绩也排在全级第一，尖子学生超过预定目标的50%。

第五编

且行复且求

班主任工作中的创新思维

——拿来主义

在班主任工作中，有的同行会觉得创新艰难，我也曾经有过这样的困惑，特别是认真研读了一些班主任名家的作品之后，总认为那是别人已经使用过的一些理念、方法与技巧，再难创新了。其实，将别人已经有的想法重新加以组合就会诞生一个新的事物，产生一种新的思维方式，这也是一种创新。

中华儿女自称是龙的传人，“龙”成了中华民族的象征，成了凝聚炎黄子孙精神的图腾。龙是我国古代传说中的神异动物，身体长鳞、有角、有脚、能走、能飞、能游泳、能兴云降雨。古人对多数自然现象无法做出合理解释，于是便希望自己民族的图腾具备风雨雷电那样的力量，群山那样的雄姿，像鱼一样能在水中游弋，像鸟一样可以在天空飞翔。因此许多动物的特点都集中在龙身上，龙渐渐成了具有骆头、蛇脖、鹿角、龟眼、鱼鳞、虎掌、鹰爪、牛耳的样子。这种复合结构，意味着龙是万兽之首，万能之神，取各家之精华。龙是伟大的，因为它得到了所有炎黄子孙的尊敬；龙又是虚无的，因为它只是一种精神，而不是一种物质。它具有其他动物的一些特征，却决然不是其中某种动物。这种通过组合创造出来的新东西就是创新。

奥地利经济学家和社会学家熊彼得在1912年出版的书中首先提出了“创新理论”。他认为，创新是指企业家对生产要素的重新组合。那么，我认为，班主任工作中的创新就是把凡是有利于教育学生的诸多因素都调动、组合起来。

在企业中，最典型的创新例子莫过于微软公司了。微软是IT业中的执牛耳者，然而据权威人士研究，他们基本上没有自己公司发明的东西，而是将苹果以及IBM等公司发明的东西巧妙地组合起来，放入自己的软件系统中。比如网景浏览器问世不久，微软便将其技术吸纳，只不过另外取了一个“MSN Expplorer”的名字；莲花公司推出的Lotus1－2－3电子表格软件，同样也是不知道何时成了微软Excel中的一部分。另外，莲花开发的一款用于演示的商业软件Freelance最后也不知何时变成了微软发售的简装版Power Point，现在它已经成为同类软件中的参照标准。

是的，不管是谁酿的酒，只要能够解我的愁就行；不管是谁唱的歌，只要能够抒我的情就好；不管是谁想的办法，只要能够解决我的问题就好。对于班级教育和班级管理来讲，道理是一样的，那些方式方法不管是谁发明的，也不管是谁用过的，只要能够达到我的教育目的，解决我的学生的实际问题就行。

班主任工作中的创新就是把中外现当代名家的教育思想和教育方法拿过来，再结合自己班的实际重新组合，只要能够提升班级学生的思想素养，提升其道德水平，把学习搞好，在每一阶段做好该做的事情，就是创新。

难道不是吗？魏书生先生的“民主”与“科学”，不就是当年“五四运动”的两面旗帜吗？早在100年前我国伟大的教育家陶行知先生就提出了“健康、劳动、民主、艺术、科学”五大教育理念。但是魏老师把“民主”与“科学”拿了过来，结合自己班学生的实际，解决了教育的问题，同时让自己成为了中国当代最伟大的教育家之一。他遇事与学生商量这“民主”法子好吧，拿过来；李镇西的班级管理以学生为主体挺好吧，拿过来；任小艾“拆鸳鸯”的办法也不错吧，拿过来；万玮的某个兵法也不错吧，拿过来。重要的是，一定要把他人的优秀成果与自己的实际结合起来。当然，如果完全照搬他们的那些治班技巧，则可能会水土不服。就像当年我们照搬苏联的革命模式一样，可能会吃大亏，只有把马克思列宁主义同中国的实际相结合才能取得革命的胜利，而这，正是另外一种创新——毛泽东思想。当我们把前人的思考方式、解决问题的思路把握好了，再结合自己的实际，在原有模式的基础上进行创新，就一定能够走出自己的路来，此可谓“穿他人的鞋走自己的路。”

在我们班上就有一个实例。面对高三巨大的学习压力，同学们恨不得把一天当成两天使，几乎没有了任何的娱乐休闲时间，也没有了锻炼身体的时间。古人就说得好，文武之道一张一弛。要提高学习效率，就应该把学习和锻炼有机地结合起来。毛泽东同志早就说过“身体是革命的本钱”。因此，这样长期下去是不行的，身体受不了，怎么办？魏书生老师增强学生体质的办法，就是组织学生跑步，多好啊。同学们知道了魏老师的做法之后也都说好，那么我们就学习他的做法吧，拿过来吧。

但是问题出来了，学生的时间的确很紧，很不好安排，下午近5点钟下课，6点又得回到教室。还因为广东的天气一年四季都阳光灿烂，热情非凡，而广东人的习惯是必须天天洗澡（这里叫冲凉）。于是在这一个来小时的时间里，同学们要吃饭，洗澡，洗衣服，时间根本不够。更让人头疼的是，每个宿舍10个人，一人用10分钟洗澡也要一个多小时呢，还怎么跑步？没有关系，不是有李镇西的以学生为主体的方法么，看看他怎么办，让学生们来解决这个难题。

后来大家公推一个同学来主持，梁广聪同学自愿地站出来了。他在归纳了大家的意见，分析了各种利弊后，发动全班举手表决。最终，全班同意在晚自习第一节课下课后去跑步的人数远远超过了要求下午放学后去跑步的人数，按照少数服从多数原则，事情就这么定了。于是在九江中学的大操场上有了一个班晚上跑步的独特风景。

当然，这其中解决的最主要问题是需要所有的同学统一思想，达成共识，在具体操作的时候需要特殊情况特殊处理。比如，有一位男同学说，老师，我不能跑，连体育课都不能上，因为一动就皮肤发痒。经过医生证明、体育老师证实，大家就说免了。至于个别女生有特殊情况，给班长写个假条就可以了。

于是乎魏书生老师的办法与我们班的实际相结合，就解决了一大难题。

当然了，拿来主义最忌讳的是生搬硬套、机械模仿。我们要拿来的是教育理念，是思路。如果只是照搬照抄，是解决不了自己的问题的，甚至会怀疑前人的做法，这就是许许多多班主任说全国只有一个魏书生，而他的办法好像是学不来的原因了。

班主任工作中运用“拿来主义”的精髓就是“活用”。

甩手班主任的智慧

有人羡慕魏书生老师一年365天有三分之二的时间在外面讲学，自己做个甩手班主任，他的学生还是那样乖，成绩还是那样好。其实普通老师要做甩手班主任也是可以的，关键在于你怎么想怎么做。

一、难点：突破“保姆情结”

做个甩手班主任的确是一件舒心的事情，你可以有更多的时间去充电学习，有点闲心去思考如何把一个班级搞得更好，甚至有点时间去锻炼身体。在中国，像魏书生老师那样的班主任虽然不多，但也还是有的；虽然不像他那样甩得潇洒甩得彻底，但是只要用心去做，一样可以做个洒脱的班主任。

班主任在班级管理中常常感到困惑的是：想做甩手班主任，可是真的甩手了，却又问题不断，只好做个“全职保姆”；做个“全职保姆”又的确很辛苦很烦人。不少老师都曾经有过这样的体会：自己整天待在班里学生就很听话，自己一旦离开班上就炸开了锅，乱哄哄的；一有人经过就总会有同学“嘘”的一声马上安静下来了，那路人一过又照样“听取蛙声一片”。现在的独生子女越来越多，思想越来越开放，民主意识空前地浓厚，学生们越来越难教是许多班主任的共识，学生不乖，就只好待在班上，安心做个“全职保姆”。

其实只满足于管好学生，做个好“保姆”，把学生的一言一行都“管”起来，只会更加辛苦且得不偿失。抛弃“保姆情结”，做个研究型的班主任已经成为当今的主流。只要我们善于运用自己的智慧，找到问题的症结，运用恰当的教育手段，做个甩手班主任就不难。

二、境界：班主任风格决定甩手内涵

班主任是一个班级最高最直接的教育管理者，而甩手班主任在别人看来是什么事情也不操心，什么事情也不管，轻松自在的。

当然，这样的班主任分两种，一种是学生的思想工作做得到位，班干部得力，班级措施清晰而明确，不管而管，“无为而治”，“无为而无不为”，班级一样优秀；一种是不负责任，什么事情也不过问，一切交给班干部，让他们去管，一切“顺其自然”。后者一旦有违纪事件出现就会暴跳如雷或者大骂一通，甚至采取一些过激的处罚手段，其结果将是乱糟糟一团，“班不成班”，最终成为一个烂班。

一个成功的班主任本来就不仅仅是一个管理者，从改革教育方向、学校发展趋势以及班级教育情形看，“新型班级，不仅仅体现为班级管理、班级活动，更体现为班级文化，尤其是班级文化对学生精神生活的引领”。班主任更重要的角色是教育者。对于班级建设，往往是经过深思熟虑，有了一整套明确的班级建设战略，逐渐形成独特的班级文化风格，这样的班级班风好，学风浓，学生们积极向上，个个有修养，人人讲正气，从管理上看井然有序，看似甩手不管，实际是高度管理，是教育管理艺术化的结果。

所以，真正敢于和善于甩手的班主任不是不负责任，也不是力不从心，更不是无力为之，而是寓教于管，寓管于不管，这是最高层次的管理。

老子在《道德经》中就把领导者分成四个等级：“太上，不知有之。其次亲而誉之，其次畏之，其次侮之。”不同层次的班主任其甩手的真正含义和境界是大不相同的。

最高层次的班主任是让学生“不知有之”。在这样的班主任的教育管理下，学生们都会不断加强自身的修养，养浩然正气，自立自为，做最好的自己，会自觉遵守校级班规，有条不紊地做事情，“事事有人做，人人有事做”，却又并不感觉到班主任的刻意管理，甚至感觉不到班主任的存在。学生在校学习生活不是为了老师，而是专注于自身。如此，哪怕班主任像魏书生老师那样外出几个月，班上仍然会正常运转，不用愁学生出问题，似乎有没有班主任关系不大。

次一等的是“亲而誉之”。因为他（她）的教育与管理，班集体会非常的优秀，学生会给这一类的班主任带来赞誉，学生也希望与他（她）多亲近。当然这是师生之间达到双向沟通的基本条件，因为“亲其师则信其道”。有效的沟通会使这个班集体不断进步，并向更高的理想迈进。

再次一等的是“畏之”。有的班主任常常陶醉在学生“怕我”的情绪之中，很多学生“一见我就躲”，使学生们不敢干坏事或者不敢当面干坏事。这样的班级只能按部就班地做事，机械地执行班主任的命令，班级没有民主，团队缺乏活力，氛围沉闷，学生的个性难以张扬，最终可能没有什么太大的发展。

最低等次的是“侮之”。这种情况下学生丝毫不尊重班主任，从来不把班主任的话当回事，还会经常在背后讥笑谩骂班主任，说尽老师的坏话。结果师生关系对立，甚至很紧张。班级无正气，歪风邪气盛行，一个烂班就从此诞生了，这样，班主任无可奈何之下就只好听之任之，做个彻底的“甩手”班主任，一直拖到毕业了事了。

三、策略：引领熏陶学生，让健康的东西充溢于学生的大脑

一块菜地，如果你不种上菜就可能长满杂草。有个哲人曾说：“一个人的思想领域如果不被阳光照耀就可能被黑暗填满。”而教育“最根本的任务是通过教育促进人的全面发展”，“切实为孩子们的精神生命发展负责”。当今社会信息传播异常迅速，“大浪淘沙，泥沙俱下”，班主任老师应该对学生善加引导，用智慧的力量吸引学生追求更高的精神境界，组织学生开展通向更高境界的教育活动，从而丰富、提升学生的精神境界。而只要学生能够跟着健康的思想走，在班主任的教育下注重品德的修养，心存善良，能够宽容他人，与人和谐相处，明白自己肩上的责任，就不会去调皮捣蛋，我们就可以做一个真正意义上的甩手班主任了。

因此，要当甩手班主任，重要的前提是班主任能够发自内心的去爱学生，关注他们的成长需要，做事民主，充分做好学生的思想工作，潜移默化地熏陶他们，假以时日就能够达到魏书生、高金英等老师那样放手让学生去自主管理的境界了，不管自己在哪儿都很放心。这正是所谓的那种最高层次的班主任了。

四、保障：做好甩手前的准备

的确，像魏书生老师一年长时间在外面讲学，而学生仍然很优秀的情况确实令人羡慕，然而看似魏老师很少去管学生，但他还是那个班的班主任。我想，他在甩手之前一定做了不少深入细致的工作，他对学生的影响力已经深入到了学生的内心。而对于那些真正希望做甩手班主任的人来说，怎样甩得洒脱，甩得安心，确实需要认真思考和对待。毕竟做甩手班主任的确很省心，很具诱惑力。

要真正做个甩手班主任也不是一朝一夕就能够实现的，它需要做许多的准备，只有把准备工作做足了，才能潇洒地“甩开手”来。

（一）走进孩子们的内心世界

陶行知先生说过“真教育是心心相印的活动。唯独从心里发出来的，才能打到心里去”，“离开了情感，一切教育都无从谈起”。在李镇西看来，情感的投入是做好班主任必不可少的要素。在教师培训中，人们谈得最多的是爱心，做个好班主任爱心当然不能缺，但是只有这种如高尔基说过的“连母鸡也会”的爱是远远不够的，我们需要爱的艺术，爱的技巧。对于学生来说，他们需要班主任的

理解，需要班主任站在他们的角度去想问题，走进孩子们的内心世界，理解他们特有的想法，就能够发现他们的潜在创造力，进而顺其势导之，则一切问题都将不称其为问题了。

(二) 班级文化的建设

班级文化是一个班级的灵魂，它因班主任的思想、治班理念的不同而为每个班级所特有。它具有向心的功能，也具有自我调节、自我约束的功能。班级文化涉及与班级有关的各类人群关系，既包括我们以往比较关注的学生与学生之间的关系、师生之间的关系，也包括我们容易忽略的教师之间以及教师与家长之间的关系。而最主要的还是针对班级和学生思想的建设。班级文化既指摸得着、看得见的环境文化，也就是物质文化，比如教室墙壁上的名言警句，教室后面定期出版的黑板报，摆放整齐的桌椅，擦拭干净的讲台，展示学生书画艺术作品的书画长廊，悬挂在教室前面的班训、班徽的醒目标语和图案等这些外显的东西。苏霍姆林斯基曾经说过："要使教室的每一面墙壁都具有教育的作用。"对于教育而言，一切都可以成为有利的素材，有效运用空间资源，创造具有教育性、开放性、生动性且安全性的"硬文化"环境，对于陶冶学生的情操，激活学生的思维，增进师生的情感有着积极的作用。而这些重在突出班级的显性特点。班级文化又指一种"隐性文化"，包括观念文化、制度文化等内在的东西。观念文化是关于班级奋斗目标、学生道德修养、对世界和社会的认识等观念，这些观念弥漫在班级的各个角落，潜移默化地影响着学生；制度文化包括各种班级规约所构成的一个制度文化、法制文化环境。只有观念文化的建设是不够的，以"德"治班的同时还需要以"法"治班。班级文化建设好了，做甩手班主任就成功了一大半。

(三) 主题班会的系列化

主题班会是对学生进行大面积、全方位和立体化教育的主要阵地，忽略了它就无从谈及班级文化的建设，更无从谈做真正的甩手班主任了。要建设一支什么样的班级队伍，除了要对班级进行早期的规划之外，更需要具体落实，需要对学生的思想进行系列化的教育。这就要求班主任针对自己班上学生的年龄特征、心理特征，针对本班班级文化建设的总要求去安排班会课，有计划地塑造学生的灵魂。而不是脚踩西瓜皮，滑到哪里是哪里，想起什么就在班会课上说什么。它应该是一个系列化的安排，一个循序渐进的教育过程。

(四) 学生的个别谈心

经过大量的思想教育，尽管班级风气总体尚好，但是由于学生家庭背景、所受教育、个性特征等的不同，要想使所有的学生迈出同样的步子也是不现实的。任何一个班都会有少数学生一时半刻跟不上节奏，这就需要班主任老师善于观察，发现问题，进而与学生进行个别交谈，给他们“开一开小灶，补一补身子”，使其能够早日跟上班集体前行的步伐。

（五）班主任自身素质的提高

由于21世纪对人才素质的要求在提高，因此，“我们的教育工作者必须树立超前意识、未来意识，认识到我们培养的学生在德、智、体等方面的发展都比以往的时代有更高的要求”。既然时代对人才有如此的要求，那么做班主任的如果还跟不上形势，就不可能培养出高素质的人才来。难以想象一个知识陈旧、观念落伍、修养不佳的班主任能够带好一个班级，当然也就根本谈不上做甩手班主任了。况且，身教重于言传，如果班主任懂得最前沿的知识，不断更新观念，具有一颗善良慈悲之心，能够宽容别人，自信乐观，积极进取，与人和谐相处，就绝没有教不出优秀学生的道理。学生素质高了，就可以放心做甩手班主任了。

（六）做好甩手后的监管工作

前面的工作做好了，当然就可以到全国全世界去讲学了（如果有可能的话），只是还得不时地关注班级的发展，对班级进行宏观的调控，掌握大的方向，而不是说从此就真正地撒手不管，“与我毫不相干”了。

中国古代哲学家老子的学术精华就是“无为而无不为”，看起来很玄，实际上是告诉我们，做事到了一定境界，就能够放手让下面的人去发挥，一切都能按照它的规律运行，自然而然地把事情做好。如果我们能够成为真正意义上的甩手班主任，就意味着学生的自我管理、自我教育很到位，这就是班级教育管理的最高境界了。班主任完全可以从繁重的班级事务中解脱出来，学生也能够自主学习、自我提高和自我成长，为学生的终身发展奠定坚实的基础。相信在这样的教育管理方式之下，他们能够在以后的日子里变得更独立，精神、生活质量能够提升到更高的层次，从而过上幸福的生活。

充分利用一切教育资源

在学校饭堂吃饭时，几个班主任坐在一起，寒暄过“今日天气……”之后，照例是三句不离本行，不少老师常常笑谈自己黔驴技穷矣，认为现在的学生不好教，所采取的教育手段确实也十分有限。不得不承认，90后的学生比起80后、70后的孩子们，所处的时代环境确实有了几乎是天翻地覆的变化，他们思维活跃，个性突出，知识面广，有些学生懂得的东西甚至比老师还多。如果我们的教育方式还是那么单一，教育的内容还是那么枯燥乏味，学生们就可能不听你的。倘若在班主任工作中，能够尽可能地利用一切教育资源来为我服务，尝试多种教育方式方法，那么，做起学生的思想工作来一样可以得心应手，左右逢源。

教育资源就是指一切对教育有用的信息、物质和人力。有效地利用教育资源，不仅对教师的观念是个挑战，对教师的能力也是个挑战。社会在不断进步，经济在不断发展，学校、家庭和社会各类教育资源越来越丰富，这大大增加了教师的选择余地和选择机会。

利用好了各类教育资源，就能够使课堂更生动、更活泼且更能激发学生的学习兴趣，这对引领学生健康成长，促进学生全面发展都将起到重要的作用。

一、成长的温床——家庭教育资源的利用

西方教育家认为，一个人7岁以前形成一生成熟度的80%。父母是孩子的第一任老师，根据专家的研究，在孩子的成长过程中，70%的孩子的性格养成都是受父母的影响，甚至在他们整个人生中都不同程度地带有父母的影子。尤其是那些人生路走偏了的人，无不是受到父母负面影响的结果。

我们班主任常说，一个问题学生后面一定站着一位甚至几位问题家长，如果能够让家长少些问题或者没有问题，教育工作就好办多了。家长会就是一个非常好的沟通交流的平台，需要班主任能够充分利用好这个机会对学生的家长进行培训，让每位家长都做一名合格的家长，都明白怎样与孩子沟通，怎样才是真正的爱孩子，怎样在孩子面前做示范。“爱其子则为之计深远”，“舐犊之情”人皆有之，孩子的“第一任老师”做好了，以后的工作就不难了。只要老师真心为他们的孩子着想，家长们就一定会全力支持。

当然，也有不少家长在教育子女方面做得相当成功，我们可以挖掘家长中的教育资源。把他们请来，一方面让其他家长听听别人是怎样教育孩子，怎样与孩子沟通的；另一方面也让学生们听听父母的心声，了解父母的艰辛，明白知识的重要性。特别是学生家长中在事业上有相当成就的，可以请他们来讲讲知识对事业的重要性。总之，只要他们所从事的工作可以对学生起到很好的教育作用，我们就可以请他们回校讲座。由于家长的身份特殊，他们的话既可教育学生，又可以发展教育其他家长，再通过家长去影响学生，学生的成长环境就会逐步向好的方向发展。

因此，如果能够把学生成长的温床搭建好了，让每一个学生都有一位合格的贴身“教师”，班主任的工作就省事多了。

二、成才的摇篮——学校教育资源的利用

学校的教育资源是广泛的，可以说是俯拾皆是，它就在学生身边，利用起来相当方便，而且可以运用“自己人效应”，以达到更好的教育效果。我认为，学校绝对不缺少教育资源，只要班主任常留心，便会有所发现、有所收获。班主任一旦选择好了与德育内容相关的人力、物力资源并加以有效利用，就可以极大地增强教育效果。

首先，教材中的德育资料很重要。教材是孩子们学习的最好资料，尤其是文科教材，里面有大量的德育资料。这也是为什么文科教师特别是语文教师做班主任会比较占优势的道理。在新课标的三维目标中，文科更能够体现其“情感态度与价值观”目标。在平时的课堂教学中涉及人文内容时，应有意识地去培养学生的道德情操、学习方法和拼搏精神，向课文中的主人公学习，让学生们“见贤思齐焉”，则既可完成教学任务，又可达成了德育目标，一举两得，何乐不为？更何况既教书又育人是对教师最基本的要求，语文新课程标准也指出：“培养学生高尚的道德情操和健康的审美情趣，形成正确的价值观和积极的人生态度，是语文教学的重要内容，不应该把它们当做外在的附加任务。应该注重熏陶感染，潜移默化，把这些内容贯穿于日常的教学过程之中。”比如学习魏巍的《谁是最可爱的人》，可使学生了解志愿军战士爱祖国、爱人民的高尚品德和大无畏的革命英雄主义气概，同时受到爱国主义、国际主义教育，使他们深切感到今天的幸福生活来之不易；学习《生命的意义》，主人公保尔·柯察金在身体残疾、双目失明的情况下还以非凡的毅力坚持写作，可使同学们为实现理想而坚定自己的信念，理解生命的价值所在；学习《岳阳楼记》，不仅要让学生领略作者笔下八百里洞庭美丽壮观的景色，同时也要让他们铭记“先天下之忧而忧，后天下之乐而

乐”的名句，理解并且学习范仲淹那“以天下为己任”的宽阔胸怀等。有人说，语文教师是半个班主任，此言不虚。从教育的本质上讲，教书仅仅是其中的一小部分，主要的功能还在育人。

其次，科任老师的影响不可小视。对于学生来说，科任老师是除班主任外与他们接触最多的老师，其影响也是仅次于班主任的。因此，如果能够充分调动科任老师的教育力量，岂不就多了几个“班主任”？况且，班主任的任务之一就是协调各科老师共同完成教育教学目标。班主任平时应多与班上的科任老师联系，想方设法让他们去帮助自己做学生的思想工作。像我们班，就常常在每次考试之后请各科任老师小聚一下，既是对前期工作的总结，又可以对后面的工作提出看法与建议，更激发他们协助教育管理我们班的热情。因此，哪怕我外出学习十天八天，他们也能够帮助我留意班级状况。有通知要求，也会帮我传达，学生有什么急需解决的问题他们也会积极施以援手，甚至还帮忙上班会课。

在任何一个学校里，在教育与管理等方面都有相当多的很优秀的老师，如果能够请他们来为学生疏导、加油和鼓劲，班主任不就又能省不少事？比如，在刚刚进入高三时，我请了高一级的级长吴潇给我的学生做理科综合学习辅导与考试心理辅导。在距离高考还有160天的时候请了全国优秀青年班主任贾高见老师给学生们上班会课。他从紧张的复习时需要珍惜时间、目标坚定、学习专注等方面与学生进行了探讨。在距离高考50天时请对作文教学有独到研究的周玲老师为学生进一步厘清思路，美化文章。这些老师，均能从不同角度去唤醒学生的意识、潜能，对学生的修养、心智和学习的提升是不言而喻的。

再次，学校领导也是一大资源。我们学校的梁刚慧校长，在德育工作方面有着独到的研究和心得，在学生思想与修养的培养方面进行过长时间的探索，取得了显著的成绩。特别是在班主任的培训方面他更是全国知名的行家里手。梁校长在全国各地进行过几十次的演讲，是名副其实的教育专家。放着身边一位大教育家不请来给我的学生引导引导，岂不浪费？我们请他为同学做了一次讲座，于是同学们又享受到了一次精神盛宴。听完校长的讲座，不少同学在周记里写道：“校长的话让我经受了一次洗礼，对人生的前途看得更清楚了，我相信我的人生会很精彩的。”

我们学校的帅家游主任，教书20多年，不仅在教学上深有体会，而且在教育子女方面也非常成功。他女儿是全区排名第一的重点中学的学生，在广州一模考试时还徘徊在学校理科排名的100名左右，两个月后的高考，竟然上升到了前十名其成功的经验是一定要学习的。尤其是在离高考还剩下100天的时间里，请他来讲一讲不是也很鼓舞人心么？他的演讲，同学们听得很用心很专注，以至于下课后还有同学追到他的办公室去继续向他请教。

最后，在班主任工作中，我们还常常运用的一种教育方式就是“自己人效应”。而所谓的“自己人”，就是指对方把你与他归为同一类型的人。有时候说服别人按照你的建议去做，只是向他们提出好建议是远远不够的，而需要强化和发挥“自己人效应”，毕竟“自己人”所说的话更容易信赖、接受。这是因为你与对方缩短了心理距离，与之处于平等地位。那么在学校里，邀请其他年级，比如高年级的学生、毕业班的学生来给学生们演讲，就是充分利用“自己人效应”来实现有时班主任都难以企及的引导教化效果。

其实，每一所学校，都有容易被忽视的一个教育资源，那就是我们的后勤管理人员。他们的人生经验与感悟对学生的教育亦是不可小视的。于是，我请来了宿舍管理员钟老师，他本来说没有什么好讲的，可能就几分钟，我建议他说说自己教育子女的心得就可以了。没有想到他一说开了，就讲了差不多一节课。他自己讲得神采飞扬，学生也听得入神。学生们深深地为钟老师所感动，好长一段时间都处于一种积极亢奋的状态。后来，我还请了门卫詹师傅为同学们做讲座，学生们同样地兴奋、感叹。其实，请他们来给学生讲座，除了让学生从他们身上学习到人生经验从而有所收益之外，更是为了让学生尊重这些学校非教师的教育工作者，进而学会尊重每一个人。

学校还有一些特殊活动，也是对学生进行教育感化的良好时机。校运会、语言文化艺术节、成人典礼、献血活动、国庆节、五四青年节、对外教学开放日、校庆日以及我们九江中学的礼山学堂名人讲座等，只要能够善加利用这些资源，均能够起到启迪学生、提高学生道德素质、规范学生行为、培养学生良好习惯的作用。在这些活动中，学生通过积极参与，从中体验感悟出来的东西，比硬性灌输给他们的强得多。抓住每一个机会，善于捕捉身边的教育信息，就犹如佛家练功一样，只要心存一份念头，就有不竭的可用资源。

三、成功的舞台——社会教育资源的利用

社会是一个无限广阔的空间，社会上的教育资源也异常丰富。充分利用好社会资源，对加强学生思想教育，增强学生与社会的沟通联系，开阔学生的眼界，具有重要的意义。

对社会教育资源的利用可以采取“请进来、走出去”的方法。一方面把学校请回校的社会名流讲学用好。比如，我们学校每年都会请回成功的校友回来做讲座，以此来激励同学们刻苦学习，奋发向上。这些校友中有的是中科院院士，有的是国内外知名学者与企业家，他们往往在自己的事业领域里取得了不同凡响的成绩，是看得见、摸得着的学习榜样。

此外，还可以请最近一两年考上知名大学的学生回校演讲。这些已经毕业的学生们，因为对高中学习经历还记忆犹新，他们的经验与教训对学生的启发将更直接。比如，我们近两年的高考冠军还有考上重点学校的江启祥、陈聪恒、黄浩鑫、王映雪等同学，请他们回校跟同学们交流他们以前的和现在的学习状况，用鲜活的现实对学生形成强大的冲击力，激发其潜能，增强进取心。

至于走出去，可以是到家长所办的企业去参观访问，也可以是到其他社会机关团体去走访名人，甚至到社区去服务。特别是一些上进心不够强的学生，在看了那些处于社会最底层的打工人员的生活状态后，其心灵受到的震撼往往是我们老师或者家长耗费多少时间与精力都没有办法取得的效果。

假期虽然是以休息为主，但是如果能够让学生适当参与社会调查活动，充分关注社会、了解社会，扩大视野，增强社会活动能力，可以为他们以后融入社会打下坚实的基础。对于个别学生，如果没有人生目标，甚至可以与家长事先沟通，让其去打假期工，在打工的过程中去思考自己的前程，从而达到教育目的。

当然，信息社会中的网络资源我们也应该将其加以运用起来。网络中大量精彩的故事、图片与视频，可以去粗取精，去伪存真，把有用的素材直接下载下来，进行归类整理，形成自己的资料库，按需获取。

总之，只要我们能够充分利用学校、家庭和社会各种教育资源，形成立体的教育网络，增强教育合力，教育就能够真正落到实处，培养出适应现代社会需要的人才，培育出新世纪的“爱弥儿”。

风景这边独好

傍晚，在九江中学的大操场里，一群充满朝气的小伙子与姑娘们在一个充满活力的中年人的带领下，绕着400米的标准塑胶跑道在锻炼身体，尽管周围有其他爱好锻炼的高一、高二和高三的同学和教师家属投来了好奇的目光，他们仍然独得其乐，兴尽而返。这独特的风景就是我们高二8班全体师生在晚修时间的体育锻炼。

在当前大的教育背景下，同学们在高二下学期，其实就进入了准高三状态，同学们的学习时间相当紧迫，绝大多数同学除了吃饭和睡觉，其余时间差不多全用在学习上，甚至比有些高三同学的学习时间抓得还紧。而学校安排的锻炼身体的时间是不够的，只有两节体育课，早操又比较松散，活动量较低，难以消除学习上的紧张感。怎么办呢？如果任由学生这样你追我赶、争分夺秒地挤时间，到高三的最后阶段学生们的身体肯定会吃不消。甚至很多同学在午睡时间仍然好像比赛似的不愿放下书先去睡觉。

时间抓紧了，这或许是一件好事情，但是锻炼身体也不能被轻视。为了大家的健康，为了有更充沛的精力投入学习，我在班上发起了有关学习与锻炼身体的讨论。通过利弊分析，后来大家都能够认识到加强锻炼的重要性，也都能够顾全大局。于是在大家公推的同学主持下有了以下三个锻炼方案：

第一个方案是利用早操的时间去跑步，鉴于学校早操的活动量不够，由班主任去跟学校沟通，我们班自己解决早操问题。但有同学反映，操场已经有班级在做操，跑步会影响别的班级。于是有同学又提出，提前10分钟到操场，我们先跑完别人再做操就不会影响他人了，且每天由班主任带队。可是考虑到刚吃早餐去跑步对身体不好，于是多数人表示反对。

第二个方案是利用下午放学时间去跑步。然而，有同学提出了操场有较多班级在跑步，那个时段很难组织，并且冲凉时间很紧，每人只有10分钟，从5点到6点的休息时段里一个宿舍10个人不可能全部都能洗完澡，这会影响到晚修的学习。

第三个方案是利用晚修第一节下课的15分钟去操场跑步，一方面，那时操场活动的人少便于组织；另一方面，晚上有近4个小时的时间学习，若一点活动都没有，学习效率容易降低。尽管有同学提出跑出一身汗水也麻烦，马上就有同学补充，可以慢跑，到夏天还可以采用散步的形式。

最后把三个方案拿来反复比较，集体投票表决，最终决定通过第三种方案。虽然有同学还提出，星期一、四已经有体育课了，可以只在没有体育课的那些天的晚上去跑步。有同学马上就说，出去跑步的目的既是为了锻炼身体，也是为了提高晚上将近 4 个小时的学习效率，我们需要调节，于是再无异议。也正因为这个方案是大家共同决定的，所以实施起来就比较顺利，不少同学还在班集体的基础上自愿再去跑一圈甚至两圈。坚持一段时间后就有效果了，有同学跟我说，现在感觉上晚自习的时候精力更集中，记忆效果也更好了。我相信，这对提高全班的整体成绩大有裨益。

为了磨砺同学们的意志，只要天不下雨，哪怕寒风劲吹，我们也坚持跑步。到后来，同学都养成了跑步的习惯。同学在周记中写到："听到外面凄厉的寒风声，心想，这下子可能会冷死的，好希望不去跑步，以后补回来不就可以了嘛。可是一想到班主任王老师说的话'一次的放弃可能就是终身的放弃'，我就缩着脖子，揣着手去了。结果外面并没有想象中的那样冷，两圈下来都还想跑，可惜觉得手脚刚刚活动开就要上课了。一段时间之后，如果有一天下雨不能去跑步还不舒服呢，只好约上三五好友跑楼梯去。没有想到，这跑步不仅锻炼了我的身体，还磨砺了我的意志，真是一举两得。"

我在以前带的班上也曾号召学生们去跑步锻炼，可是应者寥寥，跑步时又懒懒散散，且不能持久。那是因为他们从内心深处就没有认识到为了自己的身体，为了自己的学习状态去锻炼，虽然自己有十二分的不情愿，但是迫于老师的要求，没有办法，还是得去。看来，要真正做好一件事，就必须注重方法，让主体自己乐意，变班主任的要求为全班民主商议，变"要我做"为"我想做"。若推而广之，班主任"雕琢"学生灵魂的目的就不难实现了。

采得百花蜜自甜

教育部办公厅在实施“万名中小学班主任国家级远程培训”的基础上，于2008年4月2日启动了“实施2008年中小学教师国家级培训计划”。各地进一步按照《教育部关于进一步加强中小学班主任工作的意见》的要求，启动了中小学班主任培训计划，旨在通过加强中小学班主任培训，提高班主任队伍的整体素质和班主任工作水平。这对于充分发挥中小学班主任在贯彻党的教育方针，全面推进素质教育，加强和改进未成年人思想道德建设等方面都具有重要的战略意义。由此可见，班主任培训之重要，班主任水平提高之迫切。班主任需具备多方面的能力，其中对资料的收集能力就必不可少。

一、为什么要收集资料

目前班主任都有繁重的教学任务，巨大的升学压力，而班主任工作在许多学校只是副业，要真正做好班主任工作实属不易。但是如果我们能够把班主任工作当成一项事业去做，把班主任工作中当成一项课题来研究，把班主任工作当成生活中必不可少的一部分来对待，我们就能够在工作中找到乐趣，在成就了学生的同时也成就了自己，教育了他人的同时也充实了自己的人生，达到佛家所言的“自觉觉他，自度度人”的境界。

一名好的班主任需要具备多种素质。他不仅需要有爱心，还要有良好的思想政治意识和道德情操，有较强的业务能力，有广博的知识，高尚的人格，健康的身体和心理。班主任老师也应不断更新已有知识，逐渐完善知识体系。而这一切就需要善于借鉴，需要班主任有筛选知识和积累资料进而予以运用的能力，毕竟人的能力是有限的。

古人云：“积水成渊，蛟龙生焉；积土成山，风雨兴焉；积善成德，而神明自得，圣心备焉。故不积跬步，无以至千里，不积小流，无以成江海。”一名教师要将各种资源为我所用，用鲁迅先生的拿来主义去去粗取精，去伪存真，并运用到实际教学中，必将取得事半功倍的效果。

庄子告诉我们：“吾生也有涯而知也无涯。”人一生的时间是有限的，而知识是无边无际的，为了利用好我们身边的资源，就需要多方面收集资料。牛顿也说："如果说我比其他人看得远一点的话，那是因为我站在巨人们的肩上。"其实我们收集资料就在于更好地利用各种资源，就是"站在巨人们的肩上"，就是在有限的时间内掌握更多的信息。我们做班主任的有了这种思想，并且在工作中利用好这些资料，就一定能够把班主任工作做得更出色。非常佩服李季教授所说的"善用资源是班主任的最大智慧"。

二、收集哪些资料

（一）故事资料

一般可以从各类书籍报纸、综合性质的杂志、网络和一些有关教育方面的杂志上去收集。这需要教师常常读书看报、浏览网页，每天至少要安排一个小时的时间，摘录或者复印所需要的资料，然后分门别类地对它们进行整理。诸如《班主任》、《班主任之友》、《教师之友》、《读者》、《为人与处世》、《思维与智慧》、《成功之路》、《发现》、《文史知识》、《青年文摘》和《中年读者》，这些杂志中都有学习、心理、思想、品德、健身、创业、成功以及管理等方面的可以用于教育学生的材料。而对于大量的的报纸、网络和电视等媒体，除了浏览一日重大的新闻之外，也应该关注大家对社会焦点问题的评论，从中摘录一些教育事件，特别是事件处理所引发的反思和讨论。

只要做一个有心人，以上这些就不难获得。

在班主任的教育活动中，很多材料能够起到非常好的效果。如果要对学生进行感恩父母的教育，"骄傲的红薯"、"父亲的那些秘密"、"父亲的舞蹈"和"一碗馄饨面"等就是一些很好的材料。

如果要对学生进行成功教育，"成功的三多法则"、"被鸭子改变的人生"、"垃圾堆里走出来的韩国总统"、"安大学子成百万富翁之后"、"刘裕：从寄奴到皇帝的秘密"等就是好材料。

如果要对学生进行拼搏奋斗的教育，"我给温总理当翻译——费胜潮的故事"、"剑在手，问天下谁是英雄——同声翻译的甘苦人生"、"建造你美轮美奂的水晶大教堂"等就是很好的材料。

如果要对学生进行关于心态、自信方面的教育，"谁能决定别人看你的眼光"、"房一波——我在非洲当酋长"、"成功从挺胸开始"、"你所不知道的李超人"等就是极好的材料。

如果要对学生进行团队教育，"组建胜利之师——唐僧师徒取经成功分析"也非常好。

这些材料不仅真实可相信，而且故事性强，具有很强的说服力。

（二）图片资料

图片具有色彩鲜艳、形象生动、直观性与启发性强、新颖别致等特征，而且视觉冲击力强。不仅能使学生较好地理解主题，而且有助于培养学生的思维能力和想象力。图片特别是彩色图片，因色彩的丰富和多样，容易抓住读者的眼球；而且，通过图片读者更容易理解其中所要传达的核心信息。图片能够在短时间内使人们接受其传播的信息，极大地减少了人们阅读的时间成本，从而受到大家的青睐。

就读者的记忆曲线而言，图片比文字更容易在大众脑海中形成记忆点和兴奋点，传播到达率比文字高。应该说，这是一个读图时代，读者更愿意从图片中获取信息乃至心灵的愉悦，而不用费力地从字里行间揣摩其背后的含义。图片较文字而言，版面要求和编辑的时空跨度显得更灵活。

图片对细节性信息的传递有时比文字更丰富。有些场合，图片能够提供一些文字不宜或不便披露，但却是读者感兴趣的内容。所谓“一切尽在不言中”。

像李季教授给我们所展示的“心图”，如果对学生进行爱心教育，就能够让学生在寻找中获得乐趣，进而对其加以引导。爱心就藏在我们生活的世界里，关键是你要有一双明亮的眼睛去发现它。

如果要教育学生辩证地看问题，让他们知道不同的人会对同一件事情有不同的看法，就可以用“少女与老妇”这一图片。在给学生看之前可以这样启发学生：“你们是否会把一个少女和老妇看混？”相信大数学生都会对此问题嗤之以鼻，不屑一顾。于是就可以用这一张图证明过分自信是不可取的。在学生观看图片时可以向其指出大多数人近看看到的是少女，而多数人远看则只看见老妇。让学生体验改换角度给认识问题带来的巨大变化。“横看成岭侧成峰，远近高低各不同”，距离不同，观察的角度不同，得到结论也不同。对于同一个问题，由于大家立场和背景的不同，得到的结论可能不同甚至相左。这样利用图片进行教育既有趣，说服力又强，还令人印象深刻。学生在说与思的过程中，产生了看问题要有多角度思想的感悟。

类似图片还有很多，如“神秘美女”、“骏马与妇人”等也会让不同的人看到不同的景象，这证明从不同角度会看到不同的结果。如下图所示：

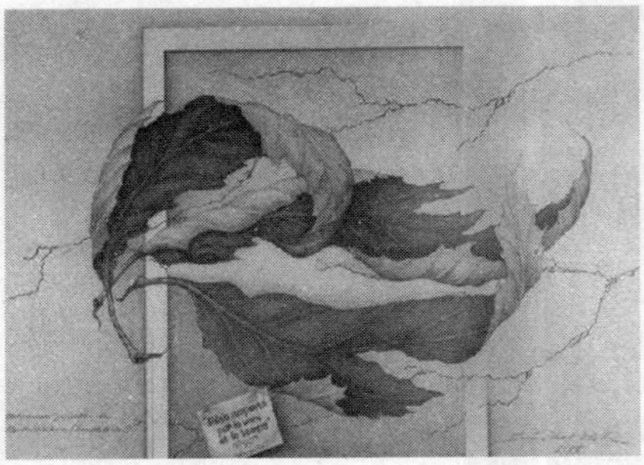

我想，在教学中，无论是课内还是课外的图片，纸质还是电子版的图片，只要是有利于教育学生的，都可以作为一种教学资源收集起来。

（三）影视等视频资料

影视资料最大的好处是直观、动感、生动且有趣，具有极强的视觉冲击力和感染力。有的时候说十句话还不如一个特别的镜头。2008 年的第一场雪比往年来得更早些，而大雪带给人们的就不仅是惊喜了，更多的是不便与灾难。一方有难八方支援是我们中华民族的传统美德，当我们需要向学生讲述在京广线上、湖南、贵州、江西、重庆等地发生的雪灾时，如果有一些真实的视频资料播放给学生（如中央电视台“情满中国——2008 抗击冰雪专题文艺晚会”），不用更多的解释和动员，学生就会因感动而纷纷拿出零花钱捐给灾区人民。那次我给班上的学生播完一个类似的视频后，我们班上一个平时相当调皮的学生竟捐出了 200 元。这种运用视频资料进行的适时教育，效果好得出乎意料。

“年度感动中国十大人物”、“中国骄傲”、“全国道德模范”、《心里访谈》等视频资料也都是很好的教育材料。

当然，视频资料的形式应该是多样的，既有电影，也有电视；既包括网络资源，也包括影碟资源，只要能够为我所用就尽管拿过来。

（四）发生在身边的故事

班主任应该养成勤于动手收集学生的成长经历、生活背景、思想变化等资料的习惯，深入了解学生，善于观察与交流，细心记录发生在学生身上的故事，并加以梳理、剖析，为进一步做好学生思想工作积累素材，进而提炼班级教育与管理的方法。大凡优秀的教师往往都特别重视学生教育管理中典型案例的积累、总结、反思与升华。

班主任还应该养成写班级日记的好习惯，有条件的还应该用数码相机甚至摄像机，随时记录生活中那些给人启迪、思考的难忘瞬间，珍藏那些让人感动、感悟的精彩片断，如记录班会活动的过程，毕业典礼上的、往届学生回校的感人场面等。这些既可以用来教育本届学生，也可以作为教育下一届学生的材料。

三、如何收集资料

首先，科技在发展，社会在进步，我们应该好好地利用计算机，在网上搜索查阅资料。互联网上信息量大，内容丰富，传递速度快，班主任应利用其查找相关的教育材料和信息，了解国内外新动态，为教学提供最新的依据。

其次，可以到图书馆阅览室去查阅资料。学校图书馆阅览室一般都比较大，种类也比较齐全，尤其是教育教学方面的书籍。如《班主任》、《班主任之友》、《教师之友》、《读者》、《为人与处世》、《思维与智慧》、《成功之路》、《发现》、《文史知识》、《青年文摘》、《中年读者》等杂志一般都能在学校阅览室借到，如果不好好利用学校的资源，实在可惜。

再次，可以对报纸上有关教育教学的文章进行剪贴、归类整理。这种做法不但便于资料的积累，还使报纸充分发挥了作用。《中国教育报》、《北京教育报》、《教育信息》、《教师报》、《羊城晚报》、《南方日报》等报纸上有大量有关教育教学方面的文章或报道，都是很宝贵的材料。

最后，购买、借阅或复印相关书籍也很必要。经常听听任小艾、李季、魏书生、李镇西等教育专家或者名班主任的讲座，以提升专业素养，获得启发之余，收集理论与实践结合的典型材料。

就我本人而言，最近10年来已收集了不少书籍与报纸杂志上的文章资料，字数几近20万。因此在许多班会课上我都能顺手拈来，做成课件，并将一些优秀课件上传到学校与大家共享。

在最近几年收集的材料中，班主任方面的书籍有《班主任兵法》、《做最好的老师》、《21世纪班主任素质》、《中学班会课》、《班主任工作技能训练指导》、《21世纪主题班队会案例精编——中学版》、《百年金言》、《学会生存在中国》等上百本；认真学习了《班主任基本功》、《德育创新》、《德育叙事》等著作；参加了区市省各级培训和讲座（及交流）近百次（场），积累了大量的班主任自我成长方面的一手资料。

尽管绝大多数老师没有专门的时间收集、整理资料，但是只要有一份心，做生活的有心人，经常关注社会重大事件，关注生活的敏感点，做一个学习型的老师，发现自己所需要的材料，就一定能够聚沙成塔，建成自己的资料库，在需要的时候就能够信心拈来。

唐代诗人罗隐在《蜂》里写道："采得百花成蜜后，为谁辛苦为谁甜？"做班主任的，为了自己肩上的责任，为了祖国的下一代，也为了充实自己的生活，就应该像蜜蜂一样，勤奋采集，以酿造醇香的蜜，在奉献他人的同时，也甜蜜了自己。

教育需要关注人性

某天晚上下晚自习后，按照学校的要求，作为值日老师的我与贾老师一起去巡视奇山，看有没有同学干一些违纪的事情。我们巡视时竟发现了一男一女在互相喂糖吃。叫住两人后，问他们在做什么，他们矢口否认在干违纪的事，一口咬定说自己是路过这里回宿舍。然而这个谎撒得太蹩脚，因为这里是学校最偏僻的地方，无论哪个级的学生下课回宿舍都走不到这条路上来。本是希望他们能够认个错教育一番就放过他们，因为我们的目的是让学生能够认识到自己的错误，进而转变学生的思想再加以改正，然而他们竟然拒不认错，看来就此轻描淡写地教育是没有用的。

于是我们决定分开他们两人进行询问。我首先表明两条态度：第一，认错态度好，如实说明问题并且诚心改正，就免于上交学校进行处分；第二，一旦有两人对不上的地方，态度恶劣，拒不认错，就要提交学校处理。话一说完，他们就分别如实讲明了是从什么时候开始交往，后来怎么渐渐地亲密起来，平时又怎么联系等。在讲述时他们还不断地鞠躬道歉，说对不起老师，感谢老师的教导，今后一定改，再也不敢这样了。

我们在与他们的班主任联系之后，又进行了一番教育，说以观后效，不仅听其言更要观其行，之后我们觉得其交代得够坦白，认识比较深刻，态度还算诚恳，达到了我们的教育目的，就放他们回去了。

我认为这件事情对这两个学生的触动应该是很大的，他们开始拒不认错，那是出于保护自己的本能，因为他们知道，类似的事学校已经处理过不少，不仅请父母过来一起教育，而且在全校公开处分结果，还记入电子成长档案，后果是相当地严重。所以他们一犯错误就本能地出于保护自己，能够推脱就推脱，能够蒙混过关就死不认账。而后来他们能够很快认识到自己的错误，我想主要还是我们给他们卸下了包袱，给了他们一个改错的机会，留下了可以不受处分的空间。毕竟处分不是我们想要的结果，能够悬崖勒马，知错就改，才是我们的最终目的。

美国作者戴尔·卡耐基所著的《人性的弱点》中说了这样一个故事：俄克拉荷马州的乔治·约翰逊，是一家营建公司的安全检查员，检查工地的工人有没有戴上安全帽是约翰逊的职责之一。据他报告，每当发现工人在工作时不戴安全帽，他便利用职位上的权威要求工人改正，其结果是：受指正的工人常显得不悦，而且等他一离开，便又常常把帽子拿掉。后来约翰逊决定改变方式。他再看见工人不戴安全帽时，便问帽子是否戴起来不舒服，或帽子尺寸不合适，并且用愉快的声调提醒工人戴安全帽的重要性，然后要求他们在工作时最好戴上。这样的效果果然比以前好得多，也没有工人显得不高兴了。

以上的故事告诉我们，生活中的问题不是简单的一加一等于二，太直接或者仅仅从自身的角度去考虑问题，是达不到目的的。

由此，我想，在教育学生的过程中，如果我们能够从教育的目的出发，从人的本性入手，甚至从人性的弱点着眼，对学生身上出现的一些问题，多从他们的角度去思考，多些宽容理解，或许我们的教育就会少走许多弯路，从而避免一些纠纷或悲剧的发生。有时候，一顿严厉的批评只会招致更大的抵触情绪，甚至招致愤恨，恶化师生关系，无益于解决问题。若我们稍微换一个角度或者改变问话语气，问题就可能得到很好的解决。好像前面那两个学生，事实已经那样了，不会改变，我们要转变的是他们的思想，粗暴批评或者处分可能使他们转入地下活动，破罐子破摔，这样就可能害了学生一生。而在青春年少的时节，男女生之间的相互吸引是再正常不过的事情了，关键在于家长、教师的引导是否得法，教育是否符合人性的发展规律。

我们应该理解并善待我们的学生。

拔去生命中的杂草

暑假外出归来，发现花盆里的花因为缺少浇灌，没人打理，奄奄一息，犹如我这个远行归来的人一样满身的疲惫，一脸的憔悴。可是，如果你仔细一点就会发现，在这花盆里有另外一些生命格外的健旺，虽然只是一点点的幼苗，然而其神采奕奕的样子仿佛在向人们示威：没有你们我照样活得有滋有味——那便是“杂草”。记得临走前我已经拔光了所有非“花”的植物，没想到就这么几天，他们又顽强地从地里钻了出来。

在我们的生命里，是不是也有如同这“杂草”一样具有顽强生命力的东西在不知不觉中，在没有时间清理时钻出来从而影响了正常的生命历程呢？答案是肯定的。人性中的懒惰、自私乃至于漫无目标等随时都有可能占据思想的沃土，吸走生命中的养料，让人生的风景变得萧条、破败不堪。因而，生命的园地也需要不时打理，拔掉杂草，浇水施肥。

生活中，成人尚且会在心中长出“杂草”，对于学生而言，他们的自控能力还比较差，面临的诱惑又是那样地多，长出“杂草”来那是太容易不过的事情了。因此，在教育园地里，在精心培育着参天大树、栋梁之材的同时，还需要帮助学生识别“杂草”，协助其拔去“杂草”。我们做老师的，尤其是做班主任的，更是应责无旁贷地助其拔草，或者是引导其拨出“杂草”。

在学生的生命园地里，最容易疯长的“杂草”大概就是懒散了。一旦养成这种不好的习惯，对学生整个人生的影响是无法估量的。美国著名心理学家特尔曼对800名男性进行了30年的跟踪研究，发现这些人中成就较大的20%与成绩较小的20%之间，最明显的差别并不在于智力水平，而在于是否具有良好的生活习惯，是否能够坚守其所从事的事业。这就说明许许多多本来可以成才的人却因没有养成良好的习惯而失败了，不得不让人叹息。古语说得好：“业精于勤而荒于嬉。”

除此之外，“杂草”能够吸食大量养分从而使人缺乏上进心，没有远大的目标，日子得过且过，做一天和尚撞一天钟，浑浑噩噩。我们稍微留心就会发现，总有一些成天在上课时看上去蔫耷耷的学生，下课就精神百倍，意气风发，所谓“上课似条虫下课似神仙”。为什么会这样呢？通过研究我发现，这一类学生常常缺乏生活的动力，缺乏激情，这与他们在学习中的屡战屡败有关，也与其家庭生活背景有关。你不能说他们没有用功，曾经他们或许是因为智力的因素，或许是身体的因素，或许是一时的贪玩，成绩就那样落下了，后来可能也奋力拼搏过，但是始终不见成效，于是就开始混日子。

当然学生身上这些“杂草”出现的具体情况是比较复杂的，既与我们当今的社会背景有莫大的关系，也与学生的家庭环境有关。然而我们学校工作尤其是班主任工作也并非不可为。我们班主任的责任就是找到学生的“病根”，根除其病源。对无心上学者给他们以信心和兴趣。有了信心与兴趣才能有动力。不妨让这部分学生先做点自己喜欢的事情，学习上制定低一些的目标，老师的要求也不要太高。稍微有点进步就表扬，让他们自己先开心起来，觉得自己还行，一步步地来，当自信心得到了提升，兴趣也就高涨了。而当他们对学习不满意时，可以找好朋友聊聊，说说心里话，然后再努力想想究竟学习是为了什么？自己做得如何？如此方能把最主要的精力放在学习上。

北宋文学家苏轼指出：“天下未有其志而无其事者，亦未有无其志而有其事者。事因志立，立志则事成。”“古之立大事者，不惟有超世之才，亦必有坚韧不拔之志。”如果班主任老师经常在班会课上讲名人的成功故事，播放古往今来成就大事者的视频；或者带学生们到天桥、地铁里看看那些乞讨的人。看看别人的故事想想自己的人生，让学生觉得自己应该珍惜拥有的一切，一旦学生对自己充满了自信，对学习充满了希望，学习给自己带来了成就感，就会热爱学习。

伟大领袖毛泽东就曾这样语重心长地教育全党：“房子要常扫，脸要常洗，流水不腐。”佛家也常讲，心灵需要常常打扫。济公和尚手里常常拿着一把扫帚说：“老衲这支扫帚与人间的不同，我这支扫帚是专门扫人心的肮脏，可是世人只知扫除地上的肮脏，而不知扫除心灵的肮脏，不是甚为可惜吗?”

拔出了“杂草”，我们培育的“花朵”才会茁壮成长。当然这需要时日，也需要耐心，就算把“杂草”连根拔起了，一阵风吹过，可能又一种“杂草”来偷食营养了，只有及时打理，方能保证幼苗茁壮成长。

良好的习性和品德犹如盆里的花儿，娇嫩、秀气，需要不断地呵护，精心地培育；而不良品行好比“野草”，它会疯长，不断侵蚀心灵的家园。让我们去协助学生识别并且拔去生命中的“杂草”，让心灵之花开得更灿烂吧!

“怒目金刚”是怎样修炼为“慈眉菩萨”的

在佛教故事里，菩萨总是慈善仁爱，令人亲近，而金刚尽管在佛教中是威服四方的护法之神，也是慈悲的，但是他的形象却总是怒目而视，给人的感觉凶神恶煞，令人不敢接近。所以人们常常说某人长相威猛，或者说性格粗犷、暴烈就好像怒目金刚一样让人不喜欢。

于是我们学校就有老师把那些在某方面特别调皮的学生叫做金刚，认为他们在某些方面“修炼”到了一定的程度，屡教屡犯，屡教不改，是比较难搞难缠的人物，级组在分班时常常就会把这些金刚级的人物专门选出来放到最后再来调配，每班几个，这样既有利于班主任的教育管理，也避免了这样一批学生纠结成团难以控制。于是乎，在高二新班之始，我班也“有幸”分到了“四大金刚”：一个是“懒王”，什么作业都不做，什么课也不听，几乎没有任何学习动力；一个时常迟到，屡教不改，认错快，犯错更快；一个玩手机成瘾，晚上一两点钟还在上网，不思学习，一上课就狂睡，一下课就疯跑，上课与下课完全判若两人，几部手机也被老师收起来代管了；一个与女生过分亲密，在学校内外都被政教主任抓住过，但屡教不改，身边总是不缺女孩子，被认为是“早恋专家”。这几个人的头都不好剃啊，你一批评他们，他们还给你龇牙咧嘴，瞪着一双狰狞的眼睛，一副桀骜不驯的样子，那神态透出的是“我就是这个样子你奈我何”？虽然在分班之初我就从原来班主任那里知道了这几个学生的情况，问题都不小，但是要解决这个问题还真的不能直奔主题，需要好好筹划，不然可能还会像以前那样，问题解决不了，反倒弄成“老大难”。

正当我在寻找办法的时候，我的电脑也出现了状况，常常死机，于是我请教电脑老师，他告诉我，最好的办法是重装系统。重装后的电脑果然一如新机，让我心情大悦，灵光一闪之中，我想到了班里的几个“金刚”，于是心中一动之后便有了办法。

第一，“内存归零”、“记忆归零”。新班到手，第一件要做的事情就是让学生“删除”以前留下的不良信息，让“内存归零”、“记忆归零”。第一节班会课我就在班上给所有学生一个明确的信息——不管过去的成绩如何，表现怎样，老师不知道，也不想知道，就算以前你们中的少数同学表现不太好，也请你们在新的班级，在新的老师面前把你们最美好的一面展示给大家，不要总是不断地给老师强化你们不好的一面，而是要以崭新的面貌出现在新的班集体里。在我这个班主任的眼里，你们都是好学生，我们班没有“次品”，更没有“废品”。

第二，“重装程序”。主要是在主题班会上有意识地引导学生，使其清楚做学生的起码要求及自己人生的目标。班会课虽然没有教材或者教育大纲，但是学生道德品质和高尚情操的培养、良好生活与学习习惯的养成、健康心理的形成这些基本要素是必须要有的。设置主题班会课时应该考虑班级学生的实情，针对问题学生重点安排相关班会课对其进行正面引导，树立学生对周边人、事或物的正面看法。于是我们设计了“我就是最想成为的那个人”、“善良之人走遍天下”、“退后一步天地宽”、“中学生真的需要手机吗”、“提前5分钟就是准时”等主题班会。

同时通过系列班会课，重新塑造灵魂，主题班会“内圣外王，惜时善学”使其明确我们班级的理念和在高中阶段的总目标；“认识自己”、“悦纳自己”、“超越自己”、“认识悦纳他人”（写出同桌与老师的优点）、“不知礼，无以立”、“班级荣辱　我的责任”、“人不善良，行而不远”、“心如规矩，志如尺衡，平静如水，正直如绳”、“细节体现教养”等主题班会在于解决人生观、世界观和为人的根本问题；“逆风飞扬”、“此心安处是吾家——学习心态与学法指导”等班会课在于解决学习方法与半期考试失利后的心理问题；评选“感动班级人物”、填写“成长的岁月”表格等班会课在于肯定自己的成绩，给自己信心。

在班会课上，我会有意识地安排包括那几位同学在内的部分学生发言，然后因势利导，让每个同学给自己准确定位，明白自己所想要过的生活。

第三，“安装专门的杀毒软件”。顾城曾经说：“黑夜给了我黑色的眼睛，我却用它寻找光明。”可是我要讲的是，黑夜给了我黑色的眼睛，我却用它寻找学生身上的闪光点。俗话说，金无足赤，人无完人。每个人身上都会有长处和缺点，关键是你的那一双眼睛盯着什么地方看。就如鲁迅先生评《红楼梦》，“单是命意，就因读者的眼光而有种种：经学家看见《易》，道学家看见淫，才子看见缠绵，革命家看见排满，流言家看见宫闱秘事”。对待学生也应如此。于是乎，我常有意无意地对这几大“金刚”特别关照，有事没事我就到教室里转一转，到学生宿舍走一走，到他们时常活动的地方如篮球场、足球场（这是这部分学生最感兴趣、最能够展示自己才华和最喜欢去的场所）逛一逛，只要发现他们身上哪怕有一点点的可取之处都及时表扬鼓励，或夸他几句，或者伸出大拇指表示欣赏。渐渐地，我发现他们身上真的有很多优点。比如，级组篮球赛上，阿乾同学在球场上左冲右突，摔倒了，爬起来再冲，为了班级的荣誉，不怕流血流汗；阿枫毛遂自荐要求做副班长，希望能够通过为同学们服务让自己融入班集体中；阿水一天比一天早到课室，并且自觉拿出书来看了；阿成也不见与女孩子并肩走在校园里上了，甚至后来每天都早早地到班里学习。

第四，“人肉搜索”。即与学生单独聊天，走进学生的内心，全面深入了解学生的思想与生活。尽管许多教育界的人士不赞成把学生当成敌对分子，以兵法去管理他们，但是上海班主任万玮在《班主任兵法》里就从兵法的角度去谈班级管理之术，看过之后觉得亦不无道理。裴松之在注引《襄阳记》里也说：“用兵之道，攻心为上，攻城为下。心战为上，兵战为下。”若把做学生的思想工作比做攻城，攻心实为上策。而攻心之术可谓人人清楚，但未必个个能够做好。攻心之道关键在于准确把握学生的“病根”，否则怎样“对症下药”？要找准“病根”，就需要班主任不止有一颗爱心，更需要技巧，需要智慧，设身处地地为学生着想，站在学生的角度去感受生活，这样才能让学生对你有起码的信任，否则一切都无从说起。而师生交流时的体态语言与交谈的切入点等都是需要斟酌的。居高临下的姿态、口气不柔软、言语不具有亲和力等都难以达到效果。一旦学生能够与你交心，觉得你可以信任，他们就会坦露心中所想，你也才能真正解开他们的心结，药到病除。

第五，“定期删除不良信息”，营造良好的班级氛围。古人所谓“近朱者赤，近墨者黑”，“白沙在涅，与之俱黑”，“蓬生麻中，不扶自直”，无不是谈环境对人的影响。由于人性中的一些弱点，在班级里总会不时出现一些不和谐的因素，而对于班上出现的不良现象那是必须坚决予以清除的，对正义之现象则需要大力弘扬，对所有为班级作出贡献者要予以高规格的表彰。当一个班级形成了良好的班风、学风，整个集体都会积极向上，到处充满正气与正义，到处是同学的友爱之情，人人都努力进取，学习上你追我赶，而歪风邪气就没有了市场。因此，良好班风、学风的打造对解决班上的“老大难”问题至关重要，想犯错误的学生看到大家是那样地专心致志，就不忍心去打扰。于是这一小部分学生就会被群体的上进氛围裹挟而前进。特别是在对为班级做出了有益事情的同学进行表扬形成一种传统时，人人争先就蔚然成风，“只为 8 班争光，不给 8 班抹黑”成为班级主流思想，犯错误的情况减少，甚至绝迹了。

就通过上面简单几招，基本上就化“金刚”身上的戾气而为祥和之气。因此，只要善于运用智慧，通过一定的教育手段，学校中的“金刚”还是可以转化为“菩萨”的，找到合适的方法，一切皆有可能。

菩萨在梵文里是 Bodhisattva，“菩提”汉译就是“觉悟”。一个学期过去了，金刚们都有了可喜的变化与进步，差不多都快成菩萨了。他们除了外在变得善目慈眉外，内在也起了很大的变化，可以说是“觉悟”了，明白自己到学校来的目的了。他们在班级这个充满正气与善良的大气场中修炼，增加“内功道行”，提升了档次，于是“相由心生”，内在的改变也使他们的外在形象更加可爱、更让人喜欢。

地藏菩萨修行时曾发大愿：“众生度尽，方证菩提，地狱未空，誓不成佛。”在经过不知多少世的修行后也证得佛果，成为菩萨。那是因为他有宏愿，有度尽众生的不舍精神。如果我们班主任也有一颗菩萨一样的心，有度尽众生的宏愿，在自度的同时度他，那么成为菩萨的就不仅仅是学生，还有我们自己。

留白也是一种智慧

"老师，我不想活了！"小玉说。

那是高三开学后不久的事情。一天晚上，我刚结束晚自习辅导走出教室，小玉就跟了出来，关上门，话一说完，她就失声哭了出来。

我吃了一惊，以小玉的个性不可能说出这样的话。我一边宽慰她，一边让她跟我到学校接待室。"小玉，遇到什么麻烦了？"话音刚落，她就又放声恸哭起来。我知道，这个时候她需要宣泄，我静静地等待着。等她平静下来，我倒了一杯水给她，轻轻地问："现在可以告诉老师了吗？"

她抽泣道："老师，他变心了。您在班会课上告诉我们，如果有同学对异性有好感或者谈恋爱了，就先把它尘封起来，等到明年高考结束再说。"

我说："是的，可是你说的是谁呀？"她告诉我说："以前我们常常在一起，现在知道不对。所以我们约定好了现在先搁置这段感情。可是才几周时间，他就与另外一个班的女孩牵手了。我活着没有一点意思。"

我笑着说："首先谢谢你对老师的信任，能够把这件事情告诉我。你迷途知返，能够听进老师的话，是个好学生。不过，我觉得也许这件事对你来说是一件好事情。"

她听了一愣。我接着说："你人那么聪明漂亮，今后何愁找不到好男孩？如果连你这么优秀他都会移情别恋，等到你年老色衰时呢？那才是真正的痛苦，是不是？你应该高兴才是！这样的人你早点看清他的真面目不是更好吗？"

小玉点了点头，我继续给她"灌糖水"：

"你是一个很有前途的学生，你知道自己的人生目标，知道轻重取舍。如果因为个人感情没有处理好而耽误了青春，耽误了前程，那多么可惜啊。现在你们都还不懂得什么是爱，要知道那可是很神圣的。想想看，你们如果真的陷入恋爱却误了学习，考不上大学不是得不偿失吗？"

"更何况，他真的值得你那样做吗？有句话不是这样说的吗：'天涯何处无芳草，何必要在身边找。'"

小玉听了我的话后扑哧一声笑了，说："老师，你说得对，我就是想不到这些。谢谢您！我不想死了。"真是一个率真的孩子。

几句话就让小玉破涕为笑，我开心极了。小玉能够告诉我，说明没有什么大事了。对这件事的处理我还是有些得意的。

可是，这得意来得快去得更快。第二天上课时，我发现小玉座位上没人，在忐忑不安地上完课后，我悄悄问她同桌和同宿舍的同学小玉是否病了在宿舍里，他们都说不知道。我当时就懵了，心里十二分地着急起来。宿舍无人，打手机又关机，QQ也联系不上，怎么办？告诉家长吗？当然，因为这是一件挺大的事情，家长必须知道。可是家长说她没有回去。上报学校吗？等等吧。报警吗？现在暂时还不行，因为这样可能会把事情闹大，同学们知道后对她今后的生活一定有不好的影响，还是再想想办法吧。

从她主动告诉我这件事看，她或许只是情绪有些反复，一时想不开，经过我们俩的一番对话，她应该不会做什么傻事了吧。但是看到她父母心急如焚的样子，我也非常着急，无奈之下，只好寄希望于手机，或许她在干傻事之前会打开看看。于是我发了几条短信给她：

“小玉，你的爸爸妈妈快急疯了，你怎么忍心就这样抛弃生你养你十几年的亲人呢？如果你有什么事情，他们该有多痛苦啊！”我希望能够用亲情打动她。可是没有回音。

“小玉，你不能干傻事啊，人的生命只有一次，我们活着的时间很短，生命没有回程，走了就永远回不来了。不妨活它一回，管它是好是坏。”我希望能够用生命观打动她。可还是没有回音。

“小玉，为了一个陌生人，一个不爱你的人而抛弃自己的亲人，谁会伤心？你就应该活给他看看，活得比他精彩。”我希望能够用正确的人生观去打动她。可仍然没有回音。

在焦急的等待中，一个中午过去了，不见人影。一个下午又过去了，仍然音信全无。7点，8点……我与她的父母快撑不住了，如果再不出现，就只能报警了。

8点零6分，终于，一个疲惫的身影出现了，那正是我们“众里寻他千百度”的小玉。我长长地呼了一口气，一块石头落地了，她的父母也放下心了。

事后小玉告诉我，她回宿舍后那件事又浮上心头，翻来覆去地想，弄得整个晚上都没有睡好，一直迷迷糊糊的。今天早上一大早就想找个地方去清静清静。其实她一直没有开手机，自己想了很多很多，后来她终于自己想透彻了，觉得老师平时上课说得很对：“一个人来到这个世界上，生命其实就不完全属于他（她）自己，也属于赋予他（她）生命的爸爸妈妈和使其健康成长的这个社会。人不能太自私，为了寻求自己所谓的解脱而让亲人和朋友陷于无边的痛苦之中。”

原来，我那些精心编制的短信没有起到作用。这件事上难道我做了无用功？好像也不是啊，她不是也想到过我平时的话了么？我百思不得其解。后来，我终于明白了。

在中国的传统书画艺术里，有一种技法叫做“留白”，讲究的是“意到笔不到”。国画中的“密不透风，稀能跑马”中那“稀能跑马”之地，就都是恰到好处地运用了“留白”，它可以让画看上去更美，让欣赏者有信马由缰的想象空间，把自己的心情融入画卷，让人产生无限的遐思。而艺术大师往往是留白的大家，如齐白石先生，他的画处处留白处处有意，虚实相映，方寸之间彰显天地之宽，所谓“恰是未曾着墨处，烟波浩渺满目前”。

教育又何尝不是如此呢？真正的教育家，也是懂得留白的，因为学生在转变观念时需要有进一步思考和接受的时间与空间。而我们作为老师的总是想尽可能地把道理讲透，唯恐孩子不懂得人生的道理。然而，孩子们对这些大而空的东西可能已经麻木了，时间长了就会审美疲劳，你的苦口婆心、循循善诱可能就成了噪音，不但不会增加美感，还会换来反感与抵抗。这就是老师们常常抱怨学生不听话的原因之一。其实给学生一个留白的机会，当他们能够通过自己的反思得来感悟，要比我们的说教更有价值。我相信，通过这件事情之后，小玉一定会真正成长起来，她的人生路上一定不会再有“傻事”的。

让我们少些急躁多些耐心吧！给教育留白，让学生在自我教育中成长，成长需要等待，“留白”也是一种教育智慧。

我心之苦有谁知

——关于学习落后生的思考

有一次，学校正在如火如荼地开展青年教师教学大比武，我有幸被认为是教学骨干老师而担当评委。前面几节课还好，是我的衣食所依——语文。上课的是几个年轻人，个个学有所长，真是长江后浪推前浪，一代新人换旧人。可是后面几堂课就苦了我们几个门外汉了，因为是要去评英语课，除了 English 这个词能够听懂外，其余的都是我不认识它，它也不认识我。因为我们参加高考那年英语不计入总分，而且没有正式的老师给我们上课，后来也没有自学，所以英语水平成了如今的模样。但是作为评委，不能溜之大吉，而且还得像个专家、内行般端坐，一节课下来真是苦不堪言，比自己上两节课还累、还疲倦。

由此，我想到了那些成绩差却不得不背负父母使命来读书的可怜学生，他们真不容易。我曾经问过好多学习成绩非常不好的学生，他们有些科目是一点也听不懂的，除了极少数在课堂上睡觉外，多数还是振作精神在听课。他们的痛苦可能很少有老师关注；老师也很少站在他们的角度去思考问题，只是见到有不听课的学生就指责甚至批评。这次的评委做下来，我在反思，那些所谓的学习后进生其实很值得佩服。你看，他们上课听不懂也得硬撑苦挨，不能睡觉，不能说闲话，不能做其他无关的事情，而且一撑三年，却不能直接反抗。如此度日如年他们都挺过来了，其心理素质之好，意志力之强也是非同一般的。当然他们心中之苦也极少有人能够理解，也找不到人述说，甚是折磨。然而老师如果能够引导得法，不让他们变坏，并且帮助其找到人生的方向，我想，这些学生将来一定会有出息。

第一，要宽待理解这些学习后进的同学。他们学习成绩不好，一定是有多种原因的。固然有以前不认真学习的后遗症，但是也可能因为生病而耽误了学习，或者对学习文化知识不感兴趣，这些情况的确需要老师尤其是班主任加以区别对待，理解他们的付出。对于学习，尽力即可。我 20 年前有一个学生叫黄前锋，读书异常刻苦，成绩却异常地差，因为家里穷，上面五六个哥哥都因为没有读多少书而境况很不好，30 多的人了都还没有结婚，所以他家里尤其是他本人都十分想通过读书来改变命运，乃至于除了吃饭睡觉（每天还给自己定下 6 小时的睡眠时间），就整天待在教室里学习，埋头苦读。可是他怎么努力都没有用，成绩总是最后一名。但是我没有批评他，因为我知道他已尽了全力，他的记忆力实在是太差了，一首五言绝句就 20 个字，他一个小时都还记不下来，就算老师给他理清了思路，教其理解性记忆都不行，而且今天记住了，明天又忘记了，最终只能给予理解、同情与安慰。

第二，班主任可以帮助他们制订切合实际的学习方案。后进生最难学的科目主要集中在数理化和英语，前面的搞不懂，后面的就如听“天书”。最没有办法的办法就是让他（她）从最基础的学起，一点一点往前面赶，上课能够听多少算多少，把基本知识掌握住。比较好的办法是利用放学时间或者周末，请科任老师帮着补一补。当然最好是请个家教，系统补习。但不管如何，在学习上对他们不要要求太高，尽力而为就可以了。只要班主任能够对症下药，真心去帮助学生，一点一点地培养其学习兴趣，他们也会好好努力的，不少学生最终还能考上一所不错的大学。

第三，发展其特长，给他们创造机会展示自己，增强自信。学习成绩不好的学生往往在读书以外的其他方面表现得特别优秀，如体育、艺术及其他活动方面。这些成绩不好的同学，在成绩优秀的学生面前平时是很难抬得起头的，班主任可以给这些同学创造更多的机会，让他们一吐胸中的郁闷之气，增强做人的信心。比如，除了学校运动会外，还可以搞一些班级联赛，让他们意气风发一回；同时也应该多给他们鼓励表彰；或者动员其参加体育、艺术的特长生考试。这样他们心里就会少些阴影，多些阳光，人生路也会走得比较顺畅。

第四，争取做个好人，不去影响他人的学习和生活。俗话讲，无事就要生非。后进生在课堂上听不懂，又不能睡觉的情况下，常常惹是生非，不是东张西望就是找人说话，甚至故意去撩拨他人，结果上课的老师烦，周围的同学也烦。若几位老师都告到班主任处，那“修理”学生便成了必然。如果稍微处理不好，就容易形成恶性循环，告状也就成了常态。结果班主任要把 80% 的精力都投放到那两三个后进生身上，于是就有了所谓与学生“斗智斗勇的拼搏精神”，有了做班主任苦不堪言的“高论”。当然这些学生差不多也就在这些批评与责难中毁掉了。其实班主任完全可以心平气和地与学生多进行沟通，希望其能够做一个好人。在前面几个环节的基础上，要求后进生不要去影响他人、影响纪律，实在听不了，让其借些杂志、课外书看也是好的。

有时想想，如果老师对那些后进生们投入了真感情，他们往往会一辈子感谢老师的。从我近 30 年的教育经验来看，他们甚至比成绩优秀的学生对老师更有感情。前不久就有一个我 15 年前的后进生——张伟——他通过多方面的打听到了我现在的工作单位，又是给我买礼物又是请吃饭，还邀请我去玩，无论如何都要感谢老师的教育之恩。说实在话，我一点都想不起来曾经教过这么一个学生。他说自己当年没考上大学，后来在广东打工，因为为人不错深得老板器重，得到了提拔，也积累了第一桶金，再后来就自己在中山开了一家家具公司，现在生意很好。他说自己当年那么调皮，老师也没有把他赶出学校，还经常教育他不要学坏，所以他才有今天。想来实在让人感慨良多。

让我们都善待后进生吧！或许我们的一句话，一点点善举就改变了他们的整个人生。

寻找那片“猫薄荷”

老师们常常感叹，现在的学生越来越不好教，他们懂得的东西可能比老师还多，兴趣爱好早不是你我时代的了，所崇拜的对象也往往出乎意料。老师所说的他们不一定信服，常常难以沟通交流，于是也就总觉得学生难以教化。

有人说现在的学生有点像《等待猫吠》里所描绘的猫，有时候一句话不对就翻脸不认人，我行我素。然而，听说猫也有软肋，有死穴，那就是“猫薄荷”。那是一张诱惑猫进入狂欢舞会的“入场券”，只要你把猫薄荷的叶子弄碎扔到地上，它们就会跑过来，围着打转，用爪子刨，如老虎一般狂暴，流口水，神志不清，好似吃了摇头丸。这时候，你怎么指挥，它就怎么做了。

看来，只要你能够抓住它的软肋——找到了症结，下对了药，就能够让猫像小狗一样忠诚而言听计从。

那么，如何让我们新时代的学生心甘情愿地听从教导呢？

所有成功的班主任手里仿佛都捏着一剂足量的“猫薄荷”，能够把所有别人教不了的学生教好，不管是任小艾还是魏书生、高金英，他们仿佛都能够一下子抓住学生的“死穴”。年轻的老师们在听名班主任讲座时常常最喜欢问的就是怎么对付班上那些调皮的学生，盼望能够讨来实用的“兵法”，都希望能够找到一剂灵丹妙药，回去就治那些“病得不轻”的学生。每每大家听完讲座后就都觉得大师们讲得的确非常好，理念很先进，方法很精妙，可是自己拿来时却用不了，何也？

其实我们班主任应该知道，那些调皮的“猫”们所感兴趣的“猫薄荷”是不相同的。世界上没有完全相同的学生，当然，把从大师们那里听来的那套方法直接搬来用就不好使了。马克思列宁主义是多么伟大的创意啊，让无产阶级夺取了政权，建立起了苏维埃政府。然而它到了中国却有些水土不服，使中国的无产阶级革命走了不少弯路。实践证明，只有把马克思列宁主义同中国的具体实际相结合才能取得革命的胜利——那就是毛泽东思想。毛泽东思想当然是伟大的，使中国换了新颜，走上了新的发展道路。于是乎，全世界的无产阶级又把毛泽东思想当成了解决国内问题的万能钥匙——在朝鲜、古巴、尼泊尔、缅甸和世界的许多地方，甚至在防共反共的西方世界都有大批的“粉丝”。可是，真正能够用毛泽东思想解决问题的却不多。

因此对待那些所谓的问题学生，一方面需要向优秀的班主任学习解决问题的思路与方法，另一方面应该耐心地寻找产生问题的源头，走进他们的内心，然后灵活地运用我们的智慧去引导学生、点亮学生。只要我们真正地为学生着想，尊重学生，从内心深处去关心他们，呵护他们，我想学生也会感受到老师的一片苦心。天下没有不可教之人，关键看我们是否找到了打开那把心锁的钥匙，所谓一把钥匙开一把锁也。

做班主任的，不时会遇到这样的学生：平时也没有犯什么大的错误，就是一上课就睡觉，仿佛那书本，那老师的话语全都成了催眠曲，只要一碰上就如被施了魔法一般很快睡熟了。相信这样的景象几乎所有的普通学校里（当然个别生源特别好的重点学校可能除外）总是在不断上演，而且还没有任何绝迹的征兆。不少班主任老师对这种学生一般都是为了其健康、怕打扰其安稳的睡眠而不去理他，拖到毕业了事。这当然也不能够全怪老师，因为他们中的绝大多数是想了办法甚至是想尽了办法也无法解决的。最终只要不影响他人就算了。

可是，换位想一想，如果是自己的孩子在学校里成天这样子混日子你当有何感想？因此，作为一个负责任的老师，一个视学生若子的班主任是一定会心痛的。我也曾经教过这样一个男生小杰，在我上课的时候也许是给班主任面子，也许是语文课趣味性还比较浓，他基本不睡，而其他科老师全部都来投诉过。找他谈话，总是无精打采地应付你，有时看你说得辛苦就答应以后不在课上睡了，结果第二天他还是外甥打灯笼——照旧（舅），让人很想放弃。但是后来我观察发现，这个学生人不笨，再一了解，原来他在初中时成绩还很不错，考过前十几名，再深入了解，原来初三时他家里发生了重大的变故，父亲因为家里的鱼塘与他人发生纠纷而被判刑入狱。家庭经济支柱倒了，自己也觉得在别人面前抬不起头，老师问及又不好说，只好成天浑浑噩噩混日子。

找到了症结所在，问题就迎刃而解了。这孩子主要还是心理问题，如果心里的这个结解不开，就永远没有办法走出阴影。我开始更多地关注他，有空就与他聊天，无话不说。同时让班上品学兼优的同学与他交朋友，尽可能让他参与更多的班级活动，使其融入班集体中，在活动中体验到成功的喜悦，并且在生活细节上多给予其关心体贴，对其点滴进步予以表扬。结果不久，小伙子又开朗如初，后来经过努力考上了本科。

后来我想，倘若我当时也就一味地说教，或者一阵批评之后就听之任之，这个学生一生的幸福可能就毁了。好在那时多了一个心眼，多了一份责任。

或许有人要问了，对于极个别特别难教育好的学生怎么办？我的司刀令牌都要尽了，就是“收不了鬼”，一些学生就是“油盐不进”，“一根老油条”，随便你怎么用油去煎去炸，我就是不酥，其奈我何？这让我想起脑白金的广告来了。

说实在的，许多人都认为其广告俗不可耐，让人反胃，只要一放这个广告有些人就会马上转台，哪怕有时错过了后面的精彩。然而，世界上竟然也真有这样的怪事，脑白金在中国逆市上市，创造了销售奇迹，据称年销售额超过了10亿元。为什么？是它真的有那么大的功效吗？未必。很多人都把其成功归于广告打得好，虽然烂且滥，但是它的确抓住了人们的心，而且它的口号是“孝敬爸妈脑白金”，这世界上谁没有爸爸妈妈？谁又不想孝顺呢？总之只要你想到要孝敬父母了，那广告就自然而然钻进你的脑袋，挥之不去，赶之不走。哪怕只是做个孝顺的样子，你也会买一些。结果它成功了。那么在教育后进生时我们是否也可以学习脑白金的广告思路呢？在抓住了学生“命门”的时候，找到他心中最软的地方，就像那脑白金的广告一样反复轰炸，使之觉得我再这样下去是对不起自己，对不起父母，也对不起我的老师，我再不改好那就枉费了他们的一片苦心。这样即使每天改一点点，甚至有时候只是做做好人样子，只要能够坚持一辈子不就是好人一个了么？

有人说，一个好的营销员得有福尔摩斯的侦探能力，同时兼具心理医生的基本素质，更要达到职业保姆那样的服务水准。我在想，作为一名优秀的班主任，同样需要有福尔摩斯的观察和判断能力，能够洞察学生的内心活动，具有心理医生的素质，更要有像爱自己孩子一样的心态，细心加耐心。

教育需要寻找那片“猫薄荷”来引导学生，激活他们的未来。

“老师你想怎么样?”

上自习课已经五六分钟了，还有几位同学没有回到教室，我站在楼梯口，有些焦急地等待着。过了一会儿，小清与小碧回来了。我平静地问道：“什么原因来晚了呢?”小清说：“今天级组组织跑步，耽误的时间比较多。”她的话还没有说完，小碧就语气很冲地板着脸大声说：“老师，你想怎么样?”我刚才轻言细语地问，她竟然如此态度，我的火气一下也就上来了，说：“我不想怎么样，倒是你打算怎么样？你什么态度？老师仅仅是在平静地问你迟到的原因，还没有批评你，你自己错了，还那么蛮横不讲理？到办公室里来。”

在离高考不远了的这个阶段，高三级组考虑到同学们的学习强度很大，如果不能把身体锻炼好，就不大可能全身心地投入到学习中去，所以就让全体学生去操场跑步。然而一个级因为近 20 个班，组织起来难度大，耗时多。尽管我们班一直在坚持自己的锻炼方式，但是集体的工作要支持，为了与级组的行动保持一致，集体的活动也一定要参加，况且多跑步不是对我们更有好处吗？再说了，隔壁班的同学都能够按时到教室，我们却赶不上，班主任问一下原因也极为正常，何至于这种态度呢？何况，班里已经好久不见有人迟到的现象了，我想不通。

到了办公室，我先对小碧一顿训斥：“你自己错了，倒还发脾气了，很有理吗？我都没有想过要发脾气的，你在我们班待了也不止一年了，怎么学习的，还是团支部副书记呢，思想境界到哪里去了？本来老师只是想问一下原因的，难道错了？学生违反一点纪律有时候也是可以理解的，如果自己错了，态度好一点，认了不就没有事了吗?”小碧耷拉着头不言语，没有丝毫后悔的表现，一副很有理的样子。我知道继续僵持下去也没有什么效果，于是转而询问起小清迟到的原因。

原来，因为今天我们班最先去，已经跑了一圈后级组才有人去组织，大家就多跑了一圈，很多同学感到很辛苦，还多耽误了半个多小时。她本人跑完因为身体不适就无精打采，脚也抽筋，硬撑着来上课，心中便对级组的跑步有意见，结果还被老师质疑，于是便有了开头顶撞老师的一幕。

原来如此，我也确实有些急切了。然而此事应该有一个完美的了结才行。虽然情有可原，可是此风不可长，作为学生，在老师没有批评的情况下就发脾气是非常不礼貌的。只是在处理这件事上，需要注意策略。当然，最好的教育是引导学生进行自我教育。“不教”是教育的最高艺术。不教不是放弃教育，而是通过自我教育达到非被动教育的状态。那么从哪里入手呢？我想还是因材施教吧。小碧是自己毛遂自荐来当团支部副书记的，有上进心，平时工作也比较负责任，有正义感，看不惯那些不良现象；只是太过心直口快，基本上属于那种说话不太经过脑子的人，不小心就得罪人。不如我也来个心直口快，于是我说：“对不起小碧，因为我教育不到位，没有了解实情，在你心中有怨气时，我也不冷静，语气有些重，非常对不起。”我希望通过揽责任来引导她对自己言行的反思。在我对她道歉之后就让她回去想一想自己有没有错，有错的话错在哪里，以后应该怎么办。想好了再来找我。我也借此反思自己是否也有需要检讨的地方，还有没有更好的教育办法。

一个小时后，她哭着来找我了，说自己的确错了，愿意在班上做检讨，真诚地道歉，希望同学们引以为戒，不要步她的后尘。同时她还交给我了一份“说明书”：

王老师，对不起，我刚才太冲动，态度恶劣，不应该对您那样。我当时是有气，但不是针对您的，原因已经给您解释了。而且对学校的管理不满意也不该把气发到您身上，我们迟到了，本来是不对的，老师就问一下而已，都怪我的脾气不好，请您原谅学生的无知。您平时对我们那么好，为了要我们提高修养想了很多办法，常常教育我们要懂礼貌、宽容、准时。可是我身为团支部的副书记不但没有起到带头作用，反而没有遵守好纪律，请老师相信我，我一定会改的，一定做个好学生。

面对这样的学生，能够认识到自己的不足，并且深刻反思希望自己改进，我原本还想教育她的，现在却改变了思路——因为已经达到了我需要的效果，批评已显得没有意义。在我表示“老师再次对你道歉，先前的态度不好，希望你也能够谅解”之后，把可能充满火药味的批评变成了对她的表扬与对人生的探讨。

于是我说道：“小碧，你能够认识到自己的不足，这非常好，说明你是一个可以造就和培养的学生。”接着，我充分肯定了她在做团支部副书记期间为弘扬班级正气所做的努力，平时能够起到积极的带头作用，有正义感，为全班荣获“先进班集体”作出了贡献；今天还带病参加集体跑步，进一步表明其集体荣誉感很强，尽管跑到半途很难受了也还继续坚持，不愿意拖集体的后腿，的确做得很好，值得其他同学学习。最后，我还与她平心静气地交换了一些看法。

每一个人都可能有情绪不好的时候，也都有需要改进的地方，只是我们需要更多地认识自我，进行自我检查，看看自己还有没有做得不够好的地方。有时候做错了就要付出代价，只是人生中有的代价太大了，那教训实在应该吸取。

这件事给我的教训是：在班主任工作中，不时会出现这种学生顶撞老师的状况，如果马上就对他们进行批评教育，老师与学生都比较气愤，就很可能闹僵师生关系，不仅弄得老师下不了台，还解决不了问题。不如先“冷处理”，学生顶撞老师可能是学生在其他地方受了委屈，一时冲动，这时候师生都不妨冷静一下，尤其是班主任，那样事情或许就简单多了。学生们毕竟还是孩子，要改变需要一个过程。要化解学生心中的怨气，使教育得到学生的认同，并内化为学生的自觉行为，还需要注重一些技巧，遵循学生的思想发展规律，在尊重学生的情况下，充分唤起学生的主体意识，引导他们客观冷静地分析事情的经过，促使他们提高思想认识水平，避免激烈而乏味的说教。班主任不能够对学生发顿脾气就了事，特别是需要做好“收尾工作”。事实证明，后来小碧的工作热情比以前更高，而且再也没有出现类似的事情了。

公平自在人心

某天，数学老师在清理同学的作业时发现，有两个人没有按时完成，就把他们叫到外面去问情况，并且批评教育了一番。结果，这两个同学很不服气，说老师不公平，还有人没有交作业，为什么就只抓他们。老师很生气，心想：学生没有完成作业还有理了？难道老师错了？老师没有错。

这种不正确的认识在学生中还是比较普遍的，如果不加以厘清，对学生的成长是有害的，对老师的教育管理也不利。刚好，前不久佛山市破了一起杀害警察潜逃 11 年之久的案子。我就充分利用这个案例来教育学生。

在主题班会上我们播放了这个案子的新闻后，我问同学们："那罪犯是否可以这样讲：'你们警察做事不公平，应该马上放了我。因为天下的杀人犯在逃的肯定还有不少，为什么就只抓我呢？'同学们，你们认为该放吗？"有的同学就说，"谁犯罪了，都应该抓起来，难道不是吗？除非是你有没有犯罪。"还有同学说，"天网恢恢疏而不漏，总有一天所有的罪犯都将遭到应有的惩罚，只是时间的早晚而已，这次跑掉了，总有被抓住的时候。"

那么什么叫公平呢？有不少学生的认识是模糊的，甚至是不清楚的。他们或者认为对自己严格一点就是对自己的不公平，或者认为自己吃亏了就不公平，或者按照规章制度处理了就是不公平。其实追求公平没有错，因为公平关系到每个人的切身利益，公平是维系良好合作的重要前提，公平是社会的稳定器。但是我们必须要搞清楚的是，到底什么是公平？世界上有绝对的公平吗？所谓"公平"，按《新华词典》上的解释，其实就是指处理事情合情合理，不偏袒哪一方面。

这里就很明白地告诉我们，合情合理才是公平。

在选举博弈中，按说选举的规则应该是公平的，但是如果有人施以技巧或者诡计，表面上看来很公平，其实是不公平的。世界上没有绝对的公平。

我们常常认为民主投票的方式是最公平的，而其核心是少数服从多数。那么少数服从多数就公平吗？于是，我就与学生一起去了解世人所推崇的世界最民主、最公平的美国式的选举：

在选举时一个州如果只划分为 3 个选举区域．A 区域和 B 区域各只有 100 名居民，另一个 C 区域却有 1 万名居民，而每个区域各选 1 人出来当代表；那么，前两者是 100 人就有一代表，后者却是 1 万人才有一代表，但在议案表决时，3 名代表的选票却又是等值的，这样便成了由200人选出的2名代表可能决定了全州1万多人的事，特别是当大家利益有冲突时，这样大小不均的选区划分就有失公平。

此外，还有另一种情况，这个州内特定族群的人可能呈某种分布规律。假设某族群集中于州的某处，选区划分时故意把他们拆散，归入不同的选区内，使他们在各个选区中均成为少数分子，从而降低他们被选中的机会，这样就对他们不公平。又或者此族群在州内是分散地分布（或者是集中于州内的数处地方），选区划分时却故意把他们大部分划入同一个选区内，使他们在其他选区中均成为少数分子，从而降低他们在其他选区中被选中的机会，这样对他们也是不公平的。

没有绝对的公平。

如果遇到挫折了，不管是身体上的残疾还是生活上的不如意，这是上天在考验你，或许是要让你去担当大任了。正如孟子所说："故天将降大任于斯人也，必先苦其心志，劳其筋骨，饿其体肤，空乏其身，行拂乱其所为，所以动心忍性，增益其所不能。"人们不是常说，如果上帝太喜欢你，就好像你特别喜欢一个苹果，你会怎么样？对了，会狠狠地咬上一口。你可能就是那只上帝喜欢得不得了的苹果。中国"达人"刘伟，台湾著名画家谢坤山，如果没有遭遇到身体上的残疾，可能就没有今天的成就。唐僧成佛都需要经过九九八十一难，缺一次都不行。苦难也是一笔财富，常怀感恩之心，就能够心平气和、善待身边的一切了。

再反过来看看，如果老师不关心你，你不是不想完成作业吗？好，由你去吧；你不是不想听课吗，好，由你去吧，睡大觉也好，看课外书也好。你看这样行不行？是的，在这件事情上老师的确不公平，因为他只关心你而没有关心别的同学。因而"不公平"这句话应该由其他没有被抓的同学来讲，他们应该向老师提出抗议：老师为什么你不抓我们呀，这是对我们的不关心，这太不公平了。当然这里还有问题要弄清楚：你是否犯错误了，老师这样做的目的是什么。你弄清楚后就不会认为老师不公平了，至少不会认为对你不公平了。反而应该好好感谢老师，谢谢他的特别关照。

也有人说，别总抱怨不公平，有时候对你的不公平或许就是对别人的公平。此言有理，真理自在人心，公不公平也一样，更在于自己的心态。

有人说，人生本不公平，唯一公平的就是人人都得死。的确，人一生下来就已经不公平了，你的父母与别人相比可能很贫穷，你的出生地可能比别人偏远，你的容貌可能比别人长得丑陋，你的国家也许很贫穷，甚至正处在战乱之中。唯一公平的就是我们都有一条生命，我们都可以通过自己的努力去充实自己、改变自己。我们应该明白，抱怨是没有用的。我们需要用一颗感恩的心去理解这个世界。

其实世界是公平的，上帝也是公平的，换一个角度去看问题，少一分自私，多一分大度，少一分执拗，多一分理解，就会换得内心的安宁。

第六编

学而后则思

优秀班级建设中的“长江法则”

记得有首歌是这样唱的：“我们的大中国呀，好大的一个家。……家里盘着两条龙，是长江与黄河。”是的，那长江是亚洲第一长河，它发源于青藏高原唐古拉山的主峰各拉丹冬雪山，雪化成水流下来，慢慢地，涓涓细流汇成了滔滔之势，在滋润了华夏大地大半河山之后，施施然从上海流入太平洋，完成了从无到有，从小到大，从默默无闻到举世闻名的壮丽历程。它源远流长，孕育了华夏几千年文明，孕育了炎黄的亿万子民，哺育了一代又一代中华儿女，和黄河一起并称为“母亲河”。它为华夏民族所敬仰，也为世界人民所赞叹。

从长江的形成、壮大和辉煌，我们看到了事物发展的规律，而一个人的成长，一个集体的强大，一个国家民族的兴旺亦然。那么，一个优秀班集体的建设，如果能够遵守“长江法则”，必将能够从小到大，从平平庸庸走向优秀。

一、起点要高，立意要远

长江之所以能够挟雷霆万钧之势，奔腾而下成为世界第三大河流，最重要的原因是它发源于世界屋脊的青藏高原，这个举世无匹的高度造就了它的恢宏气势，使它不同凡响。

在班级建设中，尤其是在班级文化、班级理念的建设中也应该立足高远，站在时代的高峰俯视整个社会的需求，回顾历史的漫长道路，运用发展的眼光去把握文明传承的需求，以适应新世纪对人才的需求。不能只是盯着眼前学生身上的毛病或者急功近利地以中考、高考为目标去建设班集体。中华民族五千年的灿烂文明是世界上唯一能够得到延续的古代文明，其必然有令世人惊叹的内核，班主任在引导学生确立班级理念、奋斗目标时就应该在历史的宝库里去粗取精、去伪存真，甄别出适合当今社会需要的东西；同时，新时期知识呈爆炸式增长，全球化进程加快，地球变得越来越小，我们究竟应该培育出什么样的人才，也要站到相当的高度去研究。这样才能把一个班级带出声势，带出特色。

二、方向要对，目标要清

发源于青藏高原的河流不止长江一条，但是真正能够与长江匹敌的屈指可数。长江之所以能够成为长江，能够以自己独特的风姿展现于世人，就在于它不是向西流，不是向南流，也不是向北流，而是向东流，坚定不移地向东流，不管路途有多少艰难险阻，不管是小溪挽留还是湖泊诱惑，也不管是高山拦截还是大河误导，它都义无反顾地勇往直前，直达目的地。成就长江的是它那正确的方向和坚定的脚步。

在中国的班主任中，有许多非常优秀的开拓者，他们在班级建设中无不选择了正确的方面，之后一步一个脚印，坚定地走下去，于是成为了中国教育史上的“长江”。魏书生老师几十次地写申请要做班主任，正是他选择的正确性与执着精神成就了他教育家的事业。

我们普通的班主任与班集体其实也可以成为“长江”。只要我们认定了前进的方向，一直走下去，不为身边的名与利所羁绊，不为高考的指挥棒所干扰，只要我们带领一个班级认准了大方向，日复一日，大踏步往前走，就一定能够把自己的班做出特色来。在当今世界走向民主、科学和规范的大环境下，在举世提倡培养新型人才、复合人才的大趋势中，如果我们能够紧扣时代脉搏，注重学生精神世界的提升，培养学生立有为之志、做自为之人，引导学生自主学习、自主管理和自为成长，优秀班级就可以形成。

三、思路要阔，心胸要广

长江流域从西到东约 3 219 公里，由北至南余 966 公里。长江流经青海—西藏—四川—云南—重庆—湖北—湖南—江西—安徽—江苏—上海，完全或部分流经包括西藏自治区在内的多个地区。还汇入了雅砻江、岷江、嘉陵江、沱江、乌江、湘江、汉江、赣江、青弋江、黄浦江等重要支流。这广阔的地域和河流让它“枝繁叶茂”，生机勃勃，气势如虹。

班级建设也一样，需要虚怀若谷。不管是任小艾、魏书生、李镇西，还是高金英、万伟，也不管是国内的教育理念，还是国外的教育思想，只要能够解决我们的问题，一概如鲁迅先生所言拿过来；同时也需要把各种教育资源和教育手段充分整合利用起来，去为班级工作服务，文字、声音、图片、视频、小活动、小游戏和小制作，只要有教育意义，能够引领学生成长，也不妨先拿过来。只要我们有了博采众长的思想，有了海纳百川的谦逊，有了独具一格的创意，就一定有不一样的班集体。

四、精彩纷呈，亮点突出

在长江的两岸，有不少名城，如重庆、宜昌、武汉、南京、上海等，他们仿佛是长江这条彩带上串起来的颗颗明珠；沿岸还有许多名胜古迹，是了解中国历史的珍贵资料；与这有关的众多的神话传说，也是中国文学的宝贵遗产。

班级建设也不是凭空的一句话，不是按部就班地组建了班委会就叫做组织健全，不是复制中学生守则或者校规就叫做制定了班纪班规，不是在课室后面贴一些学生作业就叫做环境布置，不是班主任在台上翻来覆去地讲自己的想法就叫做班会课。班级建设应该有自己鲜明的特色，有与班级学生实际情况相适应的班级文化，有一个叫做“灵魂”的东西，有能够引导学生积极向上、为理想而奋斗的具体操作方法，有能够通过民主的方法使所有的学生积极参与制定的班级班规，有能够不断反映学生成长轨迹和思想动态的墙面布置，有能够让所有学生参与其中并且感悟真善美、得出自己独特结论的主题班会。如此就一定可以让人们从中看到许多不一样的东西。

一个颇具特色的班集体，如果在它建立之初能够起点高、立意远、方向对、目标清，那么，这样的班集体就一定会是一个充满理想与活力，追求完美与幸福的集体。如果思路阔、心胸广，再加上亮点突出，就一定有值得别人学习的地方。班主任其实只要为自己的教育工作多留一份心，生活中有许多地方是可以让我们有所思、有所借鉴的。

班级管理中的“战争启示录”

战争本来是敌对双方为了达到一定的政治、经济目的而进行的武装斗争，是当事者之间的矛盾争端达到白热化之后，对对方采取的粗暴的毁灭行动。在人们的心中，战争就是打打杀杀。然而战争是解决纠纷的一种最高、最暴力的手段，通常也是最快捷最有效果的。

看起来战争跟班级管理是风马牛不相及的两件事，然俗话说得好，一理通百理通，天下的道理都是相通的。我们坚决反对把师生关系看成对立或者敌对关系，可是战争中的许多地方折射出来的道理在班主任工作中还是很有借鉴意义的。

一、让听得见炮声的人来决策

华为总裁任正非有一段很经典的话，这是他在公司内部的讲话——《让听得见炮声的人来决策》，此话在企业界和管理界广受推崇。在这段讲话中，他多次提起：“应该让听得见炮声的人来决策。后方配备的先进设备、优质资源，应该在前线一发现目标和机会时就能及时发挥作用，提供有效的支持，而不是由拥有资源的人来指挥战争、拥兵自重。”所谓“让听得见炮声的人来决策”的实质就是组织的决策权下放问题，它不仅涉及指挥者个人管理风格的调整，还涉及组织的机构改革与深层次的组织文化建设等方面的问题。

就班级管理而言，把这段对军事战争的管理与决策的论断进行研究，也许有助于我们更好地理解班主任的决策方式，厘清管理风格的利弊。如果说军队的目标是消灭敌人，那班主任的目标就是为了让学生成为当今社会所需的高素质人才。而为了达到我们的教育目的，班主任往往想当然地加入许多自己的想象和所谓的管理办法，班主任的主观东西过多，只会增加学生的抵触情绪，特别是在高中阶段。当班级管理只停留在梦幻般的理论层面时，要建立优秀的班集体就不太可能。

第二次世界大战的一些事例就给我们提供了管理思路，盟军把决策权根据授权规则授给一线团队，后方只起保障作用，结果大获全胜。班主任把决策权授给班干部团队，让他们去根据实际，以总目标为依托，以提高修养、增长知识、提升能力为目的，为自身成长着想，让学生们去制定相应的班规班纪，班主任起教育、调控和督促作用，那么一个优秀的班级就容易建成了。

在普法战争后，德意志帝国便开始制订进攻法国的“施里芬计划”。该计划前后酝酿近20年，几乎耗尽了整整一代德国军队精英的心力。自1891年施里芬就任德军参谋长开始提出计划，1906年小毛奇接任其位后继续修改，到1914年最终实施，“施里芬计划”的作战行动最后几乎精确到了每一天的行动细节。这个堪称“完美”的计划核心是：以俄国军队动员缓慢为战争前提，在俄军全国动员之前，用6~8周时间首先于西线击败法军，然后利用德国发达的运输网，趁俄国动员未完成时迅速将主力从西线调运到东线，再次以优势兵力击败俄军。该计划的核心要旨便是争取时间。为此，它要求德军各部队像钟表的齿轮一样，精确地按作战计划流程完成所有作战任务，任何环节都不能有一丝的折扣。

经过多年的反复推断和精确运筹，“施里芬计划”的确在“一战”爆发初期让德军势如破竹，长驱直入。然而，战场瞬息万变，战争包含太多的变数，一旦在致命的临界点出现变数，整个计划的执行就会乱了方阵。果然，由于法军的拼死抵抗，德军未能按预定时间“击垮法军”，德国人被迫陷入事先要求“绝对避免”的两线作战，最终不得不输掉战争。

“施里芬计划”的失败，正是在于作战计划看似完美无缺，却无法弥补对于战争前提过于理想化的错误判断。在战争中，以前制订的作战计划或许很科学很细致可行，但是，现在那听得到炮响的地方，已经有了变化，如果我们还是按照固有的作战方案去执行，可能就会带来极大的危险。

谁来呼唤炮火，应该让听得见炮声的人来决策。

而我们的班主任很多时候恰好是反过来的。或者高高在上，不了解学生在想什么，不知道学生最关注的是什么，仅仅凭借自己的班主任权威让学生做这样干那样，往往得不偿失，辛苦了班主任自己，学生还不买账；或者事必躬亲，既做“消防队员”又做“保姆”，既做决策者又做实施者，这样也许能取得一些成绩，带出一批乖孩子，但是这没有充分激发学生的积极性，没有最大限度地发挥其主观能动性，对培养学生的能力是有极大局限性的。

不少班主任的工作何其相似，犯下了和德军同样的错误，过于乐观地估计形势。往往开学前计划得很翔实完美，却因为学生是一个个不断变化发展的个体，许多事情出乎预料而让一个班级难以形成良好的团队，班主任也在成天的疲于奔命中耗去了光阴，丢失了豪情，消磨了意志。

有一句话说，能救我们的，只有我们自己。事实上能够真正拯救学生的也只有学生自己，家长、教师包括班主任只能敲边鼓，启发学生的心智，帮助学生进行自我教育，不断反思——我今天与昨天相比是否进步了，我是否还有做得不够好的地方，我需要怎样的改进。

在现实生活中，我们常常看到许多教师不愿意做班主任，要不是有评职称的需要，许多学校是找不到人做班主任的。班主任待遇低，工作烦琐，费力不讨好。班主任培训工作还没有完全落到实处，做这样的工作的确是一件很考验内功的事情。年轻的班主任们就只好根据自己的理解，凭着一腔热血来做工作，虽然事事亲力亲为，时时亲自到场，甚至还搬来了名班主任的“宝典”、“兵法”，结果还是不如意。原因之一恐怕还是对那些“宝典”中的“战术”运用得不够灵活。

在班级管理中，班主任之所以觉得累，主要还是不放心学生，“人治”多于“法治”。固然，班主任是整个班集体的主要管理者，但是更应该是学生成长的引领者。管理不应该是班主任一个人完成的，也不应该仅仅是为了保证学生不出安全问题，完成领导交办的任务。班主任要激发学生的积极性，建构一个和谐的团队来完成培养人的工作。倘若发生任何事情，都得班主任亲自来解决，这就是“任务型管理”的一种表现形式。这类管理的特点，就是有头、有尾、有来自高层管理者清晰的目标和执行者明确的结果，比较容易操作，也容易出成绩。因为这种管理基本是班主任一个人的事，所以容易集中资源在短时间内完成。但是这种管理的后遗症就是整个过程的控制过于依赖班主任，容易造成风险增大的情况，只要班主任不在身边，学生就可能六神无主。

二、从“任务型”管理走向“规范化”管理

在“二战”早期德国陆军有着惊人的作战能力和效率，很重要的一点体现在德国人强调军事决策的迅速，关注决策的核心内容而不拘泥于细节。这个军事决策核心要求下属忠实理解并坚决执行指挥官的命令意图，至于如何执行等细节，一般交由下属单位和指挥官决定，让后者拥有更大的作战指挥自由度。许多著名的德军指挥官，例如古德里安和隆美尔，都是这种“任务型战术”的倡导者和执行者。隆美尔甚至多次自行主张，违背德军统帅部的指令，让已经破译了德军密码的英军虽然对德军大本营的指挥洞若观火，却因其全然未按照大本营指令而行而被一次次打得措手不及。隆美尔认为，大本营统帅部内穿着笔挺元帅服的决策者根本无法体会北非沙漠坦克中的士兵现况。地图上的一厘米对于计划决策者可能只是个距离概念，然而对于部队却可能包含无数困境。

可是，后来德军的决策体系就采用了这种“任务型”管理，结果输掉了战争。

班级组织的管理也存在着相同的弊端，对于班级管理而言，这种现象并不少

见。那些远离学生、远离班级实际的班主任们坐在办公室里制定出一套套班主任计划，显然无法感知学生的变化，更无法洞察学生的内在体验。正因为如此，才有了任正非的大声疾呼“让听得见炮声的人决策”，才有了教育界推崇的建设民主班集体的变革。

其实，在班级管理中应该实现“任务型”管理向“规范化”管理的转变。学生应当不再是围着班主任转，而是围着班级的共同目标转，所有的学生都知道自己应该干什么和不应该干什么，并明白自己在班集体中的角色，班级里无论事情大小，都是由学生自己搞定，实现事事有人做，人人有事做。所有任务的目标由学生自主委员会制定，他们只需要向班主任汇报阶段性的结果。

让学生来做决策者、实施者，让每一个学生都来对班级的目标、组织结构、职责、流程、绩效进行识别、策划、实施、评价和改进。那么班主任就可以从繁杂的事务性工作中解脱出来，更多地去关注学生的整体发展趋势和精神文明的建设。班主任的“任务型”管理变为了学生的“规范化”管理。

事实上“让听得见炮声的人决策”用于班集体的管理，就是大量收集学生的信息，更多地让学生参与制定班规班纪，建设民主班集体。班级建设不应该只是班主任的事情，更应该是在班主任指导下的学生自己的事情，学生才是班级的真正主人。

“内自讼”方能自强

在人的一生中，离不开教育和自我教育，而后者比前者更重要。自我教育又称自我修养、自我批评，它是德育的一种方法，指人们通过认识自己，要求自己，调控自己和评价自己，最终实现自己教育自己。它也指认识主观世界和教育自己的全部过程，是人们以自己已经形成的思想品德为基础，对自己过去的言行进行反思，并且提出一定的奋斗目标，监督自己去实现这些目标，并评价自己实践结果的过程。在人的成长过程中，他育与他律固然重要，尤其在自己还没有完全透彻地认识自己时，然而自律自省、自我教育才能使人真正成长起来，独立于世。

一、自我教育的重要性

中国古代教育家历来重视自我修养。《周易》主张“天行健，君子以自强不息”。儒家提倡“吾日三省吾身”，孔子曾叹曰：“已矣乎，吾未见能见其过而内自讼者也。”“内自讼”，就是要求人们自觉地反思改过迁善。佛教的核心教义是“自觉觉他”，主张“自依止、法依止、莫异依止”（即自我教育）。马克思主义者的德育论也认为，教育同自我教育是统一的过程。自我教育在一定意义上来说是教育的结果，又是进一步教育的条件或内部动力。因此，在教育的过程中要充分发挥受教育者自我教育的主体作用。毛泽东提倡在人民内部让人民“用民主的方法，教育自己和改造自己”，提倡“人民内部的自我教育工作”，并且指出：“批评和自我批评的方法就是自我教育的基本方法”。

虽然在大自然面前人的能力有限，但不可否认，人的潜能是巨大的，一旦人能够充分认识自己，能够“自带动力”解决“发动机”的问题，就能到达世界的任何角落，“一切皆有可能”。尽管每一个人的发展千差万别，可是发展的核心问题还是解决自我的问题。因为自己的缺陷、无知与需要教育的地方，只有自己最了解。人只有懂得自我要求、自我学习、自我充实和自我反省，凡事能够反求诸己，不断自问、自觉、自发和自悟，透过自我的观照方能找到自己；否则如《遗教经》说：“我如善导，导人善路，汝若不行，咎不在导；我如良医，应病与药，汝若不服，过不在医。”自己不觉，不但佛陀帮不了我们，上帝也帮不了我们，“世界上从来就没有什么救世主，也没有什么神仙和皇帝”，只能全靠我们自己。

自我教育这一因素对于成才、成人的重大作用，过去很长一段时间却被人们忽视了。在学校教育中我们也更多地在强调教师的教育，强调对学生人格、思想品德的塑造，学生一旦出现了出格、违纪或犯错的事情，教师采取最多的应对方式是教育、批评，或苦口婆心的劝导，或是声色俱厉的训斥，而对怎样去激发学生自我教育、自我提高思考得不够，研究得极少，做得也很不够。以至于现在的中学生越来越缺少有自省精神，相反倒是表现出少有的自信，自我膨胀的风气日盛。即便是偶有自省，也难有羞耻痛苦的自讼；即便是有识之班主任能够意识到对学生进行自为教育的重要性，也往往蜻蜓点水一带而过，难做深入实践。

韩愈说过：“师者，所以传道授业解惑也。”韩愈的“传道”是指言传身教，培养学生的人格。“授业”指传授基础知识，基础技能。“解惑”指针对学生主动学习并提出的困惑进行解决。但是我以为教师所传之道、所授之业与所解之惑，更应该包括学生在实现自我教育的人生历程中的“道”、“业”与“惑”。

二、如何进行自我教育

（一）自我教育以教育为基础

没有自我教育的教育，不是真正的教育，而只是一种对机械的灌输，甚至是一种对精神的摧残，实际是一种反教育；当然，没有教育的自我教育也往往会陷入虚无，变得放纵而不负责任。真正像佛陀一样没有外在的因素而在菩提树下顿悟的，古往今来还没有几人。因此，教育是自我教育的基础，自我教育是教育的内化与提升。教育的最高目标是什么？早在20世纪60年代，叶圣陶老先生就非常明确地提出了“凡为教，目的在达到不需要教”。到了“可以不教”的那一天，其实就达到了自我教育的目的了。

因此，在让学生进行自我教育之前，需要教育学生知道最基本的为人处世原则，善于区别真伪、善恶和美丑，明白作为合格的公民应该具备的品质。鼓励他们在肯定并坚持自己正确的思想言行的同时，勇于并且善于否定与改正自己错误的思想言行。要指导学生学会运用批评和自我批评这种自我教育的方法。

当一个学生把教育者提出的教育要求变成了对自我的要求，并把它付诸实践的时候，教育目的在他身上就真正实现了。

（二）顺其自然，顺应规律

《道德经》里说：“人法地，地法天，天法道，道法自然。”换言之就是按照自然的法则去生活，在生活中了解自然，顺应自然，尊重自然，随自然的发展而发展，人们就会获得身心解放，人类就能和谐进步。人生的发展过程是如此，人的教育过程同样如此。每个人的成长都有其自身的规律，这个规律就是自然，只有顺其自然地发展，顺其自然地教育，他才可能做他愿意做的事情，做他最想做的事情，做他喜欢做的事情，成为他最想成为的那个人！

自我教育作为学校德育的一种方法，它要求教育者按照受教育者的身心发展阶段予以适当的指导，使他们能把教育者的要求，变为自己努力的目标。而不同年龄的学生，有着不同的生理、心理特点，有着不同的生活背景和教育背景，因此他们的是非观念，辨别真、善、美的能力，自我认识、自我监督和自我评价的能力都有很大的不同。身为教育者的老师，需要充分了解他们的实际情况，根据所教班级以及每个学生的具体情况进行具体的引导，逐步提高其自觉性、积极性，帮助受教育者树立正确的世界观、人生观和价值观，正确地看待身边的人和事，全面地看待自己身上的优点和缺点。

（三）善于抓住时机

自我教育既包含让犯错误的学生进行自我反省、自我教育，也包含抓住教育契机使每一个学生在没有错误的时候进行自我思考。班主任应该具备发现和利用一些关键的时间和事件引导学生进行自我教育的能力。比如在学期初，怎样制订学期计划，目标是什么，措施有哪些；在中段考试后，反思半学期以来自己在学习上存在什么问题，哪些地方还需要改进；在学期末时，总结一学期来在思想品德与学习方面有哪些值得以后继续发扬和需要克服的地方，假期怎样制订计划；同时，学校或者班上发生的重大事情均可用以指导学生思考、自省和提高，另外，在国际国内的一些重大事件和偶发事件上尤其需要引导学生提高认识，比如抗击暴风雪事件、汶川大地震、北京奥运会、神七上天、日本核辐射等所引发的关于环境、天灾、科学之间的关系的思考。当然，在引导学生的过程中，如果由老师主观地制订一个自己很满意的计划，强迫学生去执行的话，不仅学生永远学不会自我教育，而且体会不到创意的乐趣；相反，鼓励学生自己制订计划，写反思，老师在学生计划基础上提出建设性的补充，他们就不但能够从内心深处去思考、体会，而且觉得自己是主人，积极性、主动性也会被调动起来。

（四）注重引导的技巧

1. 在引导学生进行自我教育时，最重要的是要尊重学生

人都有被尊重被认可的需要。学生同样也存在这样的需求。适当地满足学生被尊重的需求对于其心理健康发展有很重要的作用，否则容易使学生产生自卑感、虚弱感和无能感，也会影响到学生的智力发育。学生被尊重的需要得到满足后，就会对自己充满信心，对社会满腔热情，体验到自己活着的价值，就会有自尊。基于这种需要，学生们愿意把工作做得更好，愿意把学习搞得更好，进而受到别人重视，实现自我价值，且利其成长、成熟。只要学生们的积极性被调动起来了，无论怎样落后的班级，都会在较短时间内改变风气。

作为青少年学生，都有很强的自尊心，都希望经常得到别人的赞同和表扬。当自己考试进步了，他（她）就希望老师家长能夸他（她），希望同学们能投来羡慕的目光。帮助了别人，内心也往往希望听到别人的道谢，尽管那也许是他（她）应该做的，但是道谢和夸奖往往令其获得心理满足，如果没听到反而心里很不是滋味。

我们常常看到一些学生胆怯、害羞、没主见或冷漠，究其原因主要是在家里、学校或在社会不被尊重。为什么有的学生成绩不优秀，其他能力也不突出，就喜欢接老师的话？其目的就是为了引起老师和同学的注意，为了满足那点可怜的自尊，因为他们没有办法通过其他渠道来得到人们的尊重，只好寄希望于自己的这种行为能引起别人的注意。那些成绩不优秀者自尊心往往比其他学生更强，尤其希望得到别人的赞赏。所以老师对待这些差生，更需要多一些热情，少一些冷漠；多一些关心，少一些埋怨；多一些尊重，少一些轻视。凡是做过班主任的教师都知道，只要出自真心去帮助学生，学生在内心深处也会感激老师的，即使读不好书，也能做个好人。

因此，在引导学生进行自我教育时，不妨先夸夸学生，对他们以往的优点予以肯定，以示尊重。

2. 设身处地，站在学生的角度去看问题

学生所犯的诸多错误，往往是无心的，而且常被人误解。所以老师在处理一些所谓的调皮学生时，一定要先弄清楚原委，要善于发现学生的内心想法，有时甚至需要从积极的角度去对他们进行评价。陶行知先生用了三颗糖，三言两语就教育好了一个学生，没有严厉的批评，没有大声的训斥，只是站在另外一个角度去看问题。学生为什么会犯这种错误，很多时候他们或许是出于一种质朴的想法，在不正确的时间做了可能是正确的事情。

比如使用手机的问题，生日聚会问题以及早恋问题（现在一般称为“男女

同学关系过密”）。教师在处理的时候就应该站在学生的角度，透过现象看本质，理解孩子行为中反映出来的思想本质，对其初衷先予以适当的肯定，再明确指出其不正确的原因，积极引导其勇敢正视并改正错误，继续向前。

比如，学生中不时出现“为朋友两肋插刀”的打架现象，就是学生出于其自认为的朋友义气，“某人太嚣张太欺负人，所以要教训，要修理”。从本质上看，他们是为了伸张正义，为了公正，“路见不平”，这是值得肯定的，只是解决的方法欠妥，采取的措施不当。若善加引导，这份正义感必将使其受益终生。

3. 细心与耐心必不可少

首先，从人的本性来说，每个人都有强烈的自我保护意识，所以当遇到问题时，人们总是不自觉地将责任归于外界，有时甚至明知自己不对，也不愿承认，这就是有时候学生明知道是自己错了也不承认的原因。因此，在指导学生进行自我教育时，需要细心与耐心。特别是对犯错误的学生，要充分了解事情的缘由，克制住冲动。而对于一些自我教育、自我反思的措施，则可以鼓励学生自己提出行动方案，由教师加以细心指导，以自己的阅历和教育经验去做好学生的参谋。

其次，要给学生以思考和改进的空间。“冰冻三尺非一日之寒”，要培养出品学兼优的学生是需要时间的。要让学生从错误中走出来也是需要时间的，这也就是有些事情的处理是需要“冷”一段时间的原因了。对某种现象，学生一时半刻可能认识不清，教师可以与学生共同探讨，相互辩论，慢慢来，不把自己的看法强加于人。即使学生有的看法不够正确，也不必着急，而是引导学生继续思考。

回顾人类历史，能够取得巨大成就的人，无不具有高度的自我教育的意识和能力。“内自讼”方能自强。而对于学生的“自讼”，当然不能任由他们个人孤立地闭门修养，他们的进步也不是一天两天能够实现的，它需要教育者运用自己的智慧善加引导，充分发挥学校、班集体和家长的作用，再结合学生实践、学校实际和学生的集体活动进行。雏鹰最终是要飞向蓝天的，老鹰必有放手的一日，学生也终究要走向社会，如果在学校期间，他们能够在老师的指导下学会自我反省、自我教育，由开悟到顿悟，这必将对他们以后的人生起到巨大的作用，也必将提升他们的生命质量。

苏霍姆林斯基说：“只有能够激发学生去进行自我教育的教育，才是真正的教育。”愿我们每一个班主任能做到真正的教育。

见一叶落而知岁之将暮

这两天我发现坐在第一排的班长颖秋郁郁寡欢，神情黯然，一副没精打采的样子，已然不是平时笑口常开的神态。我心想，这里面一定有些什么问题，我得与她聊聊，看能不能想办法帮助她舒展紧锁的眉头。

放学后我等班长来，笑着问道："阿秋，遇到什么不开心的事情了吧？能告诉我吗?"她苦笑了一下说："我是遇到了问题，老师我想得到您的帮助。"果然，好在我的班长平时性格也开朗，一问竟然爽快地承认了。于是我想让她先用文字整理好，晚上再告诉我。

晚修前，阿秋交给我一张纸，洋洋洒洒写了1 000多字。在信里，她详细谈了自己的困扰。原来，她的痛苦来自于上一届刚刚参加完高考的学生及其父母的焦虑，进而联想到自己的爸爸妈妈，一年后的他们亦将参加高考，于是就不开心了。回家后虽然与爸爸妈妈聊天，说他们依然没有给压力，但是正是因为：

"没有压力，对我来说完全是一种释放，或许是过度的释放吧，我的成绩不但没长进反倒下滑，于是我反而恐惧了。因为我知道，在这种爱的环境下，仍然不能学好，真是天大的笑话，既对不起自己，也对不起爱我的父母。于是，爱，让我产生了压力。于是我反而变得毫无动力，忧虑中，我变得更加颓废。"她在后面还写道："其实，我也得感谢老师您，您对我是很关心的，看见我心情不好就知道我遇到问题了。不过我真的很需要有人开导我。老师，希望您能够给我点帮助。"

我分明看到了一双求助的眼睛，仿佛眼前是一只迷途的羔羊，露出的满是哀求的无助眼神。我在暗自庆幸，我有一双善于捕捉学生内心世界的眼睛，也庆幸我的学生是那样地相信我，能够把自己的心思完全告诉我。

于是我在思考，解决这个问题我当然责无旁贷，应该想办法解决得更妥帖一些。先给她一些思考时间，也给我自己留一些思考空间。我仔细查了一下她的成绩，她的成绩已经很好了，在理科班的排名已经很靠前，10个理科班近600人能够进入前70名是很了不起的了，而且比起上学期末她还进步了60多名，不像她自己想象中的那么不好。问题应该是出在没有信心和需要鼓励上。找到了"病根"，就容易"对症下药"了。

第二天的晚上，我约她来到了学校操场上。我开导她道：

第一，我要肯定你对班级工作所做的努力，我们8班的优秀是与你的辛勤付出分不开的。谢谢你！在做班长期间，看到你既锻炼了自己的能力，又提高了自己的修养，老师很满意也很高兴。

第二，一直以来，你学习都很刻苦，每天来得很早，回得很晚，而且基本不受外界的影响，能够专心学习。你一定要相信自己的能力，一分耕耘一分收获。就好像种庄稼，只要你播种了，浇水了，施肥了，就会发芽生长，开花结果。只是有的种子发芽的时间短一些，而有的需要更长时间孕育。在学习和生活中我们也常常遇到这样的情况，譬如写字，到了某个阶段后总感觉很难突破，其实那正是即将飞跃的先兆，不用着急，一切都会好起来的。

第三，当然也要适当注意方法，学会总结经验和教训，用智慧去学习。其实读书不需要绝顶聪明，有时候只需要往前面多想一丁点就可以了。就好比学习数理化，老师给你讲一道题，你懂了，可是你还可以往前再想一点，老师为什么讲这个题？用意何在？如果换一个条件，我会解吗？原来这个例题不外乎在于运用某个公式或者定理，在于让我们明白其中的一些奥妙，乃至让我们避免犯一些错误。

听着我的话她不断点头，脸色多云转晴，渐渐开朗了起来，笑容也爬上了脸庞。最后她说："老师，听了您的话，我心情舒畅了很多。有的时候自己就是想不开，不好跟爸爸妈妈讲，也不好跟朋友说，只好一个人憋着了，好在有老师您。"

《淮南子·说山训》里面说："以小明大，见一叶落而知岁之将暮，睹瓶中之冰而知天下之寒。"在生活中，我们可以通过个别细微的迹象，看到整个形势的发展趋向与结果，见微知著。做班主任的只要心中装着学生，把他们当成自己的孩子，时刻关注他们的动态，随时留心他们的言语神情，也一定能够发现一些端倪，把工作做到前面去。在我们班主任的工作中，常常因为某一次适当的思想工作而影响了学生的整个人生，从此改变他们的人生轨迹。

打开善良之门

那是7月7日上午，最后一节课是我的语文课，刚刚下课的我走到教室门口，就被另外一个班的一个男生堵住了。他悄悄塞给我一张纸条，然后又悄悄地说了一句："请您抽空看看"。我知道学生可能又遇到什么问题，需要我解决了。

到了办公室，我拿出纸条来一看，原来是说他们班主任的事情。其中语气带有浓烈的火药味，列举了其班主任的三大"罪状"：脾气火爆——差不多每天都骂人，而且都是为了一些小事；口吐狂言，不顾学生自尊——带他们班快一年了，他总是伤害大家，叫人"滚蛋、滚出去"，他连在晚修时间发现有同学稍微分心也大发雷霆，跟其他吵到别人的同学没有区别；十分偏心——有一个成绩不大好的同学迟到了，他马上吼道"滚出去"，但若是前几名的学生迟到就没有事，还笑着问是不是病了。学习方面也明显将资源往优等学生身上倾斜。最后该学生还写到："我听您班的学生说起您的和蔼民主，知道您是一位很有经验的班主任，我写这封信的目的就是希望您能够与我们班主任多多交流，或许能改善他的教育方式。"

面对这样的学生，面对这样的一封信，我应该怎么办呢？他在信中说："如果王老师另有见解，可写下回复我，面谈就不必了。"看来这学生是有些误解老师了，对老师的防备心也挺重的，还并不想与我正面交锋呢。这让我想起勘弥大师的故事：

有一回，日本歌舞伎大师勘弥扮演古代一位徒步旅行的百姓，正当他要从后台走向前台准备上场表演时，一个学生突然提醒他说："师傅，你的鞋带松了。"堪弥大师充满感激地对学生说："谢谢你呀。"然后立刻蹲下，系紧了鞋带。当他走到学生看不到的舞台入口处时，却又蹲下把刚才系紧的鞋带复又弄松。正巧那天有位记者到后台采访，看见了这一幕。等演完戏后，记者问堪弥："你为什么要这样做呢？"堪弥大师回答说："松开鞋带这个细节有助于表现流浪汉长途旅行的疲态。"记者问堪弥："你为什么不当时指教学生呢，他不懂得这演戏的真谛呀。"堪弥回答说："如果我当时就向他指出真相，他就一定感到班门弄斧一样的羞愧，日后就不会再向我提建议了。别人的亲切关爱与好意必须坦然接受，要教导学生演戏的技能，机会多的是，在今天的场合，最重要的是要以感激的心去接受别人的提醒，并给予回报。"

堪弥的话告诉我们：千万不要随意封住别人对你打开的善良之门，学生的自尊需要善意的保护。我不是那学生的班主任，当然也可以不理此事，但是，这样很可能会使该学生更加误会他的班主任，所谓“亲其师则信其道”，以后的学习就可想而知了，或者破罐子破摔，“不给老师您读书了”；或者与老师发生冲突。这学生的一生或许就毁了。

大概这位同学是听说过我某些与众不同的教育方式而尊重我吧，因此才有了向我求救的想法。或许是他真的想学好而班上情况不太好，又或许是他自己误解了老师，怎么办呢？还是得先多了解一下情况。于是我分别问了问这个班上的其他同学，发现问题并没有他说的那么严重，班主任也只是偶尔心急才那样说话的，老师也是在用激将法。而这位同学的性格却很内向，不善与人交流。看来这学生看问题偏激了些，对老师的误解太深，他只是站在自己的角度去理解。出于对学生的爱护以及他对我的信任，既然他说不愿意面谈我就给他回封信吧。我这样写道：

××同学：

你好！

感谢你对我的信任。同时我也从你的信中知道你是一个积极上进、努力向学的学生。至于你对班主任的一些看法，首先我会在一个适当的时间和适当的气氛下与他交流，我不会告诉他是你的意见，请放心。其次，可能你对班主任有些误解。据我所知，他是一个相当有责任心的老师，不知你是否认可。也不知道你发现没有，他为什么有时候宁可牺牲在你们心中的美好形象去教育批评你们？他其实是可以睁只眼闭只眼的，对么？何必去“得罪”你们呢？更何况他还没有谈恋爱呢，他需要维护良好的形象啊。你是不是认为因为他责任心太强，太爱你们了呢，所谓“爱之深恨之切”，那是恨铁不成钢啊，还不是跟你爸爸妈妈一个心思？所以，你应该多理解。就把他当成是你的爸爸妈妈在严格要求你吧！难道爸爸妈妈骂了你，你也心怀怨恨么？“一日为师终身为父”。所谓“良药苦口利于病，忠言逆耳利于行”。当然，他的工作方式可能稍微有些欠妥，有些地方的确值得商榷。但是同样是年轻人，你们不也常常犯错误吗（不然他就不会如你所言骂人了）？

换个角度想一想，如果你是班主任，许多事情三番五次地强调之后，仍然有那么多的人不听话，甚至有的人是一而再再而三地违反纪律，年轻的你会有什么想法？说不定会骂得更厉害呢。同学们的家长又非常放心地把自己的孩子送到学校，那么老师就要负责任；而学校与上级也给了老师们很大的升学压力，老师们需要对得住自己的良心。所以，与你们同样年轻的老师难免急切了些，或许没有太留意你们的感受。

所以啊，小伙子，宽容一点，多些理解吧。老师为你们好，其出发点不坏，现在你要做好学生应该做的，包括尊重老师。我想老师是最讲感情的，只要你们做好了学生的本分，没有哪个老师会无缘无故地骂学生的，你说是么？

你看了我的回信后，如果还有什么要与我交流的，王老师随时欢迎。只希望你能够从此心情平和，勤奋学习，还有不到一年就高考了，王老师衷心祝愿你能够在明年的高考中大显身手，考上自己理想的大学。

祝

学习开心

你曾经的语文老师

×年×月

我在想，这学生应该是下了好大的决心才给我写信的，他也是我的学生，我有责任帮助他，尽管其言辞看了让人很不舒服，或者在我年轻的时候也有学生这样误解过我。我打开了善良之门，与他真诚相待，而没有去断然拒绝他的请求。

在后来的时间里，我通过侧面了解与偶尔去他们班外面观察，发现小伙子上课状态不错，神清气爽了不少，脸上也少了些戾气，学习更专心了，最后还真考上了本科。

这件事也让我明白，在表面上，班级风平浪静，好像没有什么问题，但未必就表示学生们真的都心服口服。而做老师的，如果不留意自己的言行就可能在学生的心目中留下坏印象，进而产生误解，加深矛盾。因此，为师者必须谨言而慎行。同时，有的学生可能心有纠结，需要有人化解，尤其需要班主任老师予以开导。看来对学生进行全面深入的了解，加强师生相互之间的沟通，是我们做班主任的常规课和必修课。

从达尔文的人吃人部落说起

——学生思想教育需要循序渐进

近段时间，我们班各方面情况都非常好，几乎没有调皮违纪的学生，文明班评比几乎是满分。有不少年轻班主任非常谦虚地问我是如何管理班级的，甚至还有班主任把我和他聊班主任工作的话拿笔记录下来。老师们很敬业。我也会笑着说："我们班也有个别不大管得住自己的学生哦。"管理当然是很重要的，我也会给他们说一些具体的管理办法，我还告诉他们，对学生的思想引领远比管理更重要，而且要使学生的思想水平达到一定的高度，不是一蹴而就的，它是一个循序渐进的过程。

记得英国著名的博物学家、进化论先驱达尔文在日记中记载过他做的一件蠢事：19 世纪中叶，达尔文周游世界。一次，他来到非洲一个原始部落，那里的人住山洞吃野草根，过着茹毛饮血的原始生活。达尔文在那里住了几天，有了惊人的发现：当气候恶劣人们找不到食物时，他们就将老弱病残的人分而食之，理由是被吃掉的都被认为是没有用的（丧失劳动能力的人）。达尔文很痛心：世界已经进入文明时代，而这里的人还这么野蛮残忍，一定要想办法改造他们。于是他用高价买下了一个当地男婴，把他带回英国，他要用现代文明的教育方式，使这个非洲血统的小孩变成一个文明人，去改造他家乡吃人原始现状。16 年后，小男孩长成了"文明青年"，达尔文经熟人帮助，把他送回了非洲。一年后，达尔文想看看非洲的原始部落的大进步，但是，他却找不到那个文明青年。当地人告诉他，因为他什么都不懂，什么都不会做，已经被吃掉了。

对于一个社会来说，个人的力量是有限的。无论他怎么高明，都不可能改变整个社会的状态。对于一个班级来说，如果学生的整个学习环境都没有改变，学生们普遍没有觉醒，要想用班主任自己认为可行的办法或者思想去"统帅"学生，用班主任自己认为完全是为学生发展的一套办法去要求学生，其结果往往只会是徒劳无益的。难怪有班主任认为自己的意志得不到贯彻，自己的话被学生当耳边风。因为我们同样也犯了达尔文这位伟大的进化论者所犯的错误，违背了最起码的进化规律：人类从野蛮进化到文明，这其中必然经历一个漫长而又痛苦的过程，学生从懵懵懂懂成长为彬彬有礼、从顽童被教化为谦谦君子，这是一个比较漫长而又需要教育智慧的过程。

正所谓“十年树木，百年树人”，在班级教育与管理中，急功近利是行不通的，要想像对待成年人那样迅速地把自己的思想贯彻下去也是不现实的。做学生的思想工作，应该有几年一盘棋的思想，制订总的规划，一步一个脚印，前一个基础没打好，后面的措施便很难再开展。思想工作到位了，学生的非智力因素调动起来，其他问题就容易解决了。

根据权威机构的调查，人与人的主要区别不在智力上，真正意义上的天才或者神童只是凤毛麟角，绝大多数的人先天素质相去不远。那些取得了卓越成就的人，往往是其非智力因素得到了充分的发挥，他们的学习、生活习惯与思想修养不同于常人。那么，怎样让学生成为更优秀的人呢？需要从哪些方面入手才能更见成效呢？

愚以为，泱泱华夏五千年的灿烂文明中有太多值得去探寻、吸取的东西。试想，如果我们能够把传统文化的精髓诸如正直、善良、诚信、宽容、和谐植入学生的灵魂深处，把仁义礼智信的合理内核内化为学生的一言一行，把修身齐家治国平天下的思想植入学生的记忆深处，何愁学生不乖？哪用成天疲于奔命、四处去灭火？当然，如果班会课只是班主任老师的一言堂，只是形式单一的枯燥说教，效果也是可想而知的。当今社会信息发达，科技日新月异，如果能够把课件做得图文声并茂，把能够利用的资源都很好地用起来，在输入有益思想的同时，让每个学生都主动参与进来，把每一次的“思想教育”课变为学生喜欢的、有趣的活动课，让每个学生都喜欢上班会课，那么，通过层层铺垫，步步引导，学生们就会在“不知不觉”中“变”成我们所希望培养的人，我们就会享受到如唐太宗“在洛，登端门，见新进士缀行而出。喜曰：‘天下英雄尽入吾彀中矣!’”的喜悦了。到那时，学生想不跟你走都难了，而班主任要把自己的一些想法与做法告诉学生让他们予以实施，当然也就是小菜一碟了。

有人说，我们要改变世界是很难的，这话有道理。而我认为，改变世界也并非是不可能的事情。如果教师真的想改变整个世界，就请先改变你的学生；如果教师要改变学生，就请首先改变自己。教师自己改变了，可以影响学生，学生又会去影响周围的人，这些人再去影响更多的人，推而广之就可能影响整个世界。

班主任请从转变自己的思想出发吧，不做那个想当然的“达尔文”，一步一个脚印，循序渐进，学生的思想到位了，“一切皆有可能”。

由“以人为本”想到的

在诺基亚手机广告“科技以人为本”进入中国以后，“以人为本”这个词逐渐得以为大众所知，特别是在胡锦涛同志做出关于以人为本的论述以后，该词更是逐渐深入人心。在当下已经成为各企业事业的基本建设理念，也已然成为了当今管理的主流思想、时髦语言。

其实，“以人为本”并非舶来品，《管子》“霸言”中曾记载：“夫霸王之所始也，以人为本。本治则国固，本乱则国危。”之后，历代有识之士对此做出了诸多的诠释。董仲舒说：“天地人，万物之本也。”“为人者，天也。”白居易说：“人者，邦之本。”洪秀全也说过：“天地之中人为贵，万物之中人为灵。”

那什么是“以人为本”呢？首先是要弄清“人”这个概念。人是相对于神和物而言的。因此，提出以人为本，要么是相对于以神为本，要么是相对于以物为本。大致说来，西方早期的人本思想，主要是相对于神本思想，主张用人性来反对神性，用人权反对神权，强调把人的价值放到首位。中国历史上的人本思想，主要是强调人贵于物，“天地万物，唯人为贵”。《论语》记载，马棚失火，孔子问伤人了吗？不问马。说明在孔子看来，人比马重要。在现代社会，无论是西方还是中国，作为一种发展观，人本思想都主要是相对于物本思想而提出来的。

其次是要弄清“本”这个概念。以人为本的“本”，不是“本原”的“本”，是“根本”的“本”，它与“末”相对。提出以人为本，不是要回答什么是世界的本原，而是要回答在我们生活的这个世界上，什么最重要、什么最根本及什么最值得我们关注。“百年大计，教育为本；教育大计，教师为本”，以及“学校教育，学生为本”等，都是从“根本”这个意义上来理解和使用“本”这个概念的。以人为本，不仅主张人是发展的根本目的，还回答了为什么发展、发展为了谁的问题；而且主张人是发展的根本动力，回答了怎样发展、发展依靠谁的问题。

在学校教育中，我们常常遇到这样的情况，学生上课玩手机，老师代其收管，你批评教育他，他还不服气，振振有词地辩驳其有权利使用，国家没有法律规定不准使用。甚至还有家长四处投诉，说你们学校不是写着以人为本吗？这样做不就违背了你们自己的理念？于是部分老师觉得好像是不该代收，仿佛自己错了，理屈词穷了，最终不了了之。

这其实是对“以人为本”的误解。以人为本并非以自我为中心，并非自己想干什么就可以干什么，绝对的自由是没有的，绝对的自由只能造成绝对的不自由。“天高任鸟飞，海阔凭鱼跃”也不是绝对的自由，只能是一种美好的愿望罢了。鸟飞到一定的高度就要受自然的约束，鱼游到一定的深度也会受到自然的限制。人所共知，海拔每上升 1 000 米温度就下降 6 摄氏度，而且海拔越高空气越稀薄，到了一定的高度鸟儿是绝对不能再飞翔的了；海阔固然可以比较自由地游上一阵子，但是，每下潜 10 米，就会增加一个大气压，所以不是每一种鱼都能够悠哉游哉的。况且，“以人为本”里的“人”，不是抽象的人，也不是某个人、某些人，是指所有的人，以人为本是立足于所有人的发展的。“一切为了学生，为了学生的一切，为了一切学生”中“为了一切学生”是根本，如果因为个体而影响了其他人，那就不是为了“一切学生”了，也不是真正的“以人为本”。

所以对于某些学生或者家长的强词夺理，大可以理直气壮地告诉他们，什么是以人为本，什么是学校教育，同时不妨给家长也上一课。不得不承认，有些家长是没有领取“家长合格证”的，即不知道怎样去爱孩子、教育孩子，只认为一味地顺从孩子的意思就是爱孩子，以为只要给孩子买高档用品就是对孩子好。事实是，一个问题学生的背后一定有个问题家长。

要真正做到以人为本，当老师的在工作中就要一切以人的需要为需要，以全体学生的终身发展为指导思想，以培养学生起码的道德人格为己任，通过教育、引领、激励等方式把学生培养成新世纪的人才。真正做到这些，又怎会怕来自他人的质疑呢？

学生思想工作

——抢占制高点

常常遇到年轻的班主任朋友们这样问我："王老师，班主任工作怎样才能做好呢？您能不能告诉我们一些诀窍？"我笑道："诀窍倒是有一些，不过严格意义上说也不算什么诀窍。就是要抓住学生的思想教育问题，这就好比牵住了牛鼻子，抓住了主要矛盾。"

记得在以前的初中语文阅读课里有这样一篇文章，大概是说，很久很久以前一个哲人对自己的学生提出一个问题：怎样能让一片土地不长杂草？弟子甲说："用铲子铲。"乙说："用火烧。"丙说："撒上石灰。"丁说："连根拔去。"哲学家说："都试一下。如果没有除掉，一年后再来此相会。"一年后，学生们都来了，哲学家却未来。但他的弟子看到满地茂盛的庄稼而无一根杂草。从此良田一片，再没有生长过杂草。

是的，当你的园子里种满了庄稼时就没有杂草的生存空间了。许许多多的成功人士，当他们生活中遇到挫折、困苦时，人们问他们痛苦么？他们会说："我实在太忙，工作太多，没有时间痛苦。"

其实人的大脑也是如此，如果没有积极向上、善良美好的事物来充实，就很可能被一些腐朽没落的东西充塞，慢慢地思想就会变得如生锈的铁与发霉变质的食物一般糟糕。因此，班主任要善于用真善美的东西去充实学生的大脑，占领学生思想阵地的制高点，正如毛主席所说"文化思想阵地我们不去占领敌人就会占领"。

而所谓的制高点原本是战争术语，是指站得高可以俯瞰全局，清楚全面地了解敌情，实时掌握敌人的动向，从而调整自己的兵力配置。在相对高的地方可以更好地发挥武器的射程；在冲锋时，从上向下推进也很顺利；制高点还有易守不易攻的好处，能对敌人进行强有力的打击。后来也引申为战略上的最高目标与期望，指的是对某些事物的重视程度。

在班级教育与管理工作中也一样，只有占领了思想领域的制高点，用正念、正思维去引领学生，那么学生的其他问题就好解决了。在学生的心田上种上了庄稼——正面思想，其杂草——不良思想就难以生长，我们的工作做起来就容易多了。

古人还说："用兵之道，攻心为上，攻城为下。心战为上，兵战为下。"

首先，需要洗去蒙尘之心。

出生在20世纪90年代的孩子，生长在国泰民安的社会，过惯了安逸的日子，加上社会大环境的影响，思想上不可避免地会有一些不够积极的东西，性格上也存在需要匡正的地方。因此有必要对学生的大脑进行沐浴洗涤，清除大脑里的垃圾，把那些不健康的东西清洗掉。只有洗掉了没有用的东西，腾出空间了，才有可能加入新的内容。

通过视频，观看他人的故事，聆听名人的演讲，使其用正思维替代负思维，用正见替代偏见，用立志有为代替颓废、无所事事。在每周两次的视频时间里，选取积极阳光、感人肺腑、振奋人心的视频资料正面引导其培养"阳光"思维，把阴暗的、消极的、悲观的和偏离主旨的思维习惯统统抛弃。

"感动中国"、"全国道德模范"、"永不言弃的励志故事"都是不错的素材。借助视频教育，学生可以在上下五千年的历史里，孔子、孟子、老子、鬼谷子的人生阅历中发现智慧；在佛教、道教、基督教、伊斯兰教中领悟处世的真谛；从翟鸿燊、金正昆和潘石屹口中明白人际需要沟通、交往需要礼仪及人生需要策划；在张瑞敏、马云和史玉柱身上知道了成功需要付出、需要担当的道理。

有人说，谎言说多了就成了真理，此话固然有局限性，却也含有哲理，更何况我们宣扬的是真善美，看的都是正面的东西。只要我们让学生不断地暗示自己"相信自己能够成为好人"，时间久了就一定能够变成好人。"人之初性本善"，人心都是向善的，没有人一生下来就想做坏人，只要在学生思想工作中善于攻克学生的心理问题，转变学生的观念，就能够抢先一步占领其思想的制高点。

其次，还需要激发学生的进取之心。

好胜之心人皆有之。尤其是血气方刚的中学生，他们的好胜心与好奇心往往更强烈，他们不甘落后不服输，勇于挑战，能不断接受新事物的出现，希望有所作为，证明自己的能力和才华。

学期之初，在我们以目标志向为主题班会之后，我要求同学们把自己的人生目标写下来，贴在后面的黑板上互相督促学习——那里面既有短期目标，也有高中几年的中长期目标，更有人生的终极目标，还有自己的追赶对象——而对于努力实现目标者予以表彰与奖励。

我们还要求每一个同学给自己寻找一个偶像，可以是历史伟人，也可以是影视明星，还可以是身边的同学、老师或朋友，只要你能够说明把他作为偶像的原因，并且以实际行动向自己的偶像学习，都给予鼓励。同时充分利用"自己人效应"，不断在身边树立榜样，每周除了选出一名待进生外，每月还会选出10名各方面进步很大的优秀生，每一学期都进行“感动人物”评选，只要进步了，都有机会上榜。当然，一些合作竞赛小组活动一样能够激发学生的进取心，组织得当，设计合理，都可以收到很好的效果。

鲁迅先生曾经说：“不满是向上的车轮。”这只“向上的车轮”即我们常说的进取之心，它是社会能够不断发展进步的一个重要推动力量。如果班主任能够协助学生启动这向上的车轮，学生的思想引领工作就会非常顺畅。

最后，需要唤醒慈善之心。

慈善心亦指慈悲心、悲悯心，是人性中最基本的品德之一，是一个人最基本的为人处世方式，也是一种健康的心态和心境。

具有慈善心的人胸襟是宽大的，能包容一切，能够在处事待人时设身处地去为他人着想，关怀他人，助人为乐，能够“老吾老以及人之老，幼吾幼以及人之幼”。

古人云，“人之初性本善”。一个人有了“善心”才会有“善行”。因此我们需要在学生心灵上撒播理智和善良的种子，帮助学生建构“善”的理念，远离暴力，平时少看或不看恐怖、凶杀等内容的小说、电影、电视，远离品行不端之人，接近心地善良的朋友，与周围的人友好相处。

教育不是灌输而是唤醒。所以班主任还需要给出机会让学生学习模仿善行，学会换位思考，进行情感体验。让他们在体验中生成自己的慈善思想。每年的中华慈善颁奖晚会、道德模范颁奖典礼我们都会组织学生观看，看后写感想；组织学生为灾区人民捐款捐物，利用假期去敬老院服务，把善行落实到日常生活之中；每学期末班里还会评选“慈善之星”。

当学生明白“勿以善小而不为，勿以恶小而为之”的时候，当他们懂得关怀他人的时候，当他们同情遭遇不幸之人的时候，就会同情整个社会的不幸。这时，他们就是心地善良、富有同情心的人，也一定是自尊、自爱、自信且自强的人。他们会乐善好施，产生感恩之情和报恩之行，在家尽孝，为国尽忠，为社会尽力尽责。

虽然学生的思想转变并不是一朝一夕的，但只要制定有效策略，积极贯彻实施，也是不难的。

只有学生的心田里长满了善良的“庄稼”，那么心灵的“沃土”才会不长“杂草”。

学生思想工作

——把握切入点

2010年是很有意思的一年，章鱼保罗在南非世界杯上“成功预测”了所有的赛事，搅乱了全世界球迷的心，让人爱之如神，亦让人对其恨之入骨，堪称不折不扣的“章鱼帝”。此事一出，人们议论纷纷，仿佛当年人们读哈姆雷特，会产生“一千个读者有一千个哈姆雷特”一样，不同的人有不同的解读。其中就有人认为，这是德国奥博豪森水族馆搞的一次神奇的营销。水族馆找到一个合适的切入点，巧借和水族馆不搭界的世界杯，利用章鱼赚足了人气，使全世界近20亿人把目光投向了章鱼，投向了水族馆。至于章鱼保罗到底是何方神圣，怎样预测，那就留给人们去想象吧。

是的，章鱼让人们知道了名不见经传的德国奥博豪森水族馆。那么，班主任工作呢？是否也有班务工作的最佳切入点，有那么一只神奇的“章鱼”呢？答案是肯定的。关键是如何把握切入点。

（一）密切关注学生的思想动向是切准学生脉搏的基础

无论是整肃班风，还是要解决个别学生的疑难杂症，如果能够通过对班级现实状态和学生的思想变化进行研究分析，就不难找准解决学生问题的办法。要充分了解学生，打有准备之仗，找到开展德育工作的突破口。虽然解决难题的教育契机具有不规则性，常常是可遇而不可求的，但是只要班主任在班级管理中有了一双敏锐的“眼”，善于去发现捕捉，有一颗睿智的“心”，善于去思考利用，就能够敏锐地捕捉到教育的机会，找到切入点并且好好加以利用。

教育的切入点还是有一定迹象可循的。比如新学期开始，若抓准了做好了，对接下来整个学期的工作都能起到举足轻重的作用。而班级或者学校的特殊事件发生之时——每次考试后，或学校举行的活动之际，往往都是班主任捕捉切入点的最佳时期，利用好了，就能增强班级的凝聚力，增强学生的集体荣誉感和团队精神，使班主任工作能更顺利地进行。2011年9月，我又接手了一个新班。有了20多年的班主任工作积淀，有了近3年高强度的培训经历以及自己对班主任工作的深入研究和思考，自我感觉在班主任工作的认识上有了一个比较大的飞跃，对班务工作的开展更得心应手。于是在接手这个新班之时，我自己心中充满无限希望，有点像武林人士在闭关修炼之后的出山，有些跃跃欲试，想试试自己的功力到底如何。刚刚送走的2010届高三8班有点像是摸着石头过河。现在，有了一点经验，或者说自认为有了一整套的班主任工作“方法”，能否再次运用而取得成功呢？心中忐忑而又兴奋。

然而，我深知只有知己知彼才能百战百胜，一个好的切入点相当重要。这个切入点要能够把全班同学的情绪点燃，把每一个人的热情都调动起来，从而达成共识，产生凝聚力。

根据自己做的前期调查，2012届高二4班刚刚从高一升上来时成绩不太好，在级组8个平行理科班中倒数第二。考得不好原因是多方面的，然而学生们从他们的思维角度出发，往往会把责任推到基础不好或者以前学习不够努力上，更有甚者竟怪罪到老师头上。一些学生学习好了，认为是自己的努力，学习不好就是老师教得不好，老师责任心不强。这甚至也是许许多多学生家长的想法。这不，我们有一个科目考得特别的不好，学生就认为是老师要求不严格。在开学第一天，当我说这学期有许多老师进行了调换，尤其说到某一科时，学生们竟然欢喜雀跃地鼓起掌来。我知道，这就是我“众里寻他千百度，蓦然回首”的“那人”。我认为这就是一个很好的契机，一个非常好的切入点。我趁机明知故问：“同学们为什么鼓掌呢？”他们都说，原来那个老师如何如何，一大堆理由，仿佛一切的不是都是老师的问题。我原本是要说，为什么同样一个老师教你们，有些同学的成绩却挺好的呢？而且还位列全级前茅呢（这也是大多数老师都会问的）？然而我知道这样会把主题转向了，非我所愿，达不成我的目的。于是我顺着学生的话说：“这说明什么问题呢？是不是说同学们还是希望上进呢？”他们异口同声地回答：“是。”这正是我所需要的效果。因为我知道，学生缺乏的是一种斗志，一种力量，我需要激发他们的这种潜力。接下来我就能够顺理成章地宣传我的教育与管理理念，与大家一道探讨班级的共同愿景，探讨如何才能够打造一个优秀的班集体，让自己成为自己想成为的那个人。

前面的工作做好了，后面的所有工作就有了基础，班级工作的局面也就容易打开。虽然有时候学生的看法失之偏颇，但学生既然有如此观念，短时期不容易改变，那么也不妨慢慢在这方面做一些文章。人之常情，面对一个崭新的开始，人人都会对未来充满美好的憧憬，学生也不例外。

（二）全面了解每一个学生的背景资料是打开学生心锁的钥匙

作为教师，我们不能被动地等待教育时机的来临，而应该根据需要去寻找、搜集、筛选所掌握的材料和信息，进而发现、创造契机，主动寻找教育的切入点。一旦发现契机出现了，就当机立断，选择合适的时间、地点和方式及时、巧妙地对学生进行针对性的启发与引导。

解开学生心锁比较好的一种途径是了解学生的生活背景，其大致包括：父母的工作情况、父母的关系、弟兄姐妹资料乃至至亲好友的情况等。收集并分析这些背景材料，对于寻找到与学生个别交谈的突破口是非常重要的。在此基础上，帮助学生提升幸福感、增强自信心、激发进取心和为学生的终身成长奠基；否则，很难找到解决问题的办法。

最近一段时间，我发现坐在后面的大北同学成天无精打采，低垂着头，既无笑脸亦无言语。他的成绩也一天天在下滑，我很是担心。我悄悄问他是不是身体不舒服了，他说不是；问有没有遇到什么难题呢，也说不是；问是不是家里发生什么事情了，还说不是。然而，按照我的经验，这状态一定是有问题的，这孩子一定是遇到什么不顺心的事情了。于是我就想怎样去找到一个解决问题的切入口。我马上回办公室去翻看开学时的学生情况登记表，以及第一次和全班学生的谈话记录，得知他是独生子女（班上难得的三个独生子女之一），父亲打工，母亲卖菜。我再一看，他在填写家长姓名一栏里，写的是母亲的名字，按照常理，应该写父亲的，根据我以前的处理经验，凡是填写母亲为家长的，十之八九是家里有一些异样的情况。我想，这里面会不会也有什么非常特别的地方呢？于是我打电话让他的妈妈抽空到学校来一下，我有事情跟她谈谈。大北妈妈来后，我问她在家里是不是与孩子的爸爸闹矛盾了。果然不出所料，他妈妈说孩子是知道这个事情的，但是他自己说，没有关系，父母不会影响到自己。我笑着说："哪一个孩子不希望自己的家庭幸福、父母关系和谐呢？难道孩子能有什么办法阻止你们吗？他当然只能这样讲了。大北妈妈，想想如果你的父母成天这样，你心里会如何？当然如果你们真的合不来，可以在孩子高中毕业后再去解决，至少在孩子回家的时候不要争吵，行不行？"在得到肯定之后，我又在后面找了一天把他的爸爸请到学校交流了意见。我说："本来我是可以不找你们来的，大北在学校很乖，从来不违反纪律，但是见他对学习对生活变得了无兴趣，我心里着急啊。他是你们的孩子，也是我的学生，王老师只是希望他能够在学校快乐地生活，尽可能地把学习搞得更好。"一番交流下来，家长非常配合。在后来的日子里，我看到大北露出了笑容。我想我又做了一件大善事，说不定从此又改变了一个学生的命运。

（三）社会生活的焦点与热点是提升学生素养的催化剂

学生往往具有强烈的好奇心，特别是对社会上新近发生的重大事件。如果我们利用得好，引导到位，就能提升学生的德行，从而达到"四两拨千斤"的效果。

在民族存亡的关键时刻，谁才是中华民族挺起的脊梁？是那些抛头颅、洒热血，前仆后继的革命者。在和平时期，哪里去寻民族的脊梁？原来就在那“感动中国”里。他们为了国家的繁荣富强无私奉献，为了他人利益献出自己的生命。这一年一度的“感动中国”颁奖典礼就是非常好的教育题材。而三鹿奶粉、双汇火腿事件，是诚信教育的最好例证；利比亚撤侨事件就是增强民族自信心与爱国主义思想的最好教育题材；日本遭遇大地震大海啸，中国人民与政府抛却民族恩怨及时援助是大国胸怀的最好见证。

教育需要切入点，需要班主任围绕目标选择好最佳切入点。一旦把握好了教育的切入点就是把握好了教育契机，就能够比较好地找到学生思想转折变化的机缘，找到化解矛盾的契合点。如果班主任善于运月自己的智慧，多观察、勤思考、敏锐地识别并抓住教育契机，特别是发生在学生身边的事情——它往往更容易使学生产生情感上的认同和心理上的共鸣，加以利用，我相信许多学生是可以教育得更好的。

学生思想工作

——寻求闪光点

世界是不圆满的，人生是有缺陷的，人性也是有缺点的，此乃客观现实。因此，不应该有了乌云就否认月亮的存在，相反，我们需要拨开迷雾，擦亮人性。人们常犯的一个错误是总看到人生的短板，并想方设法甚至绞尽脑汁去改造缺点，这样反而让人更多地看到人性中灰暗的一面。作为教育工作者，应该尽量避免过多地去关注孩子的不是，而应多从正面点拨，犹如要减少眼前的阴影，只需把灯芯拨得更亮一样。人们常说，时间挤一挤总是有的。其实，人的长处找一找也是一定有的。

从人性的角度看，每一个人都希望自己能够得到别人的肯定，尤其是孩子。部分学生之所以会自卑、自闭，缺乏信心，一是自己看不到自己的可爱之处，再就是时常受到来自他人甚至老师的批评贬斥。如果这些学生能够看到自己的长处，增强自信，也能走出另样的人生路来。

人的闪光点隐藏在何处呢？怎样去找呢？

第一，让学生学会悦纳自我与互相欣赏。

发动学生从自己身上找优点。开学之初，我们的主题班会就是“认识自己，欣赏自己，悦纳自己”，重点之一就在于寻找自己身上值得夸耀的地方，或者自己颇为欣赏的地方。在班主任的引领下，先抛开谦虚、谦逊和谦让，让学生客观公正地评价自己，尤其是评价自己的优点，把自己好好打量打量。这之后再举行“认识他人，欣赏他人，悦纳他人”的主题班会，找同桌、同宿舍乃至全班同学的优点。让每一个同学开启“大脑雷达”，不断收集、过滤和筛选同学的优点，班主任则调动大家的积极性，激发大家的热情，鼓励大家用“放大镜”去寻找，同时安排专门的时间对同学们身上的优点进行展示。

当班上每一个人身上都有了发光点，那么我们的天空将是一片闪闪星光。全体同学都投入到寻找他人“闪光点”的活动中，同学之间也会少一些挑剔，少一些别扭，从而在班级中引领一种积极向上的风气，营造一种和谐宽松的氛围。同时通过与他人的比较反观自身，去发现自己还有哪些不足、哪些需要改进的地方，发奋努力，采他人之长，补自身之短。在互相学习、互相帮助中，达到共同进步、共同提高的目的。鼓励多看别人的长处，也是一种积极的人生观。

班会课后，在同学的周记里，我发现了这样的精彩话语：

(1) 阿明虽然平时不多言多语，我却发现他心地特别地善良，周末逛街时只要看到有人乞讨，他总是会给一些，而不在乎其他同学的调侃。

(2) 要不是老师提醒我们去观察，我还真没发现同桌晓琳身上有那么多值得我学习的地方呢，她够坦率，性格阳光，勤奋好学，不怕吃苦，好像在她的人生字典里没有“吃亏”这个词，我太喜欢她了。

亲其师才能信其道。我们发动全班同学去寻找科任老师身上的闪光点。同学们发现其实老师非常地可亲可敬，于是每学期的教学情况调查问卷中，我们班科任教师的满意率特别地高。老师们很开心，在我们班投入了更多的精力，学生也更加喜欢老师，就算偶尔没有完成作业被老师批评也不记恨。班级气氛异常地和谐，学生也非常喜欢到教室，喜欢上课。科任老师常常告诉我说，看到你们班的学生上课时两眼发光的样子就兴奋，特别来劲。良性循环使得我们班的学习成绩也自然而然地好了起来。

第二，老师要有一双善于发现的眼睛。

实践表明，学生是非常在乎老师的评价的，特别是班主任。他们往往会因为老师的一句话而兴奋好久或者更加沉默寡言。于是我每一周都要做的是给全班的学生找优点，而且除了在班里夸赞学生之外，还把这些信息告诉家长，把家长的能量也发挥出来。于是在我们办公室里，人们总会听到我给家长打电话夸孩子。老师们都笑称，在王老师的眼里他们班学生的身上全是优点呢，还没有听我讲过哪个学生不好（不足之处有时让学生自己去说或许更好些）。还是李级长说了一句很有见地的话：王老师是在发挥家长的力量呢。是的，若家校加强沟通联络，大家心往一处想，劲往一处使，就能够改变学生的命运。

心理学研究表明，人都有需要表现和展现自己的欲望。因此，教师要顺应学生的心理，为学生提供自我表现的机会。为什么有的学生特别喜欢插话？因为平时他们成绩不优秀，其他方面也不太好，就只有通过油嘴滑舌来博得众人的关注了。

我们班里曾经就有一名叫光华的学生，就是典型。他平时上课总爱插话，老师说东他说西，还特别喜欢挑别人的毛病，自以为是。但是班上一需要同学去为班级搬书搬资料时，他就跑得非常快，往往第一个冲出去帮忙。于是我对同学们说，让光华同学把课室后面的黑板报弄好如何？我相信他一定能够不负众望的，大家都喊“好”。当然他很尽职，把黑板先量好，计算出每一行的大体尺寸，把整个黑板安排得非常漂亮，比以前负责的两三位同学做得还赏心悦目。我特地在班上表扬他。由于我常常去找他的优点，并表扬他，他不仅改掉了以前的许多坏习惯，而且在学习和品德修养方面都有了惊人的进步。同学们对他也刮目相看。从此，他得到了同学们的尊重，也增强了自信心。从心理学的角度看，一个人只要体验一次成功的欢乐，便会激起追求无休止的成功的力量和信心。因此，引导学生了解自己的长处和短处，就会扬长避短，增强学习的信心。

第三，调动家长的积极性。

家长是孩子的第一任老师。在某种程度上，一个问题孩子的产生，绝大多数情况下是家庭教育出现了偏差，这不是教师在推卸责任，是经过大量事实证明了的。目前，中国还没有一套培训家长的教材，家长仅仅是凭着对孩子的爱，凭着自己的感觉去教育。有的家长因为自己的教育知识有限，不知道怎样教；有的是忙于自己的工作而无暇去教；有的是教育方式方法出现了问题，在胡乱教。而教师的工作能力是有限的，不可能替代家长。比较可行的是，教师多与家长交流，教给他们方法，让他们去发现孩子的优点，共同努力去达成教育目标。

曾经，一位家长跟我聊天说，孩子非常叛逆，在家里都不能说他半句，只要一开口他就顶撞。而据我了解，这孩子其实是很不错的，在学校很懂礼貌，爱学习，思想品德也很好，并非他妈妈所讲的那样。我告诉孩子的妈妈说："孩子在学校学习挺不错的，他回家可能是想借机放松一下，你要多找他的优点多夸孩子。不如这样，你与我一起做一个实验，我每周发一条孩子在校表现很好的短信给你，等到周末孩子回家你就读给他听，并且乘势夸他，尽量不去找他的缺点如何?"家长答应了。经过半个学期的努力，再次见面时，妈妈非常开心，说孩子在家非常听话，王老师的办法很管用。最后孩子以十分优异的成绩考上了中山大学，皆大欢喜。

我想起了小时候家里用煤油灯，当光亮不是那么好的时候，妈妈总是会取下发夹去拨一下灯芯，结果屋子里一下子就明亮了许多。人身上的闪光点也如灯芯一样，拨一拨就会更加明亮。

古人云："人非圣贤，孰能无过?"尤其是正处于成长阶段的学生，身心发展正经历剧烈变化，偶尔犯错是他们的天性。倘若我们做老师的总是对他们求全责备，甚至吹毛求疵，批之而后快，甚至驱之而后快，则极有可能无意中害了孩子，甚至毁其一生。其实只要老师善于观察，多角度、多层面地去发掘孩子的优点，就一定能够"横看成岭侧成峰，远近高低各不同"，发现学生的闪光点。

可能有的老师会问，有些学生身上的闪光点不明显啊，什么方面都一般，学习成绩不突出，劳动也不积极，日常学习生活也没什么特别的地方，他们仿佛被遗落在角落里，我们该怎么办？当然，这样的学生身上的"闪光点"可能会十分微弱，然而只要我们善于观察、捕捉，倾听学生内心的声音，就一定能够找到他们身上的“闪光点”。然后再以极大的热情去拨亮，使之发光发热，这必会成为学生取得进步的“催化剂”。

问题学生之所以成为问题学生，那往往是他们总觉得自己一无是处，对学习甚至对人生丧失信心。好孩子其实是夸出来的。每个学生的内心深处都有积极上进的欲望，都希望自己的表现能得到他人的肯定和赞赏。世界上没有废物，只有放错地方的宝贝。善于发现学生身上的闪光点，真诚地赏识他们，充分调动学生的积极性和主动性，使其才能发挥得淋漓尽致的老师，我想他（她）一定会深受学生的爱戴。